Ludwig Heinrich Hermann Graf von Pückler, geboren am 30. Oktober 1785 auf Schloß Muskau/Oberlausitz, ist am 4. Februar 1871 auf Schloß Branitz bei Cottbus gestorben.

Pücklers literarischer Ruhm gründet auf den 1830 anonym erschienenen »Briefen eines Verstorbenen«, deren Edition Varnhagen von Ense besorgte und die innerhalb kurzer Zeit in Deutschland, England und Frankreich zum Bestseller wurden. Auch die nachfolgenden Werke Pücklers – überwiegend Reisebeschreibungen von oft feiner Ironie – belegen die Weltkenntnis und die Beziehungen ihres geistreichen Autors zu Wissenschaft, Kultur und Politik.

1811 übernahm Pückler (ab 1822 Fürst), nach dem Tod seines Vaters, die Standesherrschaft Muskau. Als Generaladjutant des Großherzogs von Weimar und Verbindungsoffizier zum Zaren traf Pückler im Frühjahr 1814 in Paris ein. Von dort aus reiste er für ein Jahr nach England, wo er erstmals intensiv die englischen Landschaftsparks studierte. 1815 nach Muskau zurückgekehrt, begann er mit der Ausführung seiner Gestaltungsidee. Sein einziges theoretisches Werk über Garten- und Parkgestaltung, die »Andeutungen über Landschaftsgärtnerei«, schrieb Pückler in den Jahren 1832/33 auf seinem Jagdschloß bei Weißwasser. Vorausgegangen waren über fünfzehn Jahre praktischer Erfahrungen bei der Anlage des Muskauer Parks. Noch heute zählt dieser Landschaftspark zu den besonderen Höhepunkten der Landschaftsgestaltung in Europa.

Günter J. Vaupel hat für die vorliegende Ausgabe zum erstenmal den Text der »Andeutungen über Landschaftsgärtnerei« kritisch durchgesehen, Irrtümer Pücklers richtiggestellt und aufgrund genauer Orts- und Sachkenntnis im Anhang umfangreiche Informationen beigefügt.

Im Insel Verlag erschienen: Hermann Fürst von Pückler-Muskau: Briefe eines Verstorbenen. Ein fragmentarisches Tagebuch aus Deutschland, Holland, England, Wales, Irland und Frankreich, geschrieben 1826 bis 1829. Mit zeitgenössischen Abbildungen. Herausgegeben von Günter J. Vaupel. Zwei Bände in Kassette (insel taschenbuch 1219).

insel taschenbuch 1819
Pückler-Muskau
Andeutungen über
Landschaftsgärtnerei

Herzlichen
Glückwunsch
zum 25. !
S.

Hermann Fürst von
Pückler-Muskau

ANDEUTUNGEN ÜBER LANDSCHAFTS-GÄRTNEREI

verbunden mit der Beschreibung
ihrer praktischen Anwendung
in Muskau

Herausgegeben von
Günter J. Vaupel

Mit den 44 Ansichten,
4 Grundplänen und einem
farbigen Bildteil

INSEL VERLAG

Für Brigitte und Eckart Dahlke
G. J. V.

insel taschenbuch 1819
Erste Auflage 1996
Insel Verlag Frankfurt am Main und Leipzig

Hinweise zu dieser Ausgabe am Schluß des Bandes
Vertrieb durch den Suhrkamp Taschenbuch Verlag
Satz: Libro, Kriftel
Druck: Nomos Verlagsgesellschaft, Baden-Baden
Printed in Germany

1 2 3 4 5 6 – 01 00 99 98 97 96

An Seine Königliche Hoheit
den Prinzen Carl von Preußen.

Durchlauchtigster Königlicher Prinz,
Gnädigster Herr!

Schloß Muskau,
den 29sten Juni 1833.

Ich habe Eure Königliche Hoheit immer als ein Muster jener Art ritterlicher Liebenswürdigkeit bewundert, welcher durch echte Gemütlichkeit der für unser deutsches Herz wirksamste Zauber beigemischt ist.

Eure Hoheit sind aber außerdem auch ein Beschützer und Kenner des Schönen, wo es sich findet, und haben in neuester Zeit dem Gegenstande, von welchem das vorliegende Buch handelt – der Gartenkunst im höheren Sinne – ebenfalls Ihre tätige Aufmerksamkeit geschenkt.

Das, was Eure Königliche Hoheit selbst in diesem Sinne bereits ausführen ließen, beweiset, daß man auch hierin den Vers des Cid auf Sie anwenden darf:
Ses pareils à deux fois ne se font pas connaître
Et pour leurs coups d'essai veulent des coups de maitre.[1]

Vergönnen Sie mir also, gnädigster Herr, diesen Versuch über Landschaftsgärtnerei durch Ihren erlauchten Namen zu schmücken, indem ich Ihnen denselben als ein schwaches Zeichen meiner höchsten Verehrung in Demut zu widmen wage.

Euer Königlichen Hoheit untertäniger
Hermann Fürst von Pückler-Muskau.[2]

Andeutungen

über

Landschaftsgärtnerei

»Wenn Kunst sich in Natur verwandelt,
So hat Natur mit Kunst gehandelt.«
Lessing.

Einleitung

»Gestattet uns, auch das Schöne hier in Anschlag zu bringen; denn ich sehe nicht ein, weshalb man das Schöne vom Nützlichen ausschließen sollte. Was ist denn eigentlich nützlich? Bloß was uns ernährt, erwärmt, gegen die Witterung beschützt? Und weshalb denn heißen solche Dinge nützlich? Doch nur weil sie das Wohlsein des Menschengeschlechts leidlich befördern? Das Schöne aber befördert es in noch höherem und größerem Maße; also ist das Schöne eigentlich unter den nützlichen Dingen das Nützlichste.«

Deutsche Denkwürdigkeiten[3], *Kap. vom Regieren.*

Wir sind, man muß es gestehen, in einem großen Teile von Deutschland, kaum noch zur zweckmäßigen Verfolgung des eignen Nutzens aufgewacht, und nur wenige haben ihren Sinn und ihr Bestreben vorzugsweise, ohne Rücksicht auf Vorteil, bloß dem Schönen zugewendet; eine allgemeine verständige Verbindung beider Zwecke wird noch seltener angetroffen.

Am meisten gilt dies für jede Art des Landbesitzes, und es ist gewiß, daß England hierin unsrem Grade der Zivilisation beinahe um ein Jahrhundert vorausgeeilt ist. Was daher dort jetzt mit Leichtigkeit hergestellt wird, bleibt hier noch lange fast unausführbar. Zeit ist es aber, daß wohlhabende Gutsherren wenigstens die Annäherung häufiger versuchen, wenngleich ohne sklavische Nachahmung, mehr im Geiste als in der Form, und stets der Örtlichkeit angemessen. Wenn ich hier

England besonders hervorhebe, so geschieht dies weder aus Mode noch Anglomanie, sondern aus der festen Überzeugung: daß in der Kunst eines würdigen und (man erlaube mir den Ausdruck) gentlemanartigen Lebensgenusses, besonders in bezug auf Landleben, so wie des allgemeinen Komforts, verbunden mit voller Befriedigung eines edlen Schönheitssinnes in jeder Beziehung, und gleich weit entfernt von weichlicher asiatischer Schwelgerei, wie von jener kontinentalen unsaubern Dürftigkeit, die nicht in Armut, sondern in schlechter Gewohnheit und vernachlässigten häuslichen Sitten ihren Grund hat – England uns noch lange ein unerreichtes Vorbild bleiben wird.

Aus dieser höheren Ausbildung des *genießenden Lebens* hat sich auch die Landschaftsgärtnerei dort in einer Ausdehnung entwickelt, die früher keine Zeit, und kein Land in diesem Maße gekannt zu haben scheint, und die, ohngeachtet eines meist trüben und sonnenarmen Klimas, England zu dem mannigfaltigsten und reizendsten Aufenthalt für *den* Freund der Natur gemacht hat, der diese da am meisten liebt, wo sie mit der schaffenden Hand des Menschen vereint erscheint – wie ja der rohe Edelstein auch durch die Politur erst seine höchste Schönheit erlangt. Ich will damit keineswegs behaupten, daß nicht auch die wildeste Natur, in ihrer einfachen, oft erhabnen, zuweilen grauenerregenden Größe sich allein überlassen, die tiefsten, ja die seligsten Empfindungen hervorrufen könne; doch werden zu *dauerndem* Wohlbehagen immer die Spuren der Sorgfalt des Menschen und seines verständigen Wirkens erforderlich sein. Selbst in der gemalten Landschaft, verlangen wir schon etwas, das an menschliches Treiben erinnert um, wie wir sagen, sie zu *beleben.* Einer weit größeren Mannigfaltigkeit bedarf aber die wirkliche Landschaft, als die gemalte, und doppelt anmutig, wie zugleich dem menschlich fühlenden Herzen wohltätig, erscheint es uns daher, wenn wir, wie in England, in der fast überall durch Kunst idealisierten Natur nicht nur die Paläste und Gärten der Großen in ihrer Pracht und Herrlichkeit bewundern dürfen, sondern, im harmonischen Ganzen, auch die bescheidnen Wohnungen geringer Pächter in ihrer Art ebenso reizend angelegt, und vollendet ausgeführt finden. Denn auch sie schimmern, gleich den stolzen Schlössern, unter uralten Bäumen lieblich hervor, oder ruhen auf üppigen Wiesen, von blühendem Gesträuch umrankt, und verkünden in gleichem Grade durch gefällige Form und saubre Zierlichkeit den zarten Sinn ihrer Besitzer. Ja der Ärmste schmückt sein Strohhüttchen noch mit Blumen, und pflegt, neben seinen ökonomischen Bedürfnissen, mit Sorgfalt ein wohl eingehegtes Gärtchen, sei es noch so klein, wo nichts als samtartiger Rasen grünt, von Rosen und Jasmin umduftet.

Muß nicht ein wahres Schamgefühl in uns aufsteigen, wenn wir das Gegenstück hierzu bei uns aufsuchen, und hier *immer noch* eine große Mehrzahl der Edelhöfe finden, deren Hauptaussicht auf den Düngerhof geht, an deren Pforte sich den größten Teil des Tages über Schweine und Gänse belustigen, und deren Inneres oft, als einzigen Versuch zur Reinlichkeit, nur mit Sand bestreute Dielen aufweisen kann.

Sehr wohlhabende Personen, ja Besitzer von Hunderttausenden, sah ich sehr häufig in unserm Vaterlande Nord-Deutschland in solchen Pseudoschlössern, wie sie sie betitelten, hausen, die ein englischer Pächter in dubio[4] unbedenklich für einen Stall ansprechen würde.

Ist nun bei einem solchen *Rittersitz!!* der, gewöhnlich neben dem Hause liegende, Gemüsegarten auch verziert, so schmücken ihn doch höchstens nur einige Federnelken, und einzelne Lavendelpflanzen, die seine Zwiebel und Kohlbeete einfassen; Alleen krummgewachsener Obstbäume umzingeln traurig Kraut und Rüben, und haben ja von den Vorfahren her noch einige alte Eichen oder Linden dem Zahne der Zeit widerstanden, so ermangelt der gute Wirt selten, sie jährlich für seine Schafe zu entlauben, so daß sie gleich nackten Opfern dastehen, die ihre kahlen Äste, wie um Rache flehend, gen Himmel strecken.*

Noch kläglicher ist es bekanntlich, wenn der Besitzer, von der Mode angesteckt, auf die Idee gekommen ist, *sogenannte* englische Anlagen zu machen. Die graden Wege werden dann in ebenso regelmäßige Korkzieherformen verwandelt, die sich auf die langweiligste Weise durch junge Birken, Pappeln und Lärchenbäume[5] schlängeln, und gewöhnlich entweder nach jedem Regen vor Schmutz nicht zu passieren sind, oder bei trocknem Wetter den Spaziergänger schwitzend im aufgefahrenen Sande waten lassen. Einige fremde Sträucher, die schlecht wachsen, und weit weniger schön als die ein-

---

* In kultivierten Ländern ist die Disposition grade umgekehrt. Wirtschaftshof und Küchengarten sind hinter dem Hause versteckt. Vor demselben genießt man über Rasen, Blumen und Pflanzungen den freien Blick in die Umgegend.

heimischen sind, werden, etwa noch mit jungen Fichten vermischt, an die Wegeränder gepflanzt, worauf nach wenigen Jahren das Nadelholz den Weg überwächst, verstutzt werden muß, davon später die untern Äste verliert, und nun dem Blicke nur noch kahle Stämme mit dem nackten Erdboden darunter darbietet – während an den offengelassenen Stellen das schlecht gehaltene Gras und die verbutteten[6] ausländischen Bäume weder das Bild freier Natur, noch das eines Kunstgartens gewähren.

Wird die Sache noch ernstlicher und in einem größern Maßstabe betrieben, so erweitert man wohl auch den, nur unsichtbar fließenden, Abzugsgraben zu einem prätendierten[7] Bache, baut in formidablem Bogen über das bescheidne Wässerchen eine Riesenbrücke von rohen Birkenstämmen, haut, um Fernsichten zu gewinnen, zwei bis drei steife Flügel durch den Wald, und stellt hie und da die beliebten Tempelchen und Ruinen auf, wovon gewöhnlich die ersteren bald das wirklich werden, was die andern vorstellen sollen.

Dies, mit einigen abweichenden Nuancen, ist in der Regel der höchste Aufschwung eines solchen Unternehmens, welches in der Tat nur bedauern läßt, daß gutes Land dem Feld- und Gemüsebau *so ohne Nutzen* entzogen wurde.

Gespöttelt ist indes hierüber, mit mehr oder weniger Witz, schon oft genug worden, *besser gemacht aber noch heute selten*, und deswegen nur wiederhole ich es, denn auch viele große und kostspielige Anlagen, die mit dem besten Willen begonnen und mit Aufwand ausgeführt wurden, tragen leider nur zu deutlich die Spuren des höchst geringen Standpunktes an sich, auf welchem die Kunst der Landschaftsgärtnerei dermalen noch in unserm Vaterlande steht. Es gibt zwar einige Ausnahmen, aber sie sind sehr sparsam zu finden, und als ein bereits beendigtes umfassendes Muster, welches den besten englischen Anlagen dieser Art gleich zu setzen wäre, wüßte ich bis jetzt keins zu nennen. Doch dürfen wir hoffen, daß die Königlichen Anlagen unter der Leitung des hochverdienten Direktor Lené[8], welche großartig ganz Potsdam mit einem weiten Parke umschließen sollen, gewiß einst ein solches Muster aufstellen werden.

Weit entfernt mir anzumaßen selbst über diesen Gegenstand etwas Erschöpfendes lehren zu wollen, hat mich doch eine ziemlich lange praktische Erfahrung, die sorgfältige Anschauung vortrefflicher Vorbilder, verbunden mit einer leidenschaftlichen Liebe zur Sache und dem ernsten Studium der besten Werke über die Gartenkunst in ihrem weitesten Sinne, wie ich glaube, befähigt, hier einige nützliche Winke zu geben, ja sogar einige heilsame Regeln aufzustellen, die dem Manne vom Fach der Beachtung nicht ganz unwürdig scheinen, und manchem Dilettanten[9] in der Natur-Malerei (wenn ich das Hervorrufen eines Bildes, nicht mit Farben, sondern mit wirklichen Wäldern, Bergen, Wiesen und Flüssen so nennen, und dem Gebiete der Kunst anreichen darf) erwünscht sein möchten. Denn, wohl verstanden und richtig angewandt, würden sie ihn vielleicht in den Stand setzen, ohne selbst den kostspieligen und mühsamen Weg der Erfahrung zu gehen, seinem Gartendirektor, Ingenieur, Inspektor, Gärtner, oder wie er sonst heißen mag, nur die technische Ausführung eigner Ideen übergeben zu dürfen, und so ein aus innerster Individualität entsprungenes, mit dem eignen Gemüt gebildetes Kunstwerk *selbst* darzustellen, anstatt sich einen Garten, oder vielmehr eine Gegend machen zu lassen, wie man ein Kleid beim Schneider bestellt.

Vieles wird man, wenn auch nicht allbekannt, doch auch vielleicht nicht eben neu finden, und mancher Gedanke mag vor mir schon besser ausgesprochen worden sein, namentlich in englischen Werken, die aber wieder durch ihre ungemeine Weitschweifigkeit ermüden, und homöopathisch jedes Millionteil Salz in einer Kanne Wasser aufzulösen pflegen.*

Für die Zusammenstellung und Kürze bei dem schon Bekannten würde mir daher wenigstens die Bequemlichkeit der Leser einigen Beifall zollen mögen, als geringes eignes Verdienst darf ich mir es aber anrechnen, wirklich nichts aus Büchern *abgeschrieben*, sondern alles was ich gebe, entweder nur aus eigner Erfahrung abstrahiert, oder doch wenigstens durch sie erst praktisch für meine Überzeugung fest begründet zu haben.

Zur Erläuterung des Folgenden wird es noch nötig sein, kürzlich die Art anzugeben, in welcher ich meine Bemerkungen zu ordnen gedenke.

---

* Als diese Schrift schon größtenteils vollendet war, zeigte man mir die Erscheinung eines dasselbe Thema behandelnden Lehrbuches an, welches vor kurzem in Leipzig herausgekommen ist. Ich glaubte schon meine Arbeit nun einstellen zu dürfen, fand aber bei Durchlesung jenes Werks nichts als eine mühsame Kompilation schlecht verdauter Rezepte aus englischen Werken. Was Blumenbach von der Schädellehre[10] sagte, paßt auch auf dieses Buch: das Wahre darin ist nicht neu, und das Neue ist nicht wahr. Repton hat das meiste Brauchbare dazu geliefert, es ist aber größtenteils verkehrt angewandt worden.

Ich werde durch Überschriften, die sich folgerecht aneinanderreihen, den Inhalt jedes Abschnitts anzeigen, und zum erklärenden Leitfaden größtenteils den von mir selbst angelegten Park benutzen, da meine Theorie, wie gesagt, in diesem Parke sich bereits zum großen Teil verwirklicht vorfindet. Zeichnungen, die den Text anschaulicher machen, sind an den betreffenden Stellen, wo es zum bessern Verständnis für nötig befunden wurde, eingeschaltet worden.

Nach vollendeter Aufstellung der allgemeinen Prinzipien, lasse ich eine kurze Geschichte und Beschreibung des erwähnten Parks selbst folgen, mit steter Zurückweisung auf die früher festgesetzten Regeln; doch ist es nicht meine Absicht, in ein zu großes Detail einzugehen, sondern mehr die erlangten Resultate, als den speziellen Gang der Forschung darzustellen, nur wie der Titel sagt, *»Andeutungen«*, keineswegs ein vollständiges Lehrbuch zu geben, mich daher auch hauptsächlich nur auf das zu beschränken, worin mir bei uns am meisten gefehlt zu werden scheint, und übrigens dem Techniker und Mann vom Fache zu überlassen, was seines Amtes ist.

Erste Abteilung.

Andeutungen für Landschaftsgärtnerei im allgemeinen.

Erster Abschnitt.

GRUNDIDEE UND PLAN EINER GARTENANLAGE.

Eine große landschaftliche Gartenanlage in meinem Sinne muß auf einer Grundidee beruhen.* Sie muß mit Konsequenz und, wenn sie ein gediegnes Kunstwerk werden soll, so viel als möglich nur von *einer* leitenden Hand angefangen und beendigt werden. Dieser Eine mag und soll die guten Gedanken vieler anderer benutzen, er allein muß sie aber im Geiste zu einem Ganzen verarbeiten, damit der untrügliche Stempel der Individualität und Einheit nicht verlorengehe. Man verstehe mich indessen wohl: eine Grundidee, sage ich, soll dem Ganzen unterliegen, kein verworrenes Arbeiten aufs Geratewohl stattfinden, sondern der leitende, durchbil-

* Man erlaube mir hier das Wort Idee dem gewöhnlichen Sprachgebrauche nach anzuwenden, und nicht nach der Terminologie der neuern Philosophie. Eine Idee im höhern Sinne liegt der Gartenlandschaftskunst im allgemeinen auch unter, nämlich die: aus dem Ganzen der landschaftlichen Natur, ein konzentriertes Bild, eine solche Natur im Kleinen als poetisches Ideal zu schaffen, dieselbe Idee, welche auch in andern Sphären jedem wahren Kunstwerk das Dasein gibt und aus dem Menschen selbst einen Mikrokosmus, eine Welt im Kleinen, gemacht hat.

dende Gedanke auch an jedem Einzelnen zu erkennen sein; und füglich mag dieser aus den speziellen Verhältnissen des Künstlers, aus den besondern Umständen seines Lebens oder der früheren Geschichte seiner Familie entspringen, wie durch die Lokalität, welche er vorfindet, bedingt werden – aber damit verlange ich dennoch keineswegs, daß auch schon im voraus der ganz genaue Plan der *Ausführung* bis in jedes Detail entworfen, und daran streng gehalten werde. Grade das Gegenteil möchte ich in gewisser Hinsicht empfehlen; denn, sind auch mit der Idee die Hauptzüge des Ganzen vorher bestimmt, so soll doch während der Ausführung der Künstler sich ungezwungen den Inspirationen seiner Phantasie fortwährend überlassen, vielfach Neues auffinden, seinen Stoff im Schaffen immer noch fort studieren, namentlich hier die rohe vor ihm liegende Natur bei jeder verschiedenen Beleuchtung (denn mit schöner Beziehung ist das Licht eins seiner Hauptmateriale) innerhalb und außerhalb des Bezirks seiner kleinen Schöpfung beobachten, Ursache und Effekt ergründen, und hiernach die früheren, einzelnen Gedanken für das Detail motivieren, oder auch teilweise gänzlich verlassen, wenn ihm später bessere Einsicht wird. Der Maler wird ja ebenfalls von Zeit und Zeit an seinem Gemälde, das doch so unendlich weniger mannigfaltig ist, dies und jenes ändern, diese Stellung gefälliger oder naturgemäßer machen, hier eine Schattierung verbessern, dort jenem Zuge mehr Ausdruck geben müssen – wie wollte es dem Gartenkünstler, der mit so widerspenstigen und oft so schwer zu berechnenden Materialien arbeitet, und eine Menge verschiedener Bilder auch wiederum in eins vereinigen soll, gelingen, alles auf den ersten Versuch unverbesserlich zu treffen!

Ich kenne nichts Erbärmlicheres, als wenn eine verfehlte Einzelheit nicht wieder zerstört, und nach besserer Einsicht hergestellt wird, sondern als Schandfleck im Ganzen bleiben muß, bloß weil sie bereits soundso viel Zeit und Geld gekostet hat, und die Änderung vielleicht noch einmal so viel kosten würde. Geduld gehört zur Übung jeder Kunst, und reichen die Mittel nicht zu, so verwende man lieber das früher zum *Fortschreiten* Bestimmte, erst zur *Verbesserung* des *Alten.* Änderungen, die man einmal als zweckmäßig erkannt, aufzuschieben, ist auch gefährlich, denn das vorhandene Unrichtige gibt bei der Ausführung des Neuen leicht wieder unrichtige Ansichten.

Jemand sagt sehr richtig: »Das künstlerische Produzieren ist wie eine Ehren- so auch eine Gewissenssache.«

Daher ist es dem echten Kunstsinn gar nicht möglich, sich mit etwas als nicht entsprechend oder gar völlig mißlungen *Erkanntem* zu begnügen. Er bringt lieber jedes Opfer, als den schändenden Fleck bestehen zu lassen, wäre es auch an sich nur ein untergeordneter Gegenstand, wie die Natur ja ebenfalls die Kleinste ihrer bewunderungswürdigen Schöpfungen mit eben der Liebe und emsigsten Sorgfalt ausstattet und vollendet, als sie den Größten und Erhabensten angedeihen läßt.

Obgleich ich bei meinen Anlagen in Muskau mich nie einen Augenblick von der Grundidee entfernt habe, die ich später zu entwickeln schicklichere Gelegenheit finden werde, so will ich doch gar nicht leugnen, daß sich viele Partien hier befinden, die nicht nur retouschiert[11], sondern oft gänzlich, einmal, ja drei und viermal umgeändert worden sind. Man irrt sehr, wenn man glaubt, daß durch dieses mannigfache Ändern Verwirrung entstehe, sobald dasselbe überhaupt nur mit Grund und Verstand, und nicht aus bloßer Laune vorgenommen wird, in welchem letztern Falle man sich allerdings sehr in acht zu nehmen haben würde, nicht bloße *Veränderung* für *Verbesserung* anzusehen. Sonst aber ist das Prinzip des nonum prematur in annum[12] auch hier anzuwenden, und nicht mit Korrigieren und Feilen zu ruhen, bis man endlich das möglichst Beste als dabei Festzuhaltendes erreicht hat, welches oft *die Zeit* erst deutlich einzusehen lehrt; diese uns oft so lang werdende Zeit, deren Erfolge zu beobachten und zu berechnen, andere Künstler durch unbeschränkte Herrschaft über das ihnen zur Ausführung gegebene Material glücklich überhoben sind.

Als ich vor einigen Jahren eine geistreiche Dame in meinen Anlagen herumführte, äußerte sie gegen mich sehr bescheiden, »daß sie zwar nur wenig von der Sache verstehe, sich indes mancher pittoreskeren, grandioseren Gegend erinnere als die hiesige, etwas aber, was ihr immer von neuem wohltuend eben hier auffalle, sei die imposante Ruhe, die in dem Ganzen herrsche«. Nie hätte mir ein Lobspruch schmeichelhafter sein können, und ist er gegründet, so kann ich mein Werk in seiner Art für gelungen erachten. Dies danke ich dann aber hauptsächlich dem doppelten Grundsatze, stets nur einer Hauptidee gefolgt zu sein, und dennoch *nie etwas bestehen gelassen zu haben, was im einzelnen früher verfehlt wurde.*

Man sieht hieraus, wie mißlich es ist, einen fremden Künstler auf einige Tage oder Wochen, oder auch Monate kommen zu lassen, um sofort einen Plan zu machen, auf dem jeder Weg und jede Pflanzung, das Ganze mit allen Details schon genau angegeben ist; oder gar einem solchen Tausendkünstler nur eine Situationskarte zuzuschicken, worauf dieser frisch zum Werke schreitet und, ohne alle geistige Beziehung, ohne alle Lokalkenntnis der wahren An- und Aussichten, der Effekte von Berg und Tal, von hohen und niederen Bäumen, sowohl in unmittelbarer Nähe, als in der entfernteren Gegend – seine Linien auf das geduldige Papier hinzeichnet, die sich zwar sehr sauber und hübsch dort ausnehmen können, in der Ausführung aber gewöhnlich etwas höchst Klägliches, Schales, Unpassendes, Unnatürliches und gänzlich Mißlungenes zur Welt bringen. Wer mit den Materialien der Landschaft selbst diese bilden will, muß nicht nur aufs genaueste mit ihnen bekannt sein, sondern auch überhaupt bei der Anlage wie bei der Ausführung, in gar vielen Dingen ganz anders zu Werke gehen, als der Maler auf der Leinwand. Die Schönheit einer wirklichen Landschaft ist, selbst nach einem möglichst treuen Gemälde, nur teilweise, nach einer Karte aber *gar nicht* zu beurteilen, und ich möchte im Gegenteil dreist behaupten, daß (außer in einer ganz platten Gegend ohne Aussicht, wo überhaupt nur sehr wenig geleistet werden kann) ein dem Auge ganz wohlgefälliger Plan, mit stets angenehm darauf hingeführten Linien, *keine* schöne Natur darstellen könne, denn um in dieser eine schöne Wirkung hervorzubringen, muß man grade oft die auf dem

Papier am schroffsten und ungeschicktesten sich ausnehmenden Verbindungen wählen.

Zweiter Abschnitt.

GRÖSSE UND AUSDEHNUNG.

Es ist nicht unumgänglich *nötig*, daß ein Park einen sehr großen Umfang habe, um einen großen Effekt zu machen. Oft ist ein unermeßliches Terrain durch Ungeschick dem Auge so verkleinert und so verpfuscht, daß es sehr unscheinbar wird; und so umgekehrt, wie, beiläufig erwähnt, Michelangelo meines Erachtens sehr unrecht hatte, als er vom Pantheon sagte: »Ihr bewundert es auf der Erde, ich werde es in die Luft versetzen« und dadurch eine größere Wirkung hervorzubringen hoffte. Es geschah wie er gesagt, indem er der Kuppel der Peterskirche dieselben Verhältnisse des Pantheons gab; aber wie ungünstig ist der Erfolg! die Kuppel sieht in der Höhe, unter den ungeheuren Massen des Gebäudes *verhältnismäßig* klein und unbedeutend aus, während das Pantheon, im rechten Gesichtspunkt gestellt, seit Jahrtausenden noch immer erhaben wie die Wölbung des Firmaments erscheint. Die Pyramiden auf die Spitze des Montblanc gestellt, würden dem Auge kaum so groß als Schilderhäuser dünken, und der Montblanc selbst, von den fernen Ebnen aus erblickt, sieht nur wie ein kleiner Schneehügel aus. Also groß und klein bleibt immer relativ. Nicht wie er *ist*, sondern wie er uns *erscheint*, beurteilen wir jeden Gegenstand, und grade hier ist dem Gartenkünstler ein weites Feld geöffnet. Der Baum z. B. der, hundert Fuß hoch, im Mittelgrund der Landschaft, den Horizont noch nicht deckt, wird, nur einige Schritte weit von uns, dies schon bei einer Höhe von zehn Fuß vermögen, daher auch ohne Zweifel durch gute Behandlung des Vorgrundes am schnellsten und leichtesten große Wirkungen hervorgebracht, und der Landschaft eine ausdrucksvolle Physiognomie gegeben wird.

Ich kann mich hier der Bemerkung nicht enthalten, daß, wenn ich auch den allgemeinen Anblick englischer Gegenden, den überall verbreiteten Sinn für geschmackvolle Kultur und Landverschönerung, als Muster aufgestellt habe, ich doch der Meinung bin, daß in der einzelnen Ausführung dort vieles besser sein könnte. So scheinen mir die meisten Parks der Engländer, bei manchen andern großen Schönheiten, namentlich in bezug auf diese *künstliche Verkleinerung der Größe*, einen bedeutenden Fehler zu haben, der sie auf die Länge auch ziemlich ermüdend und monoton macht*, und sie dadurch der oft so herrlich kultivierten freien Landschaft rund um sie her nachstehen läßt, welche wenigstens *meinen* Ansprüchen an eine durch Kunst veredelte Gegend durch ihre Abwechselung nicht selten weit näherkam. Viele englische Parks sind im Grunde nichts als unermeßliche Wiesen mit malerisch verteilten Gruppen hoher und alter Bäume, die teils der Belebung der Landschaft wegen, teils auch des Nutzens willen, zur Weide für zahlreiche Herden, entweder zah-

* Ich spreche hier weder von ihren pleasuregrounds noch Gärten, die voller Abwechselung sind, sondern bloß vom eigentlichen Park.

men Wildes, Schafe, Rindviehs oder Pferde dienen müssen.

Der erste Anblick eines solchen großartigen Raumes imponiert, und bietet fast immer ein herrliches Gemälde dar, aber auch nur *dies eine*, und der Eindruck bleibt daher für immer derselbe. Geht man in das Detail, so dringt sich noch mancher Übelstand mehr auf. Da alle Bäume bis zu einer gewissen Höhe vom Vieh (oft so regelmäßig wie mit der Schere beschnitten) abgefressen sind, so gewährt ihre Form zu wenig Abwechselung; Gebüsche können ohne besondere Umzäunung gar nicht bestehen, ja jeder einzelne neu gepflanzte junge Baum bedarf einer solchen, wodurch vieles ein steifes und höchst gezwungenes Ansehn erhält, überhaupt auch Gebüsche zu selten angebracht werden können um, wie es doch wünschenswert ist, die Aussicht häufig genug gehörig zu unterbrechen, und aus einem Hauptbilde zugleich mehrere kleinere zu machen. Nur ein einziger Weg führt gewöhnlich durch diese unabsehbare Grasöde ohne alle Spur menschlichen Treibens, zum und vom Schlosse, das mitten im Rasen in seiner einsamen Majestät kahl und kalt daliegt, während Kühe und Schafe bis an die leeren Stufen seiner Marmortreppe grasen. Es wäre nicht zu verwundern, wenn bei dem, in solcher monotonen und einsamen Größe sich ganz unheimlich fühlenden Beschauer, einmal wider Willen der Gedanke erzeugt würde: er befinde sich wohl gar in einem verzauberten Bezirk, wo keine *Menschen* mehr hausten, sondern John Bull, den Namen mit der Tat tragend, bereits in wirkliche Tiergestalt übergegangen sei. Vermieden würde dies werden, wenn man für Vieh sowohl als Wild nur bestimmte Bezirke abschlösse, und ihnen nicht die ganze Parklandschaft preisgäbe. Es ist aber bei den Engländern fast zur fixen Idee geworden, daß man einer Landschaft, ohne Vieh, nimmer froh werden könne. Dagegen ist ihnen die Belebung durch Menschen desto unerträglicher, denn nichts wird hermetischer verschlossen, als die Gartenanlage eines englischen Privatmannes es in der Regel für jeden Unbekannten ist. Die Humanität unsrer Großen ist ihnen dort gänzlich fremd geblieben, indes finden sie auch einige Entschuldigung in der außerordentlichen Ungezogenheit ihres Pöbels.

Wenn ich früher den Satz aufgestellt habe, daß Größe des Terrains für eine Parkanlage nicht durchaus nötig sei, so gestehe ich doch ein, daß sie, wo sie ohne zu große Opfer zu erlangen ist, sehr wünschenswert bleibt, um mit dem Imposanten dann auch größere Mannigfaltigkeit, die stets den alles besiegenden Reiz der Neuheit darbietet, vereinigen zu können. Caeteris paribus (d. h. mit gleichem Verstand angelegt) würde ich daher dem ausgedehntesten Park immer den Vorzug vor dem kleineren geben, selbst wenn den ersteren einzelne Naturschönheiten noch mehr begünstigten.

Bei uns, wo Grund und Boden einen so viel geringern Wert haben als anderwärts, ist solche Ausdehnung weit leichter zu erringen, und ich rate jedem, so viel er nur kann, darnach zu trachten; ja wenn sein Gut nicht groß ist, lieber das Ganze, ohne besondere Abgrenzung, in eine möglichst verbesserte Landschaft umzuwandeln, was, auch ohne der Ökonomie zu sehr zu nahe zu treten, oft weit leichter und mit geringeren Kosten bewerkstelligt werden kann, als man gewöhnlich annimmt. Gewiß ist es aber, daß, als ein für sich Bestehendes, dem Bedürfnis genügendes Ganze gedacht, ein Park, in dem man nicht wenigstens eine Stunde lang rasch spazierenfahren oder reiten kann, ohne dieselben Wege wieder zu betreten, und der nicht außerdem noch eine weit größere Menge verschiedener Spaziergänge in sich faßt, sehr bald ermüdet, *wenn man auf ihn allein beschränkt ist.* Wo hingegen eine überreiche pittoreske Natur schon die ganze umgebende Gegend selbst idealisiert und sie, sozusagen, als ein unabsehbares, nur vom Horizont umschloßnes großes Kunstwerk hingestellt hat, wie in vielen Teilen der Schweiz, Italiens, Süddeutschlands, auch unsres Schlesiens zum Teil – da bin ich überhaupt der Meinung, *daß alle Anlagen der erwähnten Art nur ein* hors d'hœuvre[13] sind. Es kömmt mir vor, als wenn man auf einen prächtigen Claude Lorrain[14] in einer Ecke noch eine besondere kleine Landschaft malen wollte. Dort bescheide man sich, bloß mit Anlegung guter Wege einzugreifen, um den Genuß bequemer zu machen, und hie und da durch Hinwegnahme einzelner Bäume eine Aussicht zu öffnen, welche die, um die Ausstellung ihrer Schönheiten so unbesorgte, Natur mit zu dichtem Schleier verdeckt hat. Um sein Haus aber begnüge man sich mit einem reizenden Garten von geringem Umfange, womöglich im *Kontrast* mit der Gegend, in dessen engem Raume dann nicht mehr landschaftliche Mannigfaltigkeit, sondern nur Bequemlichkeit, Anmut, Sicherheit und Eleganz bezweckt wird. Die Gartenkunst der Alten, welche im 15ten Jahrhundert in Italien, durch das Studium der klassischen

Schriftsteller, und vorzüglich durch die Beschreibungen, welche Plinius von seinen Villen uns hinterlassen hat, wieder in Anwendung gekommen ist, und aus welcher späterhin die sogenannte französische Gartenkunst in einer kälteren, weniger gemütlichen Form hervorging, verdient hierbei große Berücksichtigung. Diese reiche und prächtige Kunst, welche ein Hervorschreiten der Architektur aus dem Hause in den Garten genannt werden könnte, wie die englische ein Herantreten der Landschaft bis vor unsere Tür – möchte also zu dem erwähnten Zweck am passendsten angewendet werden. Man denke sich z. B. mitten in den Felsen der Schweiz, zwischen Abgründen und Wasserstürzen, dunkeln Fichtenwäldern und blauen Gletschern, ein antikes Gebäude, oder einen Palast aus der Straße Balbi, verziert mit allem Glanz und Schmuck der Architektur, umgeben von hohen Terrassen, reichen Parterres vielfarbiger Blumen, durch schattige Rosen- und Weinlauben, kunstreiche Marmorstatuen und plätschernde Springbrunnen belebt – vor diesem Garten aber die ganze natürliche Pracht der Berge weit ausgebreitet rund umher. Ein Schritt nur seitwärts in den Wald getan, und verschwunden, wie durch einen Zauberschlag, sind Schloß und Gärten, um der ungestörtesten Einsamkeit und der Wildnis einer erhabnen Natur wieder Platz zu machen, bis später vielleicht eine Biegung des Weges unerwartet eine Aussicht öffnet, wo in weiter Ferne das Werk der Kunst aus den düstern Tannen von neuem in der glühenden Abendsonne Strahl hervorblitzt, oder über dem dämmernden Tale im Glanze angezündeter Lichter auftaucht, wie ein verwirklichter

Feentraum. – Würde ein solches Bild nicht zu den reizendsten gehören, und grade dem *Kontraste* seine Hauptschönheit verdanken?

Anders aber wird da zu verfahren sein, wo die Natur weniger Stoff darbietet, wo der Park, als Oasis in dem weiten Raume, seine eigne Gegend und Landschaft sich erst bilden muß. Obgleich der Schönheit überall dieselben Gesetze zum Grunde liegen müssen, so können sie doch sehr verschieden angewandt und motiviert werden. Man wird in dem vorliegenden Falle vor allem darauf sehen müssen, da man nicht durch große Kontraste eingreifen kann, eine wohltuende, sanftere Harmonie des Ganzen hervorzubringen und daher auch die wenigen Aussichten in die Ferne, die man vorfindet, in Übereinstimmung mit dem Charakter des *Parks* selbst zu bringen haben. Hier besonders wird nun *Größe* der Anlage zu einer Hauptbedingung, wo man nämlich eine ganz neue Gegend zu schaffen hat, um ein genügendes Kunstwerk zu erlangen, während man im früher angeführten Falle nur einen Punkt verschönernd zu benutzen brauchte, um die ganze Natur um sich her seinem Zwecke dienstbar zu machen. Fälle, die zwischen diesen beiden Extremen in der Mitte stehen, werden allerdings auch von beiden Seiten Modifikationen zulassen, und mit Geschmack nach der Lokalität beurteilt werden müssen; doch kann man immer das hier Gesagte als Grundregel darauf anwenden.

Dritter Abschnitt.

UMSCHLIESSUNG.

Ich habe oft die Meinung äußern hören: nichts sei dem Begriff freier Natur, welchen die Landschaftsgärtnerei doch beabsichtige, mehr entgegen, als die Umzäunung eines Parks.*

Ich denke anders, und stimme ganz den Engländern bei, die jeden Park sehr sorgfältig begrenzen; nur soll diese Begrenzung von mannigfaltiger Art und von innen meistenteils verborgen sein. Im Grunde ist sie mehr Gegenstand der Zweckmäßigkeit als der Ästhetik, aber auch in dieser Hinsicht möchte ich sie nicht verwerfen. Wie oft sind nicht selbst die schönsten Partien wilder Natur ebenfalls durch die bestimmtesten Grenzen abgeschieden, und gewöhnlich *vermehrt* ein solcher Abschnitt nur ihren Reiz. Ein von dichtem Wald oder unzugänglichen Felsen eingeschloßnes Tal, eine vom Wasser umflutete Insel geben uns ein Gefühl der Heimlichkeit, gewissermaßen des vollständigen Besitzes, der größern Sicherheit gegen jedes Eindringende, Störende, das uns die Schönheit der Umgebung mit doppelter Behaglichkeit genießen läßt – und eben so muß uns in einem Park das Vorhandensein einer schützenden Mauer oder Zauns, wie gesagt, schon als etwas höchst Zweckmäßiges, ja nicht selten Notwendiges zum ruhigen und sichern Genuß, willkommen sein, da ja nur der

* Die eigentliche Bedeutung des Wortes Park ist Tiergarten, man gebraucht es jedoch der Kürze wegen im Allgemeinen für jede landschaftliche Gartenanlage im Großen. S. weiter unten den Artikel: Park, Gärten.

unberufene Eindringling dadurch ausgeschlossen, uns aber der Austritt ins Freie und Weitere nie verwehrt wird. Daher kann auch wohl diese Ansicht nur einer verschrobenen Vorstellung von Freiheit anstößig sein, welche überhaupt heutzutage selbst imaginäre Schranken einreißen will, und alles haßt, was nur diesen Namen trägt. In England wird, wie schon erwähnt, nicht nur jeder Park, sondern des lieben Viehes wegen auch jede Unterabteilung, jedes Gebüsch und jeder einzeln stehende junge Baum umzäunt, und obgleich dies viel zu viel ist, und dadurch störend auffällt, so habe ich doch oft gefunden, daß hie und da eine Befriedigung, besonders wo sich der Charakter der Gegend ändert, sehr malerisch wirkte, ja ich möchte sagen, den Geist auf neue Eindrücke vorbereitete, und einen beruhigenden Abschnitt gewährte.

Also Begrenzung, und zwar eine sichere, hohe, feste gebe man, vorausgesetzt wenn man kann – denn allerdings, gleich wie die französischen Kochbücher ihre Rezepte sehr weislich immer damit anfangen: »Ayez une carpe, ayez un perdreau etc.«[15], ehe sie das *Wie* der Zubereitung erklären, so setze ich auch bei *meinem* guten Rat immer voraus, daß Mittel und Lokalität seine Befolgung erlauben – also Begrenzung, sage ich, gebe man in diesem Falle einer Parkanlage in ihrer ganzen Ausdehnung, und zum Teil auch in ihren einzelnen Partien. Da indes eine solche, je solider sie ist, auch am wenigsten gut auszusehen pflegt, und es auch sehr fehlerhaft sein würde, durch den zu häufigen Anblick des *Endes*, der Phantasie ihr weites Feld abzukürzen, so verdecke man durch dichte und breite Pflanzung den größten Teil der Befriedigung. Besteht sie aus einem wenig zierlichen hohen Holz-Zaun, so lasse man diesen nie erblicken, sondern ersetze ihn auf vorteilhaften Aussichtspunkten durch ein tiefes Aha[16], suche aber jede Gezwungenheit an solchen Stellen durch sehr verschiedenartig hervortretende Pflanzungen zu vermeiden, führe auch den Weg nur dann nahe zu diesem Aha, wenn man ihn vielleicht, vermöge einer kleinen Fallbrücke, darüber hin, und hinaus ins Freie leiten will. Die Art der Verpflanzung des Zauns muß sehr abwechselnd sein. Einmal sei er in der Länge von 2-300 Schritt oder mehr, breit mit hohem Walde, ein andresmal mit schmalerer und niedriger Strauchpflanzung verdeckt, *über* die man die ferne Gegend teilweise erblickt; an andern Orten lasse man diese fernen Punkte zugleich über den Sträuchern und *unter* einzelnen hohen daraus hervorragenden Baumkronen gewahr werden. Umschließt eine Mauer den Park, so kann man diese wohl zuweilen, nur von einigem Gebüsch und Bäumen unterbrochen, am besten in verfallenem Zustande, von Epheu und wildem Wein umrankt, frei hervortreten, oder in ein Gebäude, eine Galerie u. s. w. übergehen lassen. Sie wird unter solchen Umständen nicht verkümmernd, sondern bereichernd wirken.

Wenn die Lokalität es erlaubt, was jedoch sehr selten durchaus der Fall sein möchte, so würde ich, für unser Klima, als mein Ideal einer Begrenzung, Folgendes vorschlagen, was ich nur zum Teil bei mir ausführen konnte.

Man läßt rund um den Park, überall wo man keine freie Durchsicht haben will, eine Rute breit rigolen[17], die man dicht mit Schleehdorn oder Akaziensamen besät, was in solcher Breite nach einigen Jahren, auch in sehr mittelmäßigem Boden, ein undurchdringliches Gebüsch bildet. An diese unmittelbar wird eine Nadelholzpflanzung gelegt, die ebenfalls den ganzen Park (immer die offnen Aussichtspunkte abgerechnet) umgibt, und nur mit wenig Laubholzbäumen und Sträuchern zu einiger Abwechselung der Farbe im Sommer gemischt wird. Für die niedrig zu haltenden Stellen muß man, in unserm Klima, Wacholder, Taxus und nicht hoch wachsende Fichtenarten nehmen, auch wohl die gewöhnliche Fichte und Weißtanne, welche beide man leicht durch Schneiden buschartig erhalten kann. Längs dieser bald breiteren, bald schmäleren Pflanzung, die jedoch nie die Breite von drei Ruten zu übersteigen braucht, führt ein 24 Fuß breiter Rasenweg hin.* An dessen dem Park zugewendeter Seite beginnt nun erst die eigentliche gemischte Deckpflanzung für die Ansicht von dorther, in der das Laubholz dominiert, welches im Sommer das dann zu monotone Nadelholz größtenteils verbirgt, und nur da vortreten läßt, wo man es zu sehen wünscht. Es ist unglaublich, wie sehr eine solche Vorrichtung den Park auch in unsern traurigen Wintern noch belebt und auf dem genannten Rasenweg, selbst bei Schnee und Eis wo alles übrige kahl ist, die anmutigsten Promenaden gewährt. Der immer grüne Vordergrund, welcher die Grenze Winter und Sommer gleich vollkommen deckt, gibt der ganzen Gegend Farbe, wodurch dem einzigen Mangel in dieser

* Er ist so breit gehalten um dem Nadelholz gehörigen Raum zur Ausbreitung seiner Äste zu lassen.

tab. I a, b: Randbepflanzung von Nadelholz.

Epoche abgeholfen wird; denn hinsichtlich der Form muß ein wohl gruppierter und gezeichneter Park auch ohne Färbung in jeder Jahreszeit den Schönheitssinn befriedigen können, indem er, wenn gleich im Winter alle Ausschmückung fehlt, doch durch die Harmonie seiner Massen von Bäumen, Rasen und Wasserflächen, seiner gefälligen Linien von Wegen und Ufern, noch ein interessantes Bild darstellt. Daß auch diese Randpflanzungen von Nadelholz so angelegt werden müssen, daß sie, sozusagen, Natur scheinen, versteht sich von selbst, und wird bei dem Abschnitt »Pflanzungen« hierüber ausführliche Anweisung gegeben werden. Einstweilen wird die Skizze auf tab. I. meine Absicht anschaulicher machen. Bei a bleibt der grüne Weg vom Park aus so gut wie ganz verborgen, bei b erscheint er, obgleich frei, doch nur wie eine Rasenschlucht die sich im Gebüsch verliert.

Sehr viele Parks in England, besonders die aus der alten Zeit, von Brown[18], (gewissermaßen dem Shakespeare der Gartenkunst) angelegt, der mit hoher Poesie dennoch viel Plumpes, Eckiges und Schroffes verband; oder solche die sich von dessen Schülern herschreiben, welche nur seine Fehler nachahmten, ohne seine Schönheiten erreichen zu können – sind längs der Mauer hin mit einem fast regelmäßigen Gurt von gemischter und schmaler Pflanzung umgeben, in der, parallel mit jener, ein Fahrweg rings herumführt, von dem man größtenteils die Umschließungsmauer zwischen den Stämmen hindurch schimmern sieht. Hiermit verwechsele man meinen Vorschlag nicht, da der von mir empfohlene grüne Weg im Sommer mit dem Rasengrund zusammenfließt, und dann *als Weg* gänzlich verschwindet, sein Gebrauch aber nur für den harten Winter unsres Klimas bestimmt ist. Die Kindheit der Kunst gebar *jene* Idee, als man zuerst anfing landschaftliche Gärten von solcher Größe anzulegen, und die Eitelkeit zugleich diese Größe möglichst anschaulich machen wollte, aber durch das gewählte Mittel den rechten Weg dazu grade verfehlte, indem sie mit Ostentation[19] *zeigte*, was sie durch Kunst hätte *verbergen* sollen.

Es versteht sich daß, ohngeachtet dieser des Schutzes

wegen nötigen Umschließung, dennoch jeder Gegenstand in der entfernten Landschaft, der irgend ein Interesse gewähren kann, sozusagen in unsere Besitzung hineingezogen, alle äußeren Strahlen in diesem Focus[20] vereinigt, und dadurch eine scheinbare Größe des Umfangs hervorgebracht werden soll, welche, geschickt benutzt, die wirkliche oft unendlich übersteigt. Diese fernen Punkte müssen aber durchaus so menagiert[21] werden, daß man die Grenze zwischen ihnen und seinem Standpunkte nie sinnlich gewahr wird, wenn man sich auch denken kann, daß sie zu entfernt sind, um noch im wirklichen Bereiche der Anlage zu liegen; auch sollen sie so wenig als möglich irgendwo ganz unter demselben Gesichtspunkt wiederkehren. Z. B. ein Gebirge lasse man immer teilweise sehen, und nur einmal in seiner ganzen Ausdehnung, eine Stadt teile man ebenso ein, und vermeide denselben einzelnen Gegenstand öfter wiederkehren zu lassen. Das effektvolle Verbergen und Ahndenlassen ist schwerer als das offne Zeigen. Wenn die Beschauer eine Aussicht überraschend schön finden, und nachher bei längerer Verweilung äußern: Schade daß der große Baum da noch davor steht, wie viel herrlicher noch würde sich alles entfalten, wenn der auch weg wäre – dann eben hat man es gewöhnlich richtig getroffen, und die guten Leute würden sich sehr wundern, wenn man ihnen den Gefallen täte, den kondemnierten[22] Baum wirklich wegzuhauen, und sie nun mit einem Male *gar kein Bild* mehr vor sich hätten – denn ein Garten im großen Stil ist eben nur eine Bildergalerie, und Bilder verlangen ihren Rahmen.

Vierter Abschnitt.

GRUPPIERUNG IM GROSSEN, UND GEBÄUDE.

Beinahe alle Gegenstände in einer neu zu schaffenden Landschaft, große wie kleine, bedürfen einer wohl überlegten Gruppierung. Der angeborene Takt muß freilich hier am sichersten entscheiden, und für das Speziellere werde ich später einige Anleitung geben; als eine allgemeine Vorschrift könnte aber folgende aufgestellt werden: Man verteile überall in dem Gemälde Licht und Schatten zweckmäßig, so wird dadurch die Gruppierung im Großen in der Hauptsache gelungen sein – denn Rasen, Wasser und Fluren, als selbst keine Schatten werfend, sondern solche nur von andern Gegenständen aufnehmend, sind das *Licht* des Landschaftsgärtners, Bäume, Wald und Häuser dagegen (auch Felsen wo sie benutzt werden können) müssen ihm als Schatten dienen. Man vermeide also den unangenehmen Effekt des Unruhigen und Zerstreuten durch zu viele abwechselnde Einzelheiten durch zu viel *unterbrochnes Licht*; man verdunkle auf der andern Seite auch nicht alles durch einige wenige ungeheure Schattenmassen, und lasse ebensowenig Wiesen und Gewässer zu große freie und kahle Flächen darbieten, sondern richte es so ein, daß sie sich immer hie und da wieder im Dunkel der Vegetation verlieren, oder als einzelne wohl berechnete Lichtpunkte aus dunklem Grunde plötzlich hervortreten. Gebäude sollten nie ganz frei gezeigt werden, sonst wirken sie wie Flecken, und stehen als

Fremdlinge, mit der Natur nicht verwachsen da. Das halb Verdeckte ist ohnehin *jeder* Schönheit vorteilhaft, und *es bleibe in diesem Gebiete immer der Phantasie noch etwas zu erraten übrig*. Oft ruht das Auge mit mehr Wohlgefallen auf einem bloßen Schornstein in der Ferne, der seine grauen Rauchwölkchen aus der unabsehbaren Waldfläche in den blauen Äther hinauf wirbelt, als auf einem nackten Palast, der von allen Seiten zugänglich, dem Blicke keine einzige belebende Unterbrechung darbietet, und dem sich noch nirgends die Natur heimisch und liebend angeschmiegt hat.

In hohem Grade wichtig ist es, daß Gebäude immer im Charakter der Landschaft erscheinen mit der sie verwebt sind.* Viele unsrer deutschen Architekten beobachten dies zu wenig. Gebäude in der Stadt z. B. verlangen ganz verschiedne Behandlung als in einem Park. Die einen stehen als Ganzes für sich selbst da, die andern sind nur ein wesentlicher Bestandteil des Ganzen, und müssen von ihm die malerische Wirkung erhalten, die sie ihm ihrerseits wieder teilweise zurückgeben; daher sie auch eben so sehr auf die *Ansicht* als die Aussicht die sie gewähren berechnet werden müssen. Im Allgemeinen wird bei Parkgebäuden eine gewisse Unregelmäßigkeit derselben, als mehr konform mit der Natur, als mehr pittoresk, vorzuziehen sein. Ein Tempel der dem Kultus, ein Theater, ein Museum, die der Kunst gewidmet sind, verlangen ohne Zweifel Symmetrie und

* Auch der Kontrast kann zuweilen, wie schon angedeutet, im Charakter des Ganzen sein, nur muß er immer *harmonisch* bleiben, wie in dem angeführten Beispiel: erhabne Wildheit der Natur und prachtvolle Kunst. Ein niedliches Lusthaus würde zu jener Wildheit kein passender Kontrast sein, eine imposante Ruine analog und eine schöne Zugabe, aber *gar kein* Kontrast.

einen strengeren Stil, das Schloß oder ländliche Wohnhaus aber werden sowohl für Bequemlichkeit als äußern Effekt, durch größere Ungebundenheit gewinnen. Die Anlagen der Alten, wie sie uns aus ihren Trümmern entgegentreten, zeigen bei Villen und Landschlössern ganz die Befolgung desselben Prinzips. Das größte Beispiel hiervon ist wohl die Villa des Hadrian bei Tivoli. Auch bei den Italienern, während ihrer Blüte im 15ten und 16ten Jahrhundert, finden sich noch häufige Spuren davon. Halbversteckte, hintereinander verschobne Gebäude, große und kleine Fenster an derselben Wand, seitwärts angebrachte Türen, vor- und rückspringende Winkel, zuweilen eine hohe kahle Mauer mit reich verziertem Sims, einzelne Türme, weit vortretende Dächer und unsymmetrisch gestellte Balkone, kurz überall eine großartige, aber keineswegs unharmonischc Unregelmäßigkeit, welche die Phantasie anspricht, weil das Motiv für jede Abweichung von der Regelmäßigkeit zugleich sich mit ausspricht, oder doch geahndet werden kann.

Aber auch auf den Ort, wo ein Gebäude stehen soll, ist große Rücksicht zu nehmen. Z. B. eine Ritterburg mitten im flachen Kornfelde, wie in Machern bei Leipzig, ist fast etwas Komisches, ebenso wie die dortige ägyptische Pyramide in einem heitern Birkenwäldchen und idyllisch gehaltner Gegend, oder eine Strohhütte umgeben von einem französischen parterre.[23] Alles das sind schlechte die Harmonie störende Kontraste. So macht auch die spitze gotische Architektur einen höchst ungünstigen Effekt unter ebenso spitzen Fichten und lombardischen Pappeln, während sie unter alten wellenförmigen Eichen, Buchen oder Föhren ganz an ihrem Platze ist. Jene Fichten und Pappeln sind dagegen einer italienischen Villa mit ihren horizontalen Linien wiederum ganz angemessen.

Wenn nun aber harmonische Schönheit der zu erlangende Hauptgegenstand ist, so deutet dies schon an, daß auch *Zweckmäßigkeit* durchaus bei der Anwendung von Gebäuden erkennbar sein müsse. Ein gotisches Haus z. B., das eben weiter nichts ist, als ein gotisches Haus, ohne allen Grund dastehend, als weil man grade etwas Gotisches haben wollte, erregt ein unbehagliches Gefühl. Es ist ein hors d'œuvre, als Wohnhaus unbequem, als bloße Dekoration ohne nötige Beziehung, und also nicht motiviert genug; erblickt man aber auf fernem Berge die Türme einer gotischen Kapelle aus den Baumkronen alter Bäume ragen, und erfährt, dies sei die Begräbniskirche der Familie, oder ein wirklich besuchter Tempel, irgend einem Kultus geweiht, so fühlt man sich befriedigt, weil man Zweckmäßigkeit mit passender Zierde verbunden begegnete.

Ebenso wirkt ein ungeheurer Palast von einem kleinen chetiven[24] Besitztum umgeben, das gleich in der Nähe wieder die Hütten der Armut begrenzen, oder ein endloser Park, in dem eine unansehnliche Cottage[25] der Hauptpunkt ist, unangenehm, und ich habe die Unschicklichkeit schon gerügt, wenn, beim Sitze des Luxus und der Pracht, von außen die Kühe die Glastüren einstoßen können.

Gebäude also sollen mit ihrer Umgebung in sinniger Berührung stehen, und immer einen bestimmten Zweck haben. Daher muß man sich auch mit Tempeln, die im

Altertum eine ganz andre, volkstümliche, religiöse Bedeutung hatten, und ebenso mit nichtssagenden Monumenten sehr in acht nehmen, wenn sie nicht, statt einen tief erregenden Eindruck, den des Läppischen hinterlassen sollen.

Die abgedroschene, mißverstandene Weise, wie man heutzutage die Mythologie auffaßt, möchte es geraten machen, diese ganz wegzulassen, und sich ebenfalls in der Regel der Inschriften zu enthalten, die an *gewissen* Orten *gewisse* Gefühle zu haben vorschreiben wollen. Wären sie selbst von Göthe, wie in Weimar – auch diese finden ohnfehlbar in seinen Schriften einen bessern Platz. Nur wo sie zuweilen *nötig* sind, z. B. die Notiz auf einem Wegweiser am Scheidewege, da findet man stets dankbar die erforderliche Auskunft. Das Lustigste für das Kapitel: Inschriften, ist gewiß eine Bank die in dem Baumgärtner'schen Gartenmagazin durch eine schöne Zeichnung empfohlen wird, eine Bank, der Freundschaft gewidmet, deren Lehne aus den Worten gebildet ist: Orest und Pylades. Daneben steht ein Musikpavillon, *mit Noten kreneliert*[26], von denen der Wanderer gleich »Freut Euch des Lebens« im Vorbeigehen absingen kann. Solche Lehre ist trefflich, denn sie bringt auch den Borniertesten zur Erkenntnis.*

* Ich will jedoch hiermit keineswegs das große Verdienst zu schmälern suchen, welches sich der liebenswürdige und heitere Greis durch die Herausgabe jenes Werks um das deutsche Publikum erworben hat. Neben einigem Verfehlten enthält es unendlich viel Nützliches, hat gewiß tausend andere Ideen angeregt, und wirkte zu seiner Zeit auf größere Verbreitung des Geschmacks an veredelter Gartenkunst gewiß ebenso wohltätig ein, als des hochzuverehrenden alten Dessauer Fürsten[27] praktisch aufgestellte Beispiele, wenn auch seitdem der Fortschritt der Kunst beide Unternehmungen weit überflügelt hat.

Daß übrigens das Publikum dies genügend erkannt, beweist am besten der

Man ist in England ebenfalls nicht frei von ähnlichen Albernheiten. So fand ich in einer, sonst sehr hübschen, Villa, nahe bei London, im Gebüsch einen hölzernen, weiß angestrichnen feisten Amor an Stricken zwischen den Ästen hängen, der mit aufgeblasnen Pausbacken seinen Pfeil auf die Vorübergehenden abzuschießen drohte; und zwanzig Schritt weiter einige Affen aus demselben Stoff, die wie versteinert miteinander auf dem Rasen spielten. Auf meine Frage erfuhr ich, das geschmackvolle Besitztum gehöre einem kürzlich verheirateten und eben mit seiner Frau vom Kontinent zurückgekommenen jungen Bierbrauer, welches Amor und Affen hinlänglich erklärte.

Das wichtigste Gebäude im Park ist natürlich das Wohnhaus. Es sollte nicht nur der Umgebung, sondern auch dem Stande, dem Reichtum, ja sogar dem Beruf des Besitzers angemessen sein. Das weite Schloß mit seinen Zinnen und Türmen schickt sich vielleicht nur schlecht für den Kaufmann, steht aber dem vornehmen Aristokraten, dessen Familienglanz sich durch Jahrhunderte fortvererbte, und dessen Vorfahren es wirklich bedurften, ihren Sitz in festen Schlössern aufzuschlagen, gar wohl an. Der ältere Repton[29] ging in seinen Anforderungen hierin so weit, daß er, vor der Villa eines Handelsherrn bei Bristol, die schöne Aussicht auf die Stadt ganz zupflanzte, bloß um den Besitzer, der sich hierher von allen Geschäften zurückgezogen, nicht durch den Anblick des Schauplatzes seiner früheren

pekuniäre Erfolg der Entreprise.[28] Unser geehrter Freund gewann an dem Werk, wie ich aus seinem eignen Munde weiß, über 60 000 Rtlr., in Deutschland kein gewöhnliches Resultat.

Mühen und Sorgen *unangenehm an die Vergangenheit zu erinnern.* Dies ist echt englisch, sowie auch die Bestrebung vieler dortigen Egoisten, in der Aussicht von ihrer Wohnung alle Gegenstände, sie seien noch so pittoresk, zu verdecken, wenn sie nicht zugleich ihnen angehören. So weit wollen wir die Spitzfindigkeit nicht treiben, sondern nur feststellen, daß man allerdings die Aussicht vom Wohnhause seinem individuellen Geschmacke möglichst angemessen einrichten müsse, da man sie immer vor Augen hat, die *An*sicht des Wohnhauses daher der *Aus*sicht überall nachzustehen habe, während vielleicht bei den andern Parkgebäuden meistenteils das Gegenteil stattfinden möchte.

Beiläufig muß ich doch hier darauf aufmerksam machen, daß man auch die Himmelsgegend wohl berücksichtige. Wer in unserm Klima auf der Abendseite wohnt, wird oft noch den Sturm sausen hören, und alle Gegenstände in trübe Schleier gehüllt sehen, während sein Nachbar, dessen Fenster sich gegen Südost öffnen, schon längst einen heitern Himmel, und die Landschaft in schönster Beleuchtung erblickt.

Wo wirklich alte (nicht bloß im alten Stil neu aufgebaute) Schlösser, als langer Familienbesitz vorhanden sind, bin ich der Meinung, daß man sie nur wohnlicher, ansehnlicher mache, aber sonst in dem alten Charakter möglichst erhalte, wenn auch ein weit schönerer an sich denkbar wäre. Die Erinnerungen vergangner Zeit, die Majestät der Jahre sind auch etwas wert, und es ist als ein wahres Unglück anzusehen, daß unser in jeder Hinsicht papiernes Zeitalter so viel davon zerstört hat. So wurde noch vor kurzem ein herrliches altes Schloß in meiner Nähe, das Eigentum eines der ersten Adligen im Lande, mit großen Kosten abgerissen, und von einem Alltagsarchitekten durch ein dreieckiges Leipziger Meßwarenlagerhaus ersetzt, in dem nur die Krämerelle als einzig würdiger Szepter neben Ballen und Kisten hätte regieren sollen.

In England hat man sich diese Torheit nicht zu Schulden kommen lassen, und nirgends wird Überliefertes religiöser erhalten, und stolzer besessen. Auch sieht man dort viele Besitztümer einfacher Bürgerfamilien, die dennoch seit 6 Jahrhunderten und darüber immer in den Händen der Enkel, und in der Hauptsache selbst so unverändert geblieben sind, daß man z. B. in Malahide in Irland, dem Stammschlosse der Talbots, sogar Boiserien[30] und das Ameublement[31] ganzer Zimmer aus demselben grauen Altertume findet. Wer kann aber die Pracht des erhabnen Warwik Castle[32] mit seinem kolossalen tausendjährigen Turme, oder den königlichen Sitz des Herzogs von Northumberland sehen, ohne sich von romantischer Ehrfurcht durchdrungen zu fühlen, und ein gleiches Entzücken an der unübertreffbaren Schönheit dieser kolossalen Gebäude, als an ihrer imposanten Großartigkeit zu empfinden.

Mißlungen erschienen mir dagegen die Bestrebungen der Neuern, für modernen friedlichen Gebrauch wieder Schlösser im alten Festungsstile, zur Wohnung aufzuführen. Die kostspieligsten Anlagen dieser Art in England sind Eatonhall und Ashridge, für die Millionen verschwendet wurden, um eine Kinderei zu schaffen, ungeheuere Burgen in Blumengärten, wo oben Créneaux[33] und unzählige kriegerische Wachttürme, unten

Glaswände mit exotischen Zierpflanzen angefüllt, zum baren Unsinn werden, und deren Besitzer, wie ein lustiger Reisebeschreiber ganz richtig sagt, um analog mit ihrem Bauwerke zu bleiben, auch wie Don Quixotte[34] im Harnisch und mit eingelegter Lanze in ihrem pleasureground spazierengehen sollten.

Gotische *Spielereien* sind nie anzuraten, denn sie wirken ohngefähr wie: kindisches Alter.

Fünfter Abschnitt.

PARK UND GÄRTEN.

Beides sind zwei sehr verschiedene Dinge, und es ist vielleicht einer der Hauptfehler aller mir bekannten deutsch-englischen Anlagen, daß dieser Unterschied fast nie gehörig beobachtet wird, so daß einem auch hier, um mit Müllnern zu reden[35], nur zu oft, nichts als ein Rührei von Kunst und Unsinn entgegentritt.

Unter einem Park wird zwar, im weitern Sinne genommen, jetzt gewöhnlich das ganze, dem aufzustellenden Naturgemälde und wohnlichem Besitztume gewidmete Grundstück verstanden, eigentlicher bezeichnet aber, bildet er ein, von dem sogenannten pleasureground und den Gärten die er umschließt, sehr wesentlich abweichendes Ganzes.* Der Park soll nur den Cha-

* Das Wort pleasureground ist schwer genügend im Deutschen wiederzugeben, und ich halte es daher für besser den englischen Ausdruck beizubehalten. Dieser bedeutet ein an das Haus stoßendes, geschmücktes und eingezäuntes Terrain, von weit größerem Umfang als Gärten zu haben pflegen, gewissermaßen ein Mittelding, ein Verbindungsglied zwischen dem Park und den eigentlichen Gärten.

rakter der freien Natur und der Landschaft haben, die Hand des Menschen also wenig darin sichtbar sein, und sich nur durch wohlunterhaltene Wege und zweckmäßig verteilte Gebäude bemerklich machen. Auch diese wegzulassen, wie manche wollen, und, um ganz die Illusion wilder Natur zu erhalten, durch das hohe Gras waten, und sich im Walde an Dornen blutig ritzen lassen zu müssen, ohne je einer einladenden Wohnung, einer den Müden aufnehmenden Bank oder Ruhesitz zu begegnen, scheint mir abgeschmackt, (obgleich es Rousseau[36] empfiehlt) da eine solche Anlage wohl Natur, aber auch zum Gebrauch und Vergnügen des Menschen eingerichtete Natur darstellen soll. Kann man innerhalb des Parks ein Vorwerk mit seiner angrenzenden Feldflur, eine Mühle, eine Fabrik anbringen, oder hineinziehen, so wird ihm dies nur desto mehr Leben und Mannigfaltigkeit geben, die ebenso sehr empfohlen, als auf der andern Seite vor Überladung gewarnt werden muß. Um die letztere zu vermeiden, soll man sich bemühen Gegenstände der erwähnten Art bei der Disposition des Ganzen wohl zu sondern, und sie nicht ungeschickt untereinander zu vermischen. Das Feld z. B. liege, wie schon angedeutet, geschlossen um das Vorwerk her, nicht fleckig im ganzen Park verteilt; es bilde alles zusammen eine eigene Partie in ihrem besondern Charakter, zu der auch *der Übergang* gehörig bedingt ist. Sind aber mehrere verschiedene Gegenstände schon zu nahe aneinander geraten, oder bedarf man ihrer zu andern Zwecken, so gebe man, um dennoch der Überladung und Verwirrung zu entgehen, *allen das gleiche Ansehn.* So findet man z. B. im hiesigen

Park* an einem See, den ein Arm des Flusses in seinem Laufe bildet, eine Fischerhütte, gegen hohe Eichen gelehnt; seitwärts auf höherem schroffen Ufer und nicht 200 Schritte davon, eine Wachsbleiche; nahe daneben einen Eiskeller und eine Parkwärterwohnung; ferner in derselben Ansicht, zwar jenseits des Flusses in größerer Entfernung doch auch *scheinbar* nahe, eine cottage im englischen Geschmack; und hinter dieser noch ein fast ganz mit Stroh gedecktes Dorf mit seinem hervorragenden Kirchturme.

Wären nun diese in ihrem Zweck ganz verschiedenen Gegenstände, die teils wirklich sehr nahe zusammenliegen, teils durch optische Täuschung, vom Wege aus gesehen, sich so darstellen, jedes auch in einem verschiedenen Stil erbaut, so würden sie dem guten Geschmack unerträglich, und wie ein wahres Salmagundi[37], vorkommen. Diesem Übelstand abzuhelfen, bedurfte es nur, alle Gebäude, mit geringer Nuancierung, in demselben ländlichen Charakter des Dorfes, welches den Hauptzug in der erwähnten Gegend bildet, zu halten, und die englische Cottage, die Fischerhütte, Wachsbleiche, Eiskeller, gleich dem Dorfe mit Stroh oder andern rüstiken Dachbekleidungen übereinstimmend decken zu lassen, um das Ganze von nun an *wie*

* Ich wiederhole nochmals, daß ich keineswegs aus Anmaßung, sondern nur, weil ich natürlich keine Belege passender für *meine* Theorie benutzen kann, so oft Beispiele aus meinem eigenen Park anführe. Auch bin ich der Kürze wegen, und weil ich sonst mit der Herausgabe dieser Schrift noch zehn Jahre hätte warten müssen, wo sie vielleicht, (wie ich es sehr hoffe) bereits als unnütz erscheinen würde – genötigt: mehreres als ausgeführt zu schildern, was es in der Wirklichkeit allerdings noch nicht völlig ist, aber schon, während ich schreibe, immer mehr wird, und im Plane wenigstens, soweit als ich es anziehe, ganz fest steht, weil es hinlänglich geprüft wurde.

eine einzelne Partie des Parks, wie *ein* freundliches, von wohlhabenden Besitzern bewohntes Dörfchen, das sich rechts und links des Flusses ausbreitet, erscheinen zu lassen. So ist Einheit hier grade durch Vielheit gewonnen, denn 20 abwechselnde Gebäude über die Gegend zerstreut, sehen wie *zwanzigerlei* verschiedene Dinge aus, eine Stadt von 10 000 zusammenhängenden Häusern aber bildet nur *ein* Ganzes.

Umfaßt die Aussicht eine sehr weite Landschaft, so mögen allerdings heterogenere Gegenstände ohne Nachteil zugleich sichtbar werden, doch kann es der Einbildungskraft nie gelingen, wie es ihr in manchen, zu ihrer Zeit berühmten, Parks doch zugemutet wird, einen chinesischen Turm, eine gotische Kirche, zwei bis drei griechische Tempel, ein russisches Blockhaus, eine Burgruine, eine holländische Meierei, und etwa gar noch einen Vulkan zur Zugabe, alles in einem Bilde zusammengefaßt, mit Befriedigung zu überblicken; sondern bei der schönsten anderweiten Umgebung wird doch der Verstand ohne Zweifel unter solchen Umständen immer an einer Art künstlerischer Indigestion[38] leiden müssen.

Bedeutend verschieden sind dagegen die Prinzipien, die dem pleasureground und den Gärten zum Grunde gelegt werden müssen; welche letztere so mannigfach als möglich sein mögen, als Blumengärten, Wintergärten, Frucht-, Wein-, Gemüsegärten u. s. w. In England sah ich exotische, chinesische, amerikanische, ja sogar Mönchs- und Porzellangärten.

Ich könnte ein früher gebrauchtes Wort hier noch einmal variieren, und sagen: wenn der *Park* eine zusammengezogne idealisierte Natur ist, so ist der *Garten* eine ausgedehntere Wohnung. Hier mag also der persönliche Geschmack aller Art sich wohl ein wenig gehenlassen, ja sogar Spielereien und überhaupt das freieste Hingeben an die Phantasie erlaubt sein.* Alles biete hier Schmuck, Bequemlichkeit, sorgfältigste Haltung, und so viel Pracht dar als die Mittel erlauben. Der Rasen scheine ein samtner Teppich mit Blumen gestickt, die schönsten und seltensten ausländischen Gewächse (vorausgesetzt daß Natur oder Kunst *ihr gutes Gedeihen* möglich machen können) finde man hier vereinigt, merkwürdige Tiere, schön gefiederte Vogelarten**, glänzende Ruhesitze, erfrischende Fontainen, die kühlen Schatten dichter Alleen, Regelmäßigkeit und Laune, kurz alles wechsele ab, um den reichsten und mannigfaltigsten Effekt hervorzubringen, ebenso wie man auch die verschiedenen Salons im Innern des Hauses, jeden anders ausschmückt; und man setze auf diese Art, wie gesagt, die Reihe der Gemächer, in vergrößertem Maßstabe unter freiem Himmel fort, dessen blaues Zelt hier, mit sich immer neu abwechselnden Wolken, die gemalte Decke vertritt, an welcher Sonne und Mond als ewige Kronleuchter schimmern. Über ein solches

* Freilich muß diese nicht in notorische Albernheiten ausarten, wie ich z. B. im Braunschen Garten bei Wien ein Haus in Gestalt einer Tonne fand, in welcher ein riesiger Diogenes von Pappe saß, der, sehr galant für jeden Beschauer, eben sein Licht ausgelöscht zu haben schien; oder am andern Orte die angenehme Überraschung einer Ruhebank, auf der nach einigen Sekunden dem Sitzenden kaltes Wasser in den Nacken fließt, und dergleichen Impertinenzen[39] mehr.

** Hierbei ist jedoch auch vor Überladung zu warnen, und besonders darauf zu sehen, daß jeder Anblick von Unreinlichkeit, und übler Geruch vermieden wird. Ist dies nicht zu erreichen, so gebe man lieber die Menagerie ganz auf; denn Seltenheiten, die man nur mit zugehaltener Nase bewundern kann, entbehrt man gern an einem Ort, der nur dem behaglichsten Genuß des Schönen gewidmet sein soll.

Detail Regeln zu geben, kömmt mehr dem technischen Kunst- und Ziergärtner zu, noch besser dem eignen Geschmack des Herrn, und am allerbesten vielleicht dem zarten Sinn und der so Liebliches schaffenden Einbildungskraft der Frauen.

Ich berühre daher, diesen Punkt betreffend, nur noch einiges Allgemeinere.

Daß der Bezirk jeder besondern Gartenabteilung, worunter ich den pleasureground hier immer mit verstehe, eine Vermachung haben müsse, die ihn vom Park trennt, ist schon der Sicherheit der kostbaren Anlagen wegen unerläßlich. Läßt die Lokalität eine höherliegende Terrasse, oder ein fortlaufendes Aha zu, so würde in den meisten Fällen dies die beste Begrenzung eines Ziergartens, und regelmäßige Linien, die nicht verborgen sind, sondern *recht sichtlich die Unterscheidung andeuten*, dafür wohl am meisten zu empfehlen sein; denn ein *Garten* ist Gegenstand der Kunst allein, und muß auch als solcher in die Erscheinung treten.

Indem diese Befriedigung das auf den Grasplätzen des Parks weidende Vieh oder Wild vom Gartenrevier gänzlich abhält, oder auch nur die zum Mähen bestimmten Wiesen deutlich davon scheidet, erfreut sich das Auge des Beschauers zuerst in der Nähe an dem behaglichen Glanze der farbenreichen Umgebung, dem vielfachen Schmucke der Zierpflanzen, und dem glatten smaragdgrünen Teppich des Gartens, durch jede Sorgfalt aufgeputzt; jenseits aber zugleich an der freien Landschaft, ihren imposanten Gruppen, ihrem hohen, dunklen, nur von wilden Blumen einfach durchwirkten, weit hinflutenden Grase – so schön, wenn der Wind wollüstig darin wühlt, wie der Jüngling in den wallenden Haarlocken seiner Geliebten, oder wenn lustige Mäher dort unter duftenden Heuhaufen scherzen, zwischen welche die Sonne lächelnd ihre blinkenden Streiflichter sendet. Dieser Gegensatz der freien Natur zu künstlicher Zierde, ergötzt das Gemüt auf solche Weise doppelt, weil er beides sichtlich trennt, und doch in der Trennung wieder den Kontrast zu einem großen, heitern, sich nirgends widersprechenden Bilde verschmilzt.

Es kömmt auf die Örtlichkeit an, ob alle verschiedene Gärten, (und je mehr deren sind, je anmutiger wird ihre Abwechselung wirken) in ein und demselben großen Raum einzuschließen sind, wozu dann die Nähe des Wohnhauses am passendsten sein möchte, oder ob sie im ganzen Parke verteilt werden sollen. Ich habe bei mir die Mittelstraße eingeschlagen, d. h. den pleasureground rund um das Schloß ausgedehnt, nicht wie es fast durchgängig in England Sitte ist, nur an die eine Seite desselben angelehnt, und innerhalb desselben zuerst die Blumengärten, mit einem Gewächshause das mit den Salons in Verbindung steht, dicht unter den Fenstern angebracht, dann in einiger Entfernung als besondere und wieder unter sich zusammenhängende Partie (immer aber noch im Bezirk des pleasureground) die Orangerie, den Wintergarten, Treibhäuser und Gemüsegärten angelegt; die Fruchtgärten aber, den Weinberg und die Baumschulen, ganz entfernt vom Schloß, im Park selbst verteilt; und überdies noch mehrere kleinere Gärten, in verschiedenem Geschmack, mit den übrigen Hauptgebäuden im Park verbunden, wie die nähere Beschreibung weiterhin genauer entwickeln wird.

Obgleich fast alle diese Gärten durch hie und da zerstreute Blumenpartien geschmückt sind, so sind doch nur die eigentlich sogenannten *Blumengärten* für die Hauptmassen und zur größten Mannigfaltigkeit derselben bestimmt. Ihre Verteilung und Aufstellung muß, ich wiederhole es, dem individuellen Geschmack großenteils überlassen bleiben, doch bemerke ich soviel, daß dieselbe Sorte Blumen in Massen zusammengefaßt, in der Regel einen weit herrlicheren Effekt hervorbringt, als die Mischung vielartiger auf demselben Beete. Die Nuancen sind jedoch hier so vielfältig, und die Berücksichtigungen des Ausführbaren dabei so zahlreich, daß nur lange Übung und Erfahrung erschöpfende Lehrmeisterin darin werden kann. Die Beleuchtung der Blumen durch die sie umgebenden Gegenstände ist ein Hauptpunkt. Eine Rose im Schatten und eine Rose im Sonnenlicht bieten ganz verschiedene Farben dar, noch mehr die blauen Blumen. Besonders auffallend aber ist der Effekt den man hervorbringt, wenn man durch die Einfassung dunkler Schatten ein helles Sonnenlicht auf volle weiße Blumen unter einer Mischung bunter fallen läßt. Überhaupt aber ist es anzuraten, bunte Blumen oft durch weiße zu unterbrechen, um diese dadurch besser hervortreten und sich abstufen zu lassen.

Ein *Wintergarten* muß, wie schon der Name anzeigt, nur aus immergrünen Pflanzen bestehen, und ist in unserm kalten Klima nur sehr schwierig mit einiger Abwechselung herzustellen. Orangerie- und Treibhäuser, Statuen und wohl auch architektonische Springbrunnen, die, selbst wenn das Wasser gefriert, nicht ohne pittoreske Wirkung bleiben, müssen ihn beleben. Die regelmäßige Anlage nach antikem, oder daraus abgeleitetem französischem Geschmack, sagt diesen Gärten am besten zu; und wünscht man den Effekt von Rasenstücken, so kann dieser zweckmäßig durch immergrüne Kriechpflanzen, oder dem schönen hellgrünen Heidel- und Preiselbeerenkraut hervorgebracht werden.

Ich wiederhole es, daß ich mich über alle diese Gegenstände nur sehr kurzfassen muß, da sie teils, ihres großen Details wegen, außer den Grenzen meines Zweckes liegen, teils in der Beschreibung des M . . . r Parks doch noch einige weitere Erledigung finden werden.

Ich schließe daher diesen Abschnitt, indem ich nur noch über Frucht- und Küchengärten kürzlich beibringe, daß auch diese, obgleich in der Hauptsache nur dem Nutzen gewidmet, doch durch gefällige Disposition der Beete, durch an freien Spalieren gezogene Obstbäume, durch mit Treillagengängen[40] eingefaßte Mauern, (s. tab. I c.) durch bequeme Wege, die mit breiten Blumenrabatten eingefaßt sind, und durch möglichste Reinlichkeit und Ordnung, einen sehr angenehmen Aufenthalt abgeben können, wo man mit Vergnügen im Frühjahr die warmen Sonnenstrahlen aufsucht, oder im Herbst sich von Bäumen und Sträuchern, die frischen und ausgesuchtesten Früchte selbst abpflückt. In England, wo man alles so gern mundgerecht macht, pflanzt man deshalb die Erdbeeren auf Terrassen an den

c

tab. I c: Randbepflanzung von Nadelholz.

Wegen, um ohne mühsames Bücken zu ihnen gelangen zu können. Ebenso führt man erhöhte Wege an den Fruchtbäumen hin, damit Kirschen und Äpfel in einer Waage mit dem Munde des Spaziergängers wachsen. Mehrere Mauern werden sehr zweckmäßig in der Mitte des Gemüsegartens errichtet, um nicht nur die Sonnen-, sondern auch die Schattenseite derselben benutzen zu können, und alle Arten Obstbäume sehr kunstmäßig in verschiednen Formen daran heraufgezogen. Jedoch fehlt den englischen Früchten im Freien zu sehr die warme Sonne, und die reifsten sind immer noch, wie zur Zeit des Duc de Lauragais, die *gebratnen Äpfel.**

* Dieser sagte bekanntlich, »qu'en Angleterre il n'y avait de poli que l'acier, et de fruits mûrs que les pommes cuites[41].«

Sechster Abschnitt.

ÜBER ANLEGUNG VON PARK-, WIESEN- UND GARTENRASEN.

Üppiger frischer Rasen ist der Landschaft, was der Goldgrund alten Heiligenbildern, auf dem sich die treuen, liebevollen Gesichter immer noch einmal so anmutig ausnehmen. Er erfrischt das ganze Naturgemälde und gibt der Sonne heitern Spielraum; wie im Gegenteil eine dürre graue Heide[42] sich unter das schönste Ganze, wie ein vernichtendes Leichentuch breitet. Übel auch ist es, wenn der Rasen zwar grün, aber sumpfig ist, so daß man ihn nur betrachten aber nicht betreten kann, oder doch so weich und locker, ohne feste Narbe, daß der Fuß des Spaziergängers sich schon eindrückt, Pferde und Wagen ihn aber, wo sie darauf hingehen, monatelang entstellen. Das letztere ist freilich in der ersten Zeit nach der Anlage, besonders bei nassem Wetter, nicht zu vermeiden; wird aber nur in der Folge gut mit dem Rasen verfahren, so erlangt man bald, auch auf leichterem Boden, eine feste Narbe. Hierzu kann ich folgende einfache Regeln empfehlen, die in meiner Gegend die Erfahrung mehrerer Jahre bestätigt hat.

1. Es taugt durchaus nichts, nur *eine* Grasart zu säen, es mag nun eine Wiese, Hutung[43], oder pleasure-ground-Rasen bezweckt werden. Mit *einer* Grasart allein, sie sei perennierend[44] oder nicht, bekömmt man nie eine wahrhaft dichte Rasennarbe.

2. Für die ersten beiden Zwecke (nämlich Wiesen

und Hutungen) halte ich die reichhaltigste Mischung für die beste, nur mit der Einschränkung, daß man für jeden Boden die durch Erfahrung am passendsten gefundne Grasart so *dominieren* läßt, daß man von ihr die Hälfte oder ein Drittel, und nur das übrige von vielfachen andern Sorten nimmt, also z. B. für feuchten Grund Thimotheengras als Hauptbestandteil, für schweren Raygras, für lehmigen gelben Klee und französisches Raygras, für leichten Honiggras, für Höhen weißen Klee u. s. w.

3. Es ist sehr vorteilhaft den Fleck wo man Gras säen will, wenn es trocknes Land ist, vorher zwei Stich tief rigolen zu lassen, der Boden sei sonst wie er wolle, nur muß man die Dammerde wieder obenauf bringen, wenn die untere Lage viel schlechter ist, auch natürlich bloßen Sand erst durch Schlamm, Kompost oder Felderde etwas verbessern. Findet man das Rigolen zu kostspielig, so muß wenigstens doppelt tief gepflügt werden, vorausgesetzt daß der Boden dazu nachhaltig genug ist. Ist das Feld so zubereitet, so säe man (bei uns am besten von Mitte August bis Mitte September) bei etwas feuchter Witterung sehr reichlich, und walze sogleich die Saat fest ein. Auf schwerem Boden würde man zum letzteren einen trocknen Tag abwarten müssen. Schon Ende Oktober wird das schönste Grün die neue Wiese decken. Das andere Jahr lasse man sie im ganz zeitigen Frühjahr abmähen, um ein gleicheres Wachstum zu erhalten, dann aber zu Samen stehen, der ausfällt, und ihr dadurch für das nächst kommende Jahr alle gewünschte Dichtigkeit gibt. Es ist nun nichts weiter mehr nötig als jährlich fortgesetztes starkes Walzen

nach jedem Hiebe, und nach Befinden alle drei bis vier Jahre eine hinreichende Düngung mit Kompost, Felderde, Schlamm oder frischem Dünger, was man sich dieser Art am leichtesten an Ort und Stelle verschaffen kann. Auf diese Weise habe ich, zur Verwunderung mancher Ökonomen, auf leichtem Kornboden die üppigsten Wiesen erzeugt, die, gegen alle Voraussagungen, seit 10 Jahren, statt auszugehen, wie man glaubte, immer besser geworden sind, und mir auch in pekuniärer Hinsicht sehr gute Dienste geleistet haben, da schon im 4. Jahre das darauf verwendete *Kapital* durch den Ertrag wiedererlangt wurde.

4. Sumpfiger Boden muß durchaus erst trockengelegt werden, wozu die englische Art vieler unterirdischer Abzüge aus großen Hohlziegeln, die auf Ziegelplatten gelegt werden, und dann sehr dauerhafte kleine Kanäle bilden, welche sich nicht wie Reisig und Feldsteinzüge alle Augenblicke verstopfen, am zweckmäßigsten sein möchten. Ist gehöriges Wasser, und Gefälle zum raschen Fließen desselben vorhanden, so kann man oft sehr liebliche offene Bäche damit bilden, die noch besser entwässern, und zugleich eine große Verschönerung gewähren. Sie müssen aber dann geschickt und naturgemäß geführt werden, sonst verunstalten sie statt zu zieren. Ich rate, für solche kleine Bäche, sie in großen und kühnen Hauptkrümmungen zu ziehen, mehr spitze als runde Bögen, die Ufer dann so flach als möglich zu planieren, um die Grasebene nicht zu schroff zu unterbrechen und zuviel Wiesenboden zu verlieren, dann aber erst dem Bette des Baches, durch Hinwegnehmen von Erde hie und dort, bald an der obern bald an der

untern Kante der Ufer, so wie durch angebrachte Büsche, Steine oder Wasserpflanzen, die nötige Mannigfaltigkeit im Detail zu geben. Bei Übermaß an Wasser, und nur geringem Gefälle auf einer sehr unebnen und torfigen großen Wiese in meinem Park, zu deren Entwässerung viele offne Gräben durchaus nötig wurden, die in gewöhnlicher Art gezogen einen unangenehmen Anblick hervorgebracht hätten, bin ich auf den Gedanken gekommen, aus ihr eine Art Delta zu bilden, wodurch ich, dem früher empfohlenen Prinzip gemäß: Einheit durch Vielheit zu gewinnen – mit Hülfe einzelner Pflanzungen vieler Schilf- und Wassergewächse, wie der Belebung durch allerlei Wasservögel, ein ziemlich originelles, und dennoch ganz natürlich erscheinendes Ganze zuwege zu bringen hoffe.

Daß zu gleicher Zeit Bewässerung oder Überrieselung, wo sie nur möglich ist, sorgfältig zu bewerkstelligen gesucht werden muß, versteht sich von selbst, und ist hierbei die gänzliche Überschwemmung auf einmal, einige Tage im Frühling, und nach jedem Grashiebe, wo man sie sich verschaffen kann, wohl der täglichen Überrieselung während der heißen Jahreszeit vorzuziehen, von der ich nie großen Nutzen verspürte.

5. Will man Rasenstücke für pleasureground und Gärten anlegen, so mische man die Grasarten ebenfalls nach Maßgabe des Bodens, jedoch mit Vermeidung aller *groben* Gräser, wie Honiggras, französisches Raygras, Knaulgras u. s. w. Englisches Raygras, festuca ovina, und weißer Klee wird gewöhnlich in England genommen, bei größerer recherche[45] auch statt des Raygrases mehrere Agrostisarten und andre sehr feine Gräser. In

unserm Boden und Klima wird man jedoch eine möglichst schöne und feste Grasnarbe, *in kurzer Zeit*, am sichersten durch das Legen oder Pflastern mit ausgesucht feinem Hutungsrasen erhalten, den man auf Feldrainen und Waldrändern wohl überall antrifft. Er wird in langen Streifen abgestochen und aufgerollt, dann auf den gut präparierten Boden ebenso wieder aufgelegt, mit hölzernen Pritschen festgeschlagen, etwaige Zwischenräume mit kleinern Stücken ausgestopft, ein wenig gute Gartenerde darübergestreut, hierauf noch etwas von der erwähnten Grassamenmischung obenaufgesät, und zuletzt alles gut eingewalzt und eingegossen. Dies gibt mit *Sicherheit* das gewünschte Resultat, und sollte später an ein oder der andern Stelle der Rasen etwas ausgehen, so habe ich oft erfahren, daß es hinlänglich war, solche Stellen nur beide wieder abzuschälen und gegenseitig die Rasen umzuwechseln, um auch beide wieder üppig grünen zu machen. Die spätere gute Behandlung ist jedoch die Hauptsache, ohne welche kein kurzer Rasen lange schön bleiben kann. Er muß nämlich bei nassem Wetter alle acht, bei trocknem alle vierzehn Tage gemäht, und wenigstens ebenso oft gewalzt werden, wobei es zweckmäßig ist, das Walzen dem Hauen vorausgehen zu lassen, einmal um kleine Steine und Erhöhungen, an denen die Sense hängenbleibt, vorher ein- und niederzudrücken, zweitens um die Streifen, welche die Walze auf dem Rasen zurückläßt und die mehrere Tage sehr schlecht aussehen, wieder durch das Mähen verwischen zu lassen. Die gewöhnlichen Kornsensen dienen auch beim Gras; jedoch verlangt die Operation größere Übung und einen sehr egalen Strich. Auch muß man, um alle stehenbleibenden Grasränder zu vermeiden, jeden Strich zweimal, hinauf und herab, mähen lassen. Die Morgenstunden, wo der Tau noch liegt, werden bei trockner Witterung am besten dazu benutzt. Befolgt man diese Vorschriften genau, so wird man selten nötig haben, einzelne Eindringlinge von Blumen oder Kräutern ausstechen zu lassen; sie sterben entweder bald ab, oder haben nie Zeit zu einer, das Ebne des Teppichs störenden, Entwickelung zu gelangen. Es ist auch ein Vorurteil, alles Moos in solchem Rasen vertilgen zu wollen. Viele Arten desselben bilden oft im Schatten der Bäume, wo kein Gras aushält, bei der erwähnten Behandlung von selbst einen Teppich, der an Weiche dem Sammet gleichkömmt, und an Frische den Rasen fast noch übertrifft. So erinnere ich mich, auf der Insel Wight eine weite Strecke Moosrasen dieser Art gesehen zu haben, der an Elastizität, Saftgrün und Dichtigkeit alles überbot, was mir je von Rasenstücken in England vorgekommen ist, und auch mir gelang es, unter hohen Bäumen sehr anmutige Plätze dieser Art zu bilden.

Gleich nach dem Mähen wird das kurze, oft nur staubartige, Gras abgeharkt und hierauf der Rasen mit langen und scharfen Besen regelmäßig auf und ab gekehrt, bis er so rein wie eine Stube ist. Er wird dann zum Gehen angenehmer als der beste Kiesweg, und bedarf gar nicht der ängstlichen Verbote und Tafeln, die in unsern Gärten oft an das Burleske streifen. Man kann unbesorgt den ganzen Tag Ball darauf spielen, ohne ihm den mindesten Schaden zu tun. Bei sehr großer Dürre habe ich zwar auch sonst den pleasureground durch eine große Feuerspritze mit einem Saugwerke, die zu diesem Behuf auf dem nahe beim Schloß liegenden See stationiert war, vermöge lederner Schläuche die eine Länge von mehreren hundert Schritt haben, begießen lassen; ich kann jedoch nicht behaupten, daß sehr viel damit gewonnen würde, und habe es daher wegen der unverhältnismäßig großen Kosten, später untersagt. Denn sollte auch der Rasen in den heißesten Monaten scheinbar ganz verbrennen, so wird er doch immer im Herbst sich wieder von neuem verjüngen, bei außerordentlicher Dürre wird aber, trotz allen Begießens, der der Sonne ausgesetzte Rasen dennoch versengt werden. Allerdings ist es bei solcher Hitze und Dürre ratsam, ihn, solange sie dauert, weder mehr hauen noch walzen zu lassen. Diesen Fall ausgenommen, soll die Zeit des Mähens und Walzens schon mit der ersten Vegetation beginnen, und nur mit dem Eintritt von Frost und Schnee endigen. Diese fortgesetzte Prozedur ist freilich sehr kostspielig, und man pflegt daher, an vielen Orten in England oft nur einen Platz vor dem Hause und die Ränder der Wege im übrigen pleasureground kurzzuhalten, besonders wenn die Herrschaft abwesend ist. Die Dichtigkeit des kurzen Rasens wie seine Reinheit leiden aber für die Zukunft, wie ich mich vielfach überzeugt, wenn er nicht fortwährend gemäht wird.

Bei sehr großen Gärten tut man wohl, sich mehrere bestimmte Leute eigens für das Geschäft des Mähens abzurichten*, und sie fortwährend in den Morgenstun-

* Es ist überhaupt sehr anzuraten: allen Arbeitern so viel als nur immer möglich, stets ein und dasselbe Geschäft zu erteilen. Sie verrichten es dann in Kurzem besser, schneller und lieber.

den hauen zu lassen, so daß, wenn das letzte Stück beendigt ist, die Arbeit gleich beim ersten wieder angeht, wodurch, so viel es tunlich ist, der Garten zu jeder Zeit größtenteils nett gehalten erscheint; denn so weitläuftige Räume *auf einmal* in ein oder zwei Morgen zu walzen, zu mähen und zu kehren, würde, bei dem Phlegma und der langsamen Arbeit unsrer Landsleute besonders, eine außerordentliche Menge Menschen erfordern, und da die wenigsten recht geschickt dazu sind, sehr schlecht und unegal ausfallen.

Ich bin über diesen Gegenstand nur deshalb so ausführlich geworden, *weil keiner in Deutschland mehr vernachlässigt wird*, ja bei vielen zu den ganz unbekannten zu gehören scheint. Auf meinem eignen Grund und Boden habe ich aber bewiesen, daß wir, *bei gleicher Behandlung*, im Frühling, Sommer und Herbst ebenso schönen Rasen als in England erzielen können, nur im Winter, bei dessen Anfang er in England gewöhnlich am schönsten ist, müssen wir freilich, des härteren Klimas wegen, darauf verzichten. Weniger wird es vielleicht möglich sein der dortigen Üppigkeit der freien Wiesen, und namentlich ihrer Blumenpracht, gleichzukommen, von der ich mich an Beispiele erinnere, wo hochrote, blaue und gelbe Farben, in einiger Ferne das Grün ganz eingehüllt und völlig unsichtbar gemacht hatten.

Anm.: Es wird vielleicht die Lernbegierigen interessieren, ein regelmäßiges Rezept für Wiesenansäung zu erhalten, das ich zu dem Behuf von meinem Obergärtner habe aufsetzen lassen, wie es gewöhnlich und auf die wohlfeilste Weise bei mir ausgeführt wird. Hier ist es:

»Den Acker, welcher zur Wiese bestimmt ist, lasse ich ein oder zwei Jahre vorher, mit Hackfrüchten bestellen, und gebe denselben zu diesem Zwecke, in kleinen Teilen, unentgeltlich an Leute, die ihn dafür düngen und bearbeiten müssen. Dadurch verschwinden größtenteils die Ackerbeete und sonstigen Unebenheiten, namentlich wenn man die Beete der Quere verteilt, und bearbeiten läßt. Nachdem hierauf die ganze Fläche genau untersucht worden, von welcher Beschaffenheit der Boden ist, da wir hier selten eine Fläche von 10 Morgen von gleicher Bodengüte haben, so lasse ich noch auf die leichteren Stellen Lehm und Mergel, auf die schweren Sand und leichten Ackerboden, auch Komposthaufen von torfiger Erde und Gerberlohe fahren, gleiche mit der Schaufel die ganze Fäche nochmals aus, so daß alle kleine Unebenheiten in die Gruben und Vertiefungen gebracht, und das ganze Land so hergestellt wird, daß die Walze überall fassen kann.

Die beste Zeit zum Aussäen der Grassamen habe ich im August, auch wohl noch im September befunden, je nachdem es die Witterung zuläßt, doch ist die Saat im August vorzuziehen. Die Vorzüge der Aussaat im Sommer sind. 1. Da wir im Herbst nicht mehr so große Dürre als im Frühling zu erwarten haben, so bestockt sich die Pflanze noch vor dem Winter sehr schön und wird stark. 2. Bringen die im Herbst gesäten Wiesen viel reichlicher und sicherer Samen. 3. Kann man den dazu bestimmten Acker mit Muße, d. h. wenn die Frühlingsarbeiten und andern dringenden Geschäfte beendigt sind, ebnen und verbessern, wie man grade mit Menschen und Zugvieh die beste Zeit und Gelegenheit dazu hat.

Hier, wo der Tagelohn nicht grade zu hoch ist, lasse ich das früher auf die angegebne Weise bestellte und präparierte Land gelegentlich im Juli nach der Quadratrute umgraben. Sobald Regenwetter einfällt, und die Schollen halb getrocknet sind, so daß der Boden nicht anklebt, lasse ich den Acker mit der Egge einmal lang durchziehn, und säe darauf in der Regel folgende Mischung Grassamen:

Engl. Raygras, französisch Raygras, Knaulgras, Wiesenschwingel, Honiggras und Thimotheengras zu gleichen Teilen, und rechne ich auf einen Magdeburger Morgen ½ Zentner reinen Samen. Gewöhnlich wird der Samen aber zum Selbstgebrauch nicht so rein gemacht, weil es die Arbeit vermehrt, und wird in diesem Falle das doppelte, bei leichterem Boden auch wohl das dreifache genommen. Der Thimotheengrassamen mischt sich unter die übrigen Sämereien wegen seines feinen und schweren Korns nicht gut, daher ich zu 10 Pfd. von diesem Samen 1 Pfd. weißen Klee, 1 Pfd. roten, 1 Pfd. gelben Hopfenklee und 1 Pfd. gelben Melilotenklee nehme, und diese Mischung, welche von gleichem schwerem Korn ist, über die schon mit der leichteren Mischung übersäte Fläche später säen lasse. Dann wird die Fläche der Länge und der Quere eingeeggt und gewalzt.

Wenn im nächsten Sommer ein großer Teil des Samens reif ist, lasse ich denselben mit Rechen oder kleinen Stangen vorher abschlagen bevor ich die Wiese mähe. Von dem ausgefallenen und ausgeschlagenen Samen geht bei irgend günstiger Witterung der größte Teil auf, wodurch ich noch in demselben Jahre eine ziemlich dichte Grasnarbe erhalte, die ich von einer gesäten Wiese sonst in mehreren Jahren nicht erwarten kann, außer wenn ich den Samen noch 3mal so dick als ich angegeben, aussäe, welches aber sehr kostspielig wird, da das Ernten und Dreschen des Grassamens etwas mühsam, und sehr von der Witterung bedingt ist.« Rehder.[46]

Siebenter Abschnitt.

VERSETZUNG GRÖSSERER BÄUME UND IHRE GRUPPIERUNG. PFLANZUNGEN ÜBERHAUPT.

Das erste Erfordernis einer Landschaft ist natürlich eine reiche Vegetation aller Pflanzen. Die schönste Form der Berge und Gewässer, aller Glanz der Sonne und des Himmels, können bei nackten Felsen und öden Seen nicht die üppige, tausendfältig verschiedene Form des Baumschlags, das abgestufte, wohltuende Grün des reichen Laubes und der Wiesen ersetzen. Wohl dem daher, dessen Vorfahren ihm hohe Wälder, und einzelnstehende uralte Eichen, Buchen und Linden, diese stolzen Riesen unsres Nordens überlieferten, unangetastet von der mörderischen Axt. Er erblicke sie nie ohne Ehrfurcht und Freude, und halte sie hoch wie seinen Augapfel, denn alles beinahe schafft Geld und Macht, aber kein Crösus, und kein Alexander vermögen die tausendjährige Eiche in ihrer Majestät wieder herzustellen, wenn der arme Tagelöhner sie einmal gefällt hat. Nur zu wahr ist es: furchtbar und schnell ist die Macht des Menschen im Zerstören, schwach und gebrechlich im Aufbauen! Ein alter Baum sei dir, freundlicher Leser, der du die Natur mit frommer Liebe umfassest, ein hohes Heiligtum, dennoch aber weiche das Einzelne, wo es Not tut, auch hier immer dem Ganzen.

Es kann zuweilen der, einzeln betrachtet, schönste Baum, dem Zweck und der Harmonie der ganzen Anlage doch so entgegenstehen, daß man ihn opfern *muß*; diese Fälle sind aber gewiß höchst selten, und ich weiß leider aus eigner Erfahrung, daß eine kleine Veränderung des Plans oft schon hingereicht hätte, einen kostbaren Veteranen dieser Art zu schonen, dessen Verurteilung vorher unerläßlich schien. Jedenfalls überlege man es also *Jahr und Tag*, ehe man das Hinrichtungsbeil wirklich anlegen läßt. Manchem mag die Wichtigkeit die ich diesem Gegenstande beilege vielleicht lächerlich erscheinen, ein echter Naturfreund wird mich aber verstehen, und die Gewissensbisse würdigen, die mir noch jetzt ein halbes Dutzend mal à propos[47] gemordeter Bäume einflößen. Ich kann mich nur damit trösten, auf der entgegengesetzten Seite, auch wiederum nur der kühnen Wegnahme mehrerer andern so große Vorteile und Schönheiten zu verdanken zu haben, daß der Gewinn mit dem Verlust jetzt in keinen Vergleich mehr gesetzt werden kann.

Auch ist es nicht zu leugnen, daß man oft durch Hinwegnahme weniger großen Bäume in einem Tage

tab. II: Vor Hinwegnahme von einigen zwanzig Linden vor dem Schlosse.

tab. II: Nach Hinwegnahme von einigen zwanzig Linden vor dem Schlosse.

mehr bewirken kann, als durch die Pflanzung von Tausenden in hundert Jahren, und der Verlust von ein paar derselben dann nicht hoch anzuschlagen ist, wenn dadurch für das Auge ihre Zahl vielleicht verhundertfacht wird, indem durch ihr Verschwinden so viel andere sichtbar wurden, die jene vorher gänzlich verdeckten. Dies ist so gewiß, daß ich, der ich nicht allzu reichlich mit alten Bäumen in meinem Park gesegnet bin, dennoch durch die Hinwegnahme einiger Achtzig derselben, die ganze Zahl der stehengebliebenen, fast von allen Punkten im Bezirk des Ganzen, für den Beschauer um das Zehnfache *scheinbar* vermehrt habe. Es tritt hier oft im eigentlichsten Sinne der Fall ein, daß »man den Wald vor lauter Bäumen nicht sieht«. Die große Kunst und Schwierigkeit bei Anlegung eines Parks ist aber, wie ich schon angedeutet, verhältnismäßig wenig Dinge so zu benutzen, daß sie viele und ganz verschiedene Bilder geben, welche nicht als dieselben Gegenstände wiedererkannt werden, oder wenigstens einen ganz neuen, bisher nicht geahneten Effekt entfalten. Das doppelte Kupfer auf tab: II. zeigt unter der Klappe das Resultat, welches die Hinwegnahme von einigen zwanzig alten Linden vor dem Schlosse hervorgebracht hat.

Auch bleibt noch ein andrer Ausweg übrig, nämlich diese störenden Bäume, wenn sie nicht allzu kolossal sind, zu versetzen. Die vortreffliche Theorie des H. Steuart (dessen Planters Guide* ich meinen deutschen Landsleuten nicht genug empfehlen kann) welche sein

* The planters Guide etc: by Sir Henry Steuart. Bart. Edinburgh: John Murray, Albemarlestreet London, ein selbst in England noch unbegreiflich wenig benutztes, vortreffliches Buch.[48]

eigner Park so glorreich in der Ausführung bewährt hat, stellt fest: daß auch ein schon sehr alter Baum, sobald er die erforderlichen Versetzungseigenschaften besitzt, mit mehr oder weniger Kosten möglicherweise so verpflanzt werden kann, daß er in drei bis vier Jahren wieder seine ganze vorige Schönheit und Frische erreicht, ohne einen einzigen Ast seines Laubgewölbes verloren zu haben.

Der erwähnten Eigenschaften sind drei: 1. langer *freier* Stand, welcher der Rinde gestattet hat, sich gegen die Rauheit der Luft abzuhärten, 2. gleichmäßige Entwickelung der Wurzeln nach allen Seiten, und 3. gleich volle, ebenfalls nach allen Seiten ausgebreitete Krone, damit diese mit den Wurzeln sich im gehörigen Gleichgewicht halte, welches dem Baum zugleich eine feste Stellung gegen die Stürme gibt. Beim Versetzen ist nur darauf zu sehen, daß der Boden, wohin der Baum kommen soll, der Eigentümlichkeit desselben gemäß, auf das sorgfältigste präpariert werde, und womöglich besser sei, als der wo er vorher gestanden, und ferner, daß dem Baum, den man im Frühjahr oder Herbst verpflanzt, so viel als nur möglich *alle Äste* und *alle Wurzeln* gelassen werden, zu welchem Verfahren allerdings mehrere technische Kunstgriffe und Mittel nötig sind, namentlich die so einfachen als zweckmäßigen Wagen zum Transport u. s. w., die ich hier nicht detaillieren kann, aber in dem angeführten Werke nachzulesen bitte, da es in vieler Hinsicht höchst interessant und belehrend ist. Der Verfasser desselben hat auf die angegebene Weise in 4 Jahren einen Park hergestellt, dem jeder der ihn sieht, wenigstens ein 50jähriges Alter supponieren[49] muß, und es scheint fast, daß die Reichen fortan in England, auch bei Schöpfungen dieser Art, nur wenig Geduld mehr nötig haben werden, sondern auf ihren bloßen Wink schon Gärten der Armida[50] entstehen sehen können. Denn wenn man auch über jene uralten Kolosse, von denen ich vorher sprach, nicht nach Gefallen disponieren kann, so versetzte man doch bereits vermöge ungeheuerer Maschinen Eichen, die mehr als ein Jahrhundert zählen, und es könnte daher wohl heutzutage noch geschehen, daß von neuem ein junger Birnamswald auf den Befehl irgendeines tyrannischen Bankiers, nicht nur bis Dunsinane, sondern sogar bis London marschieren müßte.[51] Für gewöhnliche Fälle, und besonders für unsre beschränkten Mittel, hinsichtlich der Zeit (denn in England hat man das Jahr über volle *sechs* Monate zum Pflanzen, bei uns in der Regel höchstens *zwei*, oft kaum einen) möchte jedoch die Verpflanzung von Bäumen, die 4 Fuß Umfang im Stamme und 50-70 Fuß Höhe haben, das Äußerste sein, was man bei irgend einiger Anzahl derselben mit gutem Erfolg zu unternehmen *anraten* kann. Auch sind diese hinlänglich, um sehr viel damit auszurichten, weit mehr als man früher bei den größten Anstrengungen für möglich hielt, da man zwar ebenso alte Bäume versetzte, sie aber, gleich einem Pfahl, des größten Teils ihrer Äste wie ihrer Wurzeln beraubte. Solche Märtyrer erreichten dann wohl nie ihre alte Schönheit, und konnten höchstens nur dazu dienen, in der Mitte großer Pflanzungen einige Höhe hervorzubringen. Einzeln stehend waren sie mehr eine Verunstaltung als eine Zierde der Gegend. Es ist – und ich rühme mich dessen nicht ungern – wirklich eine Wahrheit, daß ich schon lange vor der Erscheinung des klassischen Steuartischen Werkes, oder wenigstens ehe es mir bekannt wurde, durch eigne Beobachtung und Erfahrung fast zu derselben Verfahrungsweise gelangte, die H. Steuart jetzt (höchst ausführlich) angibt, und zugleich wissenschaftlich zu begründen gesucht hat. Wie er, hatte auch ich mit den Vorurteilen der Herrn vom Métier unendlich zu kämpfen, und selbst der Augenschein ließ sie noch immer mit dem Kopfe schütteln, bis fast zu gleicher Zeit die Autorität des Buches, welches ich den Herren übersetzte, ihnen endlich den letzten Zweifel benahm – denn, beiläufig gesagt, der *Autorität* nur folgen die meisten Menschen, und wie oft habe ich es erlebt, daß, wenn ich jemand das Vernünftigste nicht einleuchtend machen konnte, es hinreichend war einen *Dritten* zur passenden Stunde mit denselben Worten eintreten zu lassen, um alle Hindernisse zu besiegen. Auf *eigner* Meinung stehen die wenigsten!

Ich kann also in meinem Park, wo ich früher auch eine große Menge alter Bäume nach der ehemaligen fehlerhaften Manier, im Winter, mit Ballen und stark beschnitten, gepflanzt hatte, die zwar alle leben blieben aber wenig nützten, jetzt ebenfalls mehrere Exemplare aufweisen, welche (einige bei einer Höhe von 80 Fuß) schon vor mehreren Jahren nach demselben Prinzip, mit Beibehaltung aller Äste und Wurzeln, versetzt wurden, und denen nun gewiß niemand mehr ansehen wird, daß sie nicht auf dem Boden wo sie stehen erwachsen sind.*

* Diese Bäume hielten im zweiten Jahre ihrer Versetzung, ohne Stützen, einen der stärksten Orkane, den wir hier seit 20 Jahren erlebt haben, ungefährdet aus.

Da indes diese Versetzungsweise immer sehr kostspielig bleibt, und bei sehr großen Anlagen wohl nur mit Hauptexemplaren und zu vereinzelter Stellung Bestimmten vorzunehmen sein möchte, so komme man ihr wenigstens auch bei allen übrigen nahe, indem man den zu versetzenden Bäumen von ihren Wurzeln und Kronen so viel als möglich, und jedenfalls weit mehr läßt, als ehemals üblich war. Auch nehme man mehr auf ihren frühern Stand Rücksicht; denn einen schon älteren Baum z. B. aus einem Dickicht ins Freie zu verpflanzen, wie ich täglich von Gärtnern unternehmen sehe, kann nie gelingen. Grade die glatte, glänzende Rinde und der schlanke Wuchs, die ihm der Schatten und die geschützte Stellung gegeben, verraten ihn als ein unbrauchbares Subjekt, während oft die knorplichste, unansehnlichste Außenseite, als Zeichen eines in Sonne und Wetter abgehärteten Stammes, sein Fortkommen im voraus versichert. Mit ganz jungen Pflanzen verhält es sich anders. Es ist aber eben eine Hauptregel, daß diese beim Verpflanzen ganz anders behandelt werden müssen als alte, weil im Lauf der Jahre sich ihre Natur auch nach den Umständen sehr verändert. So wird z. B. eine 4jährige Pflanze ihre Pfahlwurzel nicht ohne Schaden verlieren, ein alter Baum hingegen vermißt sie nicht.

Der Bequemlichkeit wegen lasse ich auch jetzt noch bei mir zuweilen große Bäume, die nicht zu geschlossen gestanden haben, um Zeit und Transport zu sparen, mit Frostballen versetzen, aber nur um sie provisorisch für die ersten Jahre in jüngere Pflanzungen zu verteilen, und dadurch diesen mehr Höhe und Ansehn zu geben.

Erreichen die jüngern Bäume ihre Kronen, so werden jene wieder abgehauen, da sie ihren Zweck erfüllt haben, denn obgleich man durch nahe Zusammenstellung von fünf bis sechs solcher stark beschnittenen Exemplare eine in der Ferne recht gut hervortretende Masse bilden kann, so fehlt ihr doch immer die malerische Schönheit, welche ihre längere Konservation wünschenswert machen könnte. Es gehört einige Übung und Geschmack dazu, mittlere Bäume die man konservieren, und dennoch die Kosten der Steuartischen Vorschriften nicht ganz auf sie verwenden, ihnen also einen Teil ihrer Wurzeln und Äste nehmen will, (welche beide allerdings immer in einem ähnlichen Verhältnis zueinander bleiben müssen) ohne Nachteil so einzustutzen, daß sie eine gute Form behalten, und sich bald wieder zu natürlicher Grazie auswachsen können. Hierzu, wie überall bei der Gartenkunst, muß man die Natur selbst ein wenig studieren, in diesem Fall also den Baum so zu schneiden suchen, wie man annehmen kann, daß er zehn Jahre früher ausgesehen haben mag, und wohl auch Rücksicht darauf nehmen: den etwaigen Fehlern einzelner Bäume durch Gruppierung mit andern abzuhelfen.

Am besten tut man, sich gleich anfangs eine Baumschule, oder noch analoger: Baumuniversität – für *groß zu versetzende* Bäume zu bilden. Dies geschieht am schnellsten, indem man eine Stelle im Walde aussucht, wo Pflanzungen von mittlerem Alter, etwa bis zu 30 Jahren, nicht zu gedrängt stehen. Man lichtet sie dann noch mehr, so daß keiner den andren berührt, und sucht, durch behutsame Beschneidung, den Kronen die gefälligste Form zu geben. Dann läßt man um jeden Baum, nach seiner Größe, drei bis fünf Fuß vom Stamm, einen zwei Fuß breiten und gehörig tiefen Graben führen, der alle Wurzeln rund umher durchschneidet, und diesen Graben dann wiederum mit Laub oder gedüngter Erde ausfüllen. In dem so präparierten Raume wird der Baum bald ein dichtes Netz von Saugwurzeln bilden, die sich ineinander verschlingen und den Bezirk des Grabens in langer Zeit nicht überschreiten. Wenn er sich hierauf nach drei bis vier Jahren von der Operation ganz erholt hat, und seine Äste nach allen Seiten freudig breitet, versetzt man ihn, ohne alle weitere Verkürzung, mit eben der Leichtigkeit und geringen Kosten, als mit einem gefrornen Frostballen. Man hat dann den großen Vorteil, daß ein so präparierter Baum durch die Verpflanzung unendlich weniger als auf irgendeine andere Weise, in seinem fernern Wachstum zurückgesetzt wird, weil ihm schon künstlich alle die protekting properties, (beschützende Eigenschaften) wie sie Steuart nennt, im vollständigsten Grade gegeben wurden, welche die Natur nur selten in so erschöpfender Masse vereinigt. Es gibt freilich gewisse Bäume, die alles zu vertragen scheinen, wie z. B. die meisten Akazienarten, Gleditschien und die lombardische wie kanadische Pappel. Mit diesen sind daher weniger Umstände zu machen, um Zeit und Geld zu ersparen, welches mit Recht immer eine Hauptberücksichtigung verdient. Noch eine Bemerkung, die mir nicht ganz überflüssig scheint, ist folgende: Man muß größere Bäume niemals tiefer setzen als sie gestanden, oft dagegen ist es gut sie höher zu pflanzen. Dann versäume man aber ja nicht, den nunmehro der Luft ausgesetzten Teil des Stammes, der früher mit Erde bedeckt war, das erste Jahr ebenfalls wiederum mit einem kleinen Damm von lockerer Erde ringsum anzuhäufeln, sonst verkältet er sich leicht und stirbt. Ich habe mehrere kostbare Exemplare früher durch Vernachlässigung dieser Regel verloren. Den ganzen Stamm das erste Jahr mit Moos zu umwickeln ist nur bei mehr oder weniger verdeckt gestandenem Holze nötig.

Wenn man Bäume mit Frostballen versetzen will, was ich jedoch nur als Notbehelf entschuldigen kann, so tut man am besten, es bei der letzten Kälte gegen das Frühjahr hin zu unternehmen; im vollen Winter, bei zu strengem Frost, leiden zuweilen Äste wie Wurzeln zu sehr, namentlich habe ich dies bei Kastanien bemerkt, welche alle Verstümmelung überhaupt nicht gern vertragen, nach der Steuartschen Methode aber äußerst leicht anwachsen. Die gewöhnliche Vorschrift: die Bäume in der neuen Stellung immer wieder nach derselben Himmelsgegend zu richten, wie sie früher gestanden, ist ein Vorurteil. Steuart empfiehlt sogar das Entgegengesetzte, und zwar aus dem sehr vernünftigen Grunde, weil alle Bäume nach der Sonnenseite zu reichlicher treiben und dadurch oft ein etwas einseitiges Ansehn erhalten, es also besser ist, durch ihre Umkehrung, der andern Seite, dieselben Vorteile zu gewähren, um für den ganzen Baum durch die Versetzung später eine schönere Form und mehr Gleichgewicht zu gewinnen. Die Erfahrung bestätigte auch mir überall den hier aufgestellten Satz, und ich erlebte nie anderweitigen Nachteil von dieser Methode.

Weit wichtiger ist es dagegen für die zu verpflanzenden Bäume immer die ihnen zusagende Bodenart zu wählen, oder solche, wo sie nicht von Natur vorhanden ist, künstlich zu schaffen, und vor allen Dingen sie nie in schlechteren als ihren bisherigen Boden zu verpflanzen. Es ist wahrhaft lächerlich, wie unwissend hierin die meisten Pflanzer sind, und ganz nach Laune Baumarten hinstellen, ohne nur zu ahnden, geschweige denn sich ernstlich darum zu bekümmern, was für verschiedene Bodenmischungen eine jede Pflanze vorzugsweise bedürfe. Der gewöhnlichste Ökonom weiß dies bei seinen Feldfrüchten vortrefflich, und beobachtet es täglich; der Pflanzer aber unterscheidet in der Regel höchstens nur sogenannten guten Boden, schweren Lehm und Sand. Es muß mir genügen hier auf diesen Gegenstand bloß aufmerksam zu machen, da seine Ausführung mich zu weit von meinem sehr beschränkten Zweck entfernen würde. Wo man Torf, Sand, Lehm nebst einigem Viehdünger und Streu hat, und sich zu mäßigem Preise Kalk verschaffen kann, wird man durch gehörige Kompostbereitung und Mischung der erwähnten, an sich so unfruchtbaren, Bodenarten, dennoch ohne große Kosten, alle Baumsorten die das Klima vertragen, zu freudigem Wachstum bringen können, es müßte denn in der ganzen Gegend ein feindlicher Untergrund von grobem Kies oder undurchdringlichem Ton vorhanden sein. In diesem Falle freilich ist alle Mühe vergebens. Wer aber, wie ich es oft sah, Linden in schweren Lehm, Kastanien in Mergel, Buchen in Torferde, Platanen in Flugsand pflanzen will, der hat es sich nur selbst zuzuschreiben, wenn er, statt Bäume zu erhalten, nichts als Krüppel erzieht.

Soviel über Versetzung einzelner Bäume. Hinsichtlich der Kunst ihrer Gruppierung will ich noch folgendes hinzufügen.

Gewiß ist es, daß einzeln auf dem Rasen stehende, sinnig verteilte Baumgruppen, bald inselartig aus dem Rasengrün hervortretend, bald sich in weitern Dimensionen über eine große Fläche sozusagen, die Hand reichend, oder von Abhängen herab ihre langen Schatten weit über das sonnige Tal werfend – einen weit anmutigern und malerischern Effekt machen, als die sogenannten Clumps, die den Namen mit der Tat tragen, d. h. wie Klumpen, schwerfällig und plump ins Auge fallen. Dennoch ist es, für den welcher Geduld genug dazu hat, das Zweckmäßigste, größtenteils nur eben solche Klumpen zu pflanzen, weil in ihrem Schutz die Bäume viel besser und schöner aufwachsen, nach 10 Jahren aber aus den *Klumpen* erst die *Gruppen* sich am besten durch Aushauen formieren lassen. Es wird dann viel weniger schwierig ihrer Stellung das Natürliche und Ungezwungene zu geben, welches beim Pflanzen einzelner Bäume keineswegs leicht ist. Zu absichtliche Rundung der Gruppen und zu große Isolierung müssen beide vermieden werden, wie auch zu gleiche Distanzen der einzelnen Bäume. Der Übergang von einer Gruppe zur andern muß überdies öfters durch einzelne Bäume gleichsam für das Auge vermittelt werden, auch häufig ein Dorn oder Strauch die Einförmigkeit der Stämme unterbrechen. Einige Gartenschriftsteller verpönen alles Pflanzen einzelner Sträucher auf Wiesen. Ich bin nicht ihrer Meinung. Es ist wahr, daß während der Zeit des hohen Grases die Sträucher einen großen Teil ihres

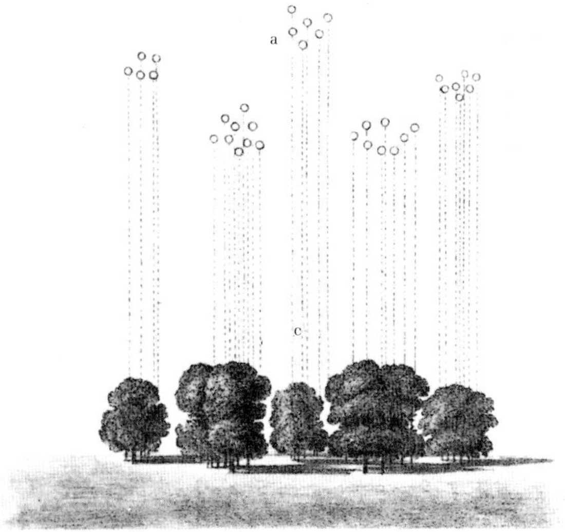

tab. III a, c: Gezwungen gepflanzte Baumgruppen.

Effekts verlieren, aber abgerechnet daß viele Wiesen nur als Weide dienen, so dauert auch auf den zum Mähen bestimmten, das hohe Gras nur einige Monate, die übrige Zeit ist es kurz genug um starke Sträucher hinlänglich heraustreten zu lassen.

Manchmal sollten mehrere Bäume dicht zusammen, ja in eine und dieselbe Grube, und auch wohl gabelförmig gepflanzt, fünf, sechs wohl auch einmal in eine fast grade Linie gestellt werden u. s. w. Denn immer gerundete Gruppen werden am Ende ebenso einförmig als regelmäßige Alleen. Die beiligende Zeichnung tab: III. a und b gibt den doppelten Grundplan eines mit dersel-

tab. III b, d: Natürlich gepflanzte Baumgruppen.

ben Anzahl Bäume schlecht, und eines besser gruppierten Platzes, c die Ansicht gezwungener, und d natürlicher gepflanzter Gruppen.

An Abhängen nehmen sich, schon der erwähnten langen Schatten wegen die sie werfen, einzelne Bäume besser aus als Gruppen. Auf Flächen müssen sie weniger häufig einzeln stehend hervortreten, sondern möglichst so disponiert werden, daß sie teils als ganz weitläuftige, teils engere, bald runde, bald langgedehnte Gruppen dem Auge auch im allgemeinen immer ein gewissermaßen zusammenhängendes, nicht zu grell unterbrochnes, Bild geben. Einen sehr hübschen Effekt bringt es oft hervor, zwei ganz verschiedenartige Baumarten, wie etwa Birke und Erle, Weide und Eiche, (wovon ich selbst ein höchst malerisches Specimen in meinem pleasureground besitze) in dieselbe Grube miteinander zu pflanzen, oder einen Baum, fast horizontal übers Wasser gebeugt, schief aufwachsen zu lassen. Durch dergleichen kleine Künste Effekt hervorzubringen, muß man der Natur selbst ablauschen, und die passende Gelegenheit zur Ausführung wahrnehmen. So rate ich auch, alle zu einzelnem Stand bestimmte Bäume stets etwas erhöht zu pflanzen, da das ansteigende Erdreich ihnen eine graziösere Form gibt, und alte Bäume, welche aus Samen von selbst aufwuchsen, fast immer auf einer ähnlichen Erhöhung stehen.

Ein gutes Hülfsmittel ist es, wo man Gruppen pflanzen will, um ihre Wirkung im voraus beurteilen zu können, zuerst abgehauene Bäume oder Reiser eingraben zu lassen. Dies rate ich immer so lange zu tun, bis reifere Erfahrung einen richtigen Takt gewährt, und die Einbildungskraft gewöhnt wird, sich das zu entwerfende Bild schon vorher im Geiste genau hinmalen zu können. Man muß jedoch nicht verlangen, daß jeder Gegenstand sich von *allen* Seiten gleich gut ausnehmen solle. Dies ist unmöglich, man nehme daher nur Hauptpunkte an, prüfe von diesen aus allein, und verhindere durch die Führung der Wege, daß der Beschauer auf die ungünstigen Orte geleitet werde.

Bei größeren und geschlossenen jungen Pflanzungen pflege ich folgendes Verfahren zu beobachten. Nie werde ich zuförderst eine solche unternehmen, ohne den dazu bestimmten Platz vorher, *wenigstens* zwei Fuß tief rigolen zu lassen, bestünde der Boden auch nur aus dem lockersten Flugsand. Die chemischen Wirkungen des Rigolens und die der Erde dadurch mitgeteilte Empfänglichkeit übersteigen oft die Erwartung in fast unbegreiflichem Grade. Ich habe durch vier Fuß tiefes Rigolen im bloßen körnigen Sande auf dürrer Höhe, wo man glaubte, daß nur höchstens Birken und Kiefern fortkommen könnten, die üppigsten Eichen, Ahorn, Linden und Fichten erzogen, und seit 12 Jahren hat ihre Frische nicht nachgelassen, so daß nun kaum mehr noch etwas für die Pflanzung zu befürchten stehen kann.* Nur an ganz schroffen Bergabhängen, wo das Rigolen untunlich ist, gestatte ich, auch bei geschloßnen Pflanzungen, auf sogenannte forstmännische Manier, d. h. in einzeln gemachte kleine Gruben zu pflanzen, eine Manier, die ebenfalls nur durch Notwendigkeit zu entschuldigen ist.

Wo es ohne zu große Kosten möglich gemacht werden kann, suche ich den ursprünglichen Boden immer einigermaßen zu verbessern, ist dies aber nicht tunlich, so wähle ich zur Pflanzung darauf, wenigstens nur diejenigen Baumarten, für welche hier Gedeihen erwartet werden kann, lasse auch, wo die Zeit es nur irgend erlaubt, das rigolte Land zuvorderst düngen und ein Jahr mit Kartoffeln bestellen.

Ich halte dann sehr darauf, daß überall so dicht als möglich gepflanzt werde, einmal weil alles dadurch besser gedeiht, zweitens weil ich dann jede Pflanzung zugleich lange als Baumschule für die später zu ma-

* Wäre oben ein Fuß Dammerde und unten lauter Sand, so darf man nicht zu tief rigolen, damit die Wurzeln der jungen Pflanzen die Dammerde erreichen können.

chenden benutzen kann, indem alle Jahr ein Teil der zu dick stehenden jungen Pflanzen zu diesem Endzweck wieder herausgenommen wird. Etwas schon höhere Exemplare schnell wachsender Bäume, wie Pappeln, Erlen, Akazien etc. werden, immer mit Rücksicht auf den Boden, noch hie und da verteilt, um von Anfang an der ganzen Partie ein vollendeteres Ansehn zu geben, später aber wieder zu Unterbusch abgehauen, und Eichen, Linden, Buchen, Kastanien u. s. w., als den schöneren Baumarten, der Vorzug gelassen. Zu kleine und junge Exemplare auszupflanzen halte ich, teils zum guten Gedeihen, teils um Verlust der Zeit zu vermeiden, nicht für zweckmäßig, weshalb ich selten gestatte, Bäume unter 5-6 Fuß Höhe dazu zu nehmen, und ebenso nur schon hinlänglich buschige Sträucher benutze, wie sie mir die Baumschulen und der Überschuß der Pflanzungen beliebig liefern. Daß aber überhaupt *weitläuftige Baumschulen*, zur größten Auswahl, jeder Anlage vorausgehen, oder in ihrer Nähe schon vorhanden sein müssen, brauche ich wohl nicht erst zu bemerken.*

Einer so einfachen Methode habe ich es zu verdanken, daß meine Pflanzungen, nach der Aussage vieler Besucher, in der Regel schon nach zwei-drei Jahren das Ansehn von 10-15jährigen haben, und mir zugleich eine geraume Zeit hindurch als die besten Baumschulen dienen.

Nur zwei bis drei Jahre lang lasse ich die Pflanzung

* Ich kann mir nicht versagen, hier der vortrefflichen Landesbaumschule in Potsdam zu erwähnen, und ihrem Stifter H. Gartendirektor Lené meine aufrichtigste Huldigung für alles darzubringen, was er so vielfach auch für diesen Zweig der Gärtnerei bei uns gewirkt, und mit rastloser Mühe erschaffen hat.

im Park jäten und reinharken, dann nicht wieder, um die Tauwurzeln unbeschädigt zu konservieren, und auch Kosten zu sparen. Sie werden nachher ganz sich selbst überlassen, und nur, wie gesagt, nach und nach fortwährend verdünnt, teils durch Hinwegnehmen, teils durch Abhauen eines Teils der Bäume zu Unterbusch. In der Folge der Zeit kann man so gehaltnen Pflanzungen wiederum mit leichter Mühe jede beliebige Varietät geben, sie bald dem Auge undurchdringlich als Dickicht zeigen, oder als geschloßnen schlanken Wald aufschießen, in einzeln sich ausbreitende Laubkronen entfalten, tiefe Einsichten gestatten, oder den üppigen Laubmantel rings um eine kleine Waldwiese flattern und in seinen schönen Wellenlinien herabfallen lassen, oder auch wohl aus allen diesem gemischte Effekte hervorzubringen suchen.

Im Park benutze ich in der Regel nur inländische oder völlig akklimatisierte Bäume und Sträucher, und vermeide gänzlich alle ausländische Zierpflanzen; denn auch die idealisierte Natur muß dennoch immer den Charakter des Landes und Klimas tragen, wo sich die Anlage befindet, damit sie wie von selbst so erwachsen erscheinen könne, und nicht die Gewalt verrate, die ihr angetan ward. Wir haben eine Menge blühender sehr schöner Sträucher, die bei uns in Deutschland wild wachsen, und diese mögen vielfach benutzt werden, aber wenn man eine Centifolie, einen chinesischen Flieder, oder Klumpen solcher Sträucher mitten in der Wildnis findet, so macht dies eine höchst widrige affektierte Wirkung, ausgenommen sie befänden sich in einem getrennten, für sich abgeschlossenen Raume,

z. B. einem umzäunten Gärtchen neben einer Hütte, welches schon wieder Nähe und Kultur des Menschen hinlänglich durch sich selbst anzeigt. Einige ausländische Bäume, wie die Weimuthskiefern, Akazien, Lärchenbäume, Platanen, Gleditschien, Blutbuchen kann man wohl als gänzlich einheimisch annehmen, indessen gebe ich doch bei uns Linden, Eichen, Ahorn, Buchen, Erlen, Rüstern, Kastanien, Eschen, Birken etc. den Vorzug. Die Pappelarten, welche ihres schnellen Wachstums wegen im Anfang so nützlich sind, lasse ich mit der Zeit größtenteils wieder vertilgen, da ihr Laub immer zu flattrig bleibt, und ihr graues Grün auch ziemlich traurig aussieht. Modifikationen[52] treten jedoch wie billig ein, so wie z. B. die Silberpappel gegen Schwarzholz angelegt, eine sehr empfehlende Abwechselung gewährt, und alte kanadische Pappeln niedrigere Buschpartien oft sehr schön überwölben, Höhen auch bedeutender erscheinen machen. Lombardische Pappeln werden im Park besser ganz beseitigt, im pleasureground jedoch, machen große Massen derselben dicht zusammengestellt zuweilen keinen üblen Effekt; einzeln ist ihre Form zu steif und unmalerisch, und zu Alleen gebraucht sind sie vollends ein wahrer Greuel.

Im Ganzen suche ich die großen Pflanzungen so zu disponieren, daß in jeder Abteilung *eine* Baumart *dominiert*, und zwar diejenige, welcher eben der Boden auf diesem Flecke am besten zusagt; aber ungern lasse ich eine ganze Partie *nur aus ein und derselben* Baumart bestehen. Diese in manchen deutschen Gärten sehr beliebte Pflanzart, wo die verschiedenen Holzsorten und namentlich Nadelholz und Laubholz, sowohl in

Gruppen als in zusammenhängenden Pflanzungen, so ängstlich geschieden sind, als sei Contagion[53], wie bei der Cholera, von einer zur andern Baumart zu befürchten – soll zwar einen grandiosen, weniger bunten Effekt hervorbringen, gibt aber meines Erachtens nun eben erst der Gegend das Ansehn einer Harlekinsjacke. Auch ist solches Verfahren nirgends in der Natur begründet. Wo diese, sich selbst überlassen, auf einem verhältnismäßig so kleinen Raum wie ein Park ist, dennoch tausend Arten von Bäumen und Sträuchern in gleicher Temperatur des Klimas ausgesät hätte, würde sie sie gewiß auch vielfältig gemischt haben. Hie und da mag schon eine Gruppe, ein Wäldchen von derselben Baumart sich ganz naturgemäß mit darunter befinden, aber die *fortwährende* Trennung ist, meines Dafürhaltens, das allem landschaftlichen Effekt Widerstrebendste, was man sich nur aussinnen kann. Nichts ist schöner und der freien Natur angemessener als ein üppig gemischter junger Wald, in welchen der Sonne Strahlen in hundert abwechselnden Farbnuancen spielen – nichts monotoner und schwerfälliger als eine Gegend, wo man hier bei einem Klumpen Fichten, dort einem langen Strich Lärchenbäumen, hier wieder einem Fleck Birken, da einer Sammlung von Pappeln oder Eichen vorbeikömmt, und nach tausend Schritten denselben langweiligen Reigen von neuem beginnen sieht. Etwas andres ist es mit großen Wäldern alter Bäume, wo am Ende das dominierende Geschlecht, wie in der Menschenwelt, auch hier die Schwächeren erdrückt; und doch wird man in fruchtbarem Boden, selbst im wilden Zustande, immer noch die Fichte gern mit der Eiche, die Birke mit der Erle, die Buche mit der Linde, und die Dornsträucher mit allem Laubholz sich paaren sehen. Was die letztern betrifft, so habe ich immer die Vorschrift des Herrn Repton, dieses ausgezeichneten Gartenkünstlers, vor Augen: selten einen Baum zu pflanzen, ohne ihm einen Dorn zum beschützenden Gefährten zu geben. Ist dies auch nicht buchstäblich zu nehmen, so kann doch, als Schutz wie Zierde der Pflanzungen, in der Tat nichts zweckmäßiger sein.

Daß alle blühende und Beeren tragende Gewächse, als wildes Obst, Dornen, Hagebutten, Pfingstrosen, Ebereschen, Berberitzen, Bergflieder u. s. w. möglichst *an den Rändern* und in die Augen fallend, angebracht werden müssen, brauche ich wohl kaum erst zu empfehlen, nur hüte man sich davor, die Absichtlichkeit durch zu große Anhäufung zu sehr bemerkbar zu machen. Ebenso wenig muß man, wie unsre meisten Gärtner tun, immer die höchsten Bäume in der Mitte und einige Strauchreihen regelmäßig an die Ränder pflanzen. Oft müssen im Gegenteil die Außenlinien der Pflanzung, selbst da wo der Weg dicht durch dieselbe führt, durch schlank aufgeschnittne Bäume hart an der Straße, oder durch vollbelaubte, aber etwas zurückstehende, unterbrochen werden; oft auch, wo es der Platz erlaubt, durch einzeln auf dem Rasen verteilte frei vorstehende Sträucher und Bäume, jene zierliche Nachlässigkeit zu erreichen gesucht werden, in der die Natur eine so schwer nachzuahmende Lehrmeisterin bleibt. So müssen auch die Clumps im pleasureground, wie ich gleich noch näher beschreiben werde, nicht nur hinsichtlich ihrer Pflanzenvarietät, sondern hauptsächlich auch hinsichtlich ihrer Form und Stellung größtmöglichste Abwechselung zeigen. Es ist, wie gesagt, auch hier durchaus nicht immer nötig, die großen Bäume in der Mitte und die niedriger wachsenden gradatim[54] gegen den Rand hin, rund herum zu plazieren. Das Gegenteil sieht weit natürlicher aus, und ein hoher mitten unter den Sträuchern an der Kante aufsteigender Baum, eine in der Luft öfters unterbrochne Laublinie ist malerischer, auch in kleineren Partien, als fortwährend gewölbte Massen die sich regelmäßig nach beiden Seiten abdachen, und die man sich nur zur Abwechselung hie und da gestatten sollte. Die Zeichnung tab: IV. zeigt die verschiedenen Effekte der getadelten, und der empfohlenen Weise, a und b für Waldpflanzungen *an den Wegen*, c und d für Shrubberies mitten im Rasen.

Inwieweit man nach künstlicher, vorher berechneter *Schattierung* und Farbenabstufung pflanzen soll, wage ich nicht zu entscheiden. Die Sache hat ihre großen Schwierigkeiten, und nach meiner Erfahrung gelangen, mir wenigstens, diese Versuche nie sonderlich, wenn ich dabei zu sehr ins Detail ging; wogegen ganz rücksichtslos gemischte Pflanzungen oft durch Zufall und Natur allein, den unverhofftesten Reiz entfalteten; ja mir sogar große Komplimente über *meine Kunst* einbrachten, an der ich doch ebenso unschuldig war, als mancher Arzt, der eine große Kur verrichtet ohne zu wissen wie, an der seinigen. Ich gestehe daher, daß ich nicht allzuviel auf diese Vorschrift gebe, und hinsichtlich ihrer immer eine sehr bequeme Mittelstraße eingeschlagen habe. Es ist dabei auch sehr zu berücksichtigen, daß auf verschiedenem Boden, den man doch in so großem

tab. IV a, b: Beispiel und Gegenbeispiel für Waldpflanzungen an Wegen. c. d: Beispiel und Gegenbeispiel für Shrubberies im Rasen.

Maßstabe nicht immer in seiner Gewalt behalten kann, oft bei sonstigem recht leidlichem Wuchse doch das Laub der Bäume eine ganz andre Nuance annimmt als man erwartete, und wer z. B. mit dunklem Ahorn hat schattieren wollen, zu seiner Verwunderung einen ganz hellblättrigen erhält. Daß man zu grelle Mischung, zu häufige Abwechselung von Schwarzholz und lichtgrünem Laube, von breiten Blättern und gefiederten, sowohl im Park als pleasureground vermeidet, ist dagegen nur verständig, und hier abermals, wo es schwer wäre ganz sichere Regeln für das Detail aufzustellen, muß der Geschmack des Besitzers selbst ihm zum besten Wegweiser dienen.

Eine der größten Schwierigkeiten bei allen Pflanzungen bietet die Form ihrer äußern Linien dar, nämlich diesen eine natürliche und dem Auge wohlgefällige Schwingung zu geben.* Für Waldpflanzungen hat England mehrere vortreffliche Vorbilder aufzuweisen, namentlich sei es mir vergönnt hier den Park des Lord Darnley in Cobham[55] anzuführen, der in dieser Hinsicht wirklich nichts zu wünschen übrig läßt, und jedem Fremden zum Studium empfohlen werden kann. Was aber pleasureground-Pflanzungen betrifft, so hat der bekannte Architekt, Herr Nash[56], erst ganz kürzlich den, meines Erachtens, einzig richtigen Weg dafür gezeigt,

* Gewöhnlich deutet man die Umrisse durch Stäbe an, die man nebeneinander in kurzen Distanzen in die Erde steckt. Einen bessern Vorteil zur eignen Beurteilung der gegebnen Form gewährt es noch, nach der Absteckung mit auf den Rasen gelegten Stricken die Gestalt zu bezeichnen, und diese Linie dann im Erdboden furchen zu lassen. Dadurch erhält man sogleich ein sehr in die Augen fallendes Bild, wie sich die Pflanzung ausnehmen wird, und kann leicht das Fehlerhafte verbessern. So zeichnet auf ähnliche Weise der Maler in die Quadrate seines Netzes.

und in den Gärten von Buckingham-house, dem neuen Palast des Königs, wie in Virginiawater, ein herrliches Muster dafür aufgestellt. Beiläufig gesagt, halte ich Windsor Park, mit den neuen Anlagen in Virginiawater[57], für einen der vorzüglichsten in England. In seiner Ausdehnung und *Mannigfaltigkeit* bildet er eine vollständige, große und herrliche Landschaft. Schloß und Park sind durch die Freigebigkeit und Pracht des letzt verstorbenen Königs gewiß der würdigste Sitz für den mächtigsten Monarchen auf Erden geworden. Schade daß damals zu dem schönsten Teile, welchen Georg IV. bewohnte, nur so unendlich schwer Access[58] zu erhalten war, was die Liberalität des jetzigen Herrschers gewiß abgeändert haben wird. Seine höchstselige Majestät scheuten fremde Blicke so sehr, daß an vielen Orten, wo ein solcher indiskreter Blick nur irgend möglich schien, auf den hölzernen Plankenzaun der den Park umgibt, noch eine zweite Etage, ja an manchen sogar eine dritte! mühsam aufgenagelt worden war. Wer nicht zu der speziellen Bekanntschaft Seiner Majestät gehörte, oder ganz besondre Connexionen[59] hatte, oder wen die Mühe verdroß, eine halbe Intrigue anzuspinnen um Virginiawater zu sehen, konnte diesem Heiligtume nicht beikommen. Für den Gartenfreund war dies doppelt zu bedauern, da der König nicht nur, wie seine Verehrer sagten, der erste Gentleman des Landes war, sondern auch einer der geschmackvollsten Landschaftsverschönerer in England genannt zu werden verdiente.

Gewiß ist es, daß den Engländern ihr günstiges Klima ungemein zustatten kömmt, das ihnen erlaubt alle Arten von Immergrün durchzuwintern, als Rhododendron, Kirschlorbeer und Portugiesischen, alle Ilexarten, Arbutus, Viburnum, Buxus, Daphne, Laureola etc., die so schnell und zu jeder Zeit den Shrubberies[60] Fülle, Blüten, und die schönste Schattierung geben.

Die gewöhnliche Pflanzungsweise war bisher, und ist es noch an den meisten, selbst berühmten Orten, wie Chiswich[61] und andere, entweder ovale und runde Klumpen auf den Rasen zu legen, oder länger fortlaufende, unegale Wellenlinien am Wegrande zu ziehen, die immer von einer scharfen Rasenkante abgeschnitten werden, hinter welcher der sehr erhöhte Erdboden schwarz heraustritt und sorgfältig reingeharkt wird, wobei die einzelnen Sträucher auch noch jährlich so sehr beschnitten werden, daß sie sich kaum berühren dürfen. Zwischen ihnen bringt man hie und da einzelne Blumen an, um die Pflanzungen bunter zu machen; das Resultat des Ganzen bleibt aber dennoch, daß man ebensoviel schwarze Erde als Grün und Farbe sieht, und überall eine nicht wohltuende Unbestimmtheit zwischen Förmlichkeit und natürlicher Unregelmäßigkeit vorwaltet. Diese Art der Behandlung hat Herr Nash gänzlich aufgegeben, und läßt dagegen die Strauchpartien in größeren, sich mehr vereinigenden Massen dicht zusammmenpflanzen, den Rasen mit tiefen Einbuchten teils sich weit in die Pflanzung hineindringend verlieren und dort dem Auge in ungewisser Ferne entziehen, teils in der Nähe, ohne die Kanten (gegen die Pflanzung hin) zu beschneiden, die einzelnen Rasenstücke ganz unregelmäßig, wie sie beim Legen eben ausfallen, an den Rändern verlaufen. Zugleich werden aber eine

Menge isolierter Bäume und Büsche noch auf dem Rasen vorgepflanzt, um die Linien immer natürlicher und leichter von allen Ansichten aus zu unterbrechen. Diese Shrubberies werden dann, nur mit der gehörigen Ausnahme in Rücksicht auf ihr Gedeihen, weder reingeharkt noch beschnitten, und bilden daher bald überall eine dichte Masse, die sich graziös auf den Rasen herabsenkt und überlegt, ohne irgendwo eine bestimmte, scharf abgeschnittene Außenlinie sehen zu lassen, ebenso, wie sich von selbst aufgewachsenes Gebüsch am Rand einer Wiese zu gestalten und zu lagern pflegt.

Freilich kann man bei dieser Verfahrungsart keine Blumen mehr anwenden, die ein stetes Reinhalten des Bodens verlangen, es bleiben aber, außer dem herrlichen Rhododendron etc., wie den mannigfaltigsten Rosensorten, in jenem Klima noch immer eine solche Menge perennierender harter Staudengewächse übrig, um das reichste Ansehn hervorzubringen, daß man seine Zuflucht zu Blumen nicht zu nehmen braucht; welche letztere dafür wieder in möglichster Fülle in den, eine größere Regelmäßigkeit vertragenden, Blumengärten angetroffen werden. Zur bessern Erläuterung dieses Gegenstandes betrachte man die Zeichnung auf tab. IV, wo die Skizze e die Kantenpflanzung nach alter Art, und f. die nach des Herrn Nash Prinzip darstellt.

In unserm Klima und bei weniger üppigem Boden, wo selbst die gewöhnlichsten Rosensorten oft durch die Kälte leiden, oder ganz zerstört werden, muß man einen Mittelweg einschlagen, da wir, ganz ohne Blumen und

e

f

tab. IV e, f:
Kantenpflanzung alter Art und nach des Herrn Nash Prinzip.

nicht-perennierende Gewächse zu benutzen, schwerlich die Shrubberies gehörig ausschmücken können. Ich befolge also, schon seit langer Zeit, dasselbe Verfahren wie Herr Nash im allgemeinen, lasse aber doch hie und da in den Strauchpartien präparierte Stellen zu Blumen offen, die freilich im zeitigen Frühjahr etwas stören können, im Sommer und Herbst aber (unsrer »season«

für Landleben, während die der Engländer mehr der Winter ist) sich bald bunt und dicht ausfüllen. Dagegen behalte ich im Blumengarten, wo die Zweckmäßigkeit, d. h. gutes Gedeihen der Blumen, es *fordert*, und Förmlichkeit nicht am unrechten Orte ist, auch für die Shrub-Pflanzungen die alte vorher geschilderte Manier, jedoch ohne Übertreibung, und noch mit *dem* Unterschiede bei, daß ich den Anblick der schwarzen Erde, soviel als nur immer tunlich, durch Blumen verberge.

Den eigentlichen Blumenbeeten gebe ich immer eine bestimmte, abgegrenzte Form, und schließe sie am liebsten durch Körbe ein. Bald bediene ich mich dazu eiserner Einfassungen, bald hölzerner mit Tauen umwunden, hoher Blätter und anderer Formen aus Ton gebrannt, wohl auch nur aus Ruten geflochtner Ränder mit einem darüber hingebreiteten Henkel, an welchem blühende Winden gezogen werden u. s. w. Mit Buchsbaum umzogne Blumensterne und Rosetten, große Vasen, französische mit Kiesgängen durchschnittene Parterres, elegante Stellagen, alles das findet hier wohl, an der gehörigen Stelle und mit passender Umgebung, seine Anwendung.

Man sieht aus dem Vorhergehenden, daß Herr Nash im Grunde nur darin neu ist, daß er auch für den pleasureground – als größeren *Garten*, der, wie schon erwähnt, einen, zwischen Park und Gärten mitten inneliegenden, Übergang bildet – *dieselben* Grundsätze angewendet hat, die bei allen wilden Wald- und Strauchpflanzungen schon Norm sind, nämlich: daß die wahre Schönheitslinie der Außenseite einer Pflanzung in unbestimmtem Überwerfen, kühnen Vorsprüngen und weitem Zurückweichen, hie und da wohl auch in fast graden, wiewohl immer durch einzeln vorgepflanzte Bäume und Sträucher unterbrochnen, und dadurch locker erhaltnen Linien bestehen müsse; nie aber in jener idealen Wellenlinie, besser: Korkzieherform genannt, welche die unnatürlichste von allen ist, und jeden Effekt von Licht und Schattenmassen, dem großen Geheimnis der Landschaftsmalerei, hindert, auch von vorn gesehen, trotz ihrer Windungen, dennoch immer nur eine scheinbar grade Linie bilden wird, von der Seite aber ein bloß widerliches Auf- und Abwogen ohne allen Charakter darbietet. Scharfe Ecken dagegen tun selten Schaden, und runden sich auch immer mit der Zeit durch die Vegetation hinlänglich von selbst.

Zuletzt lasse ich noch überall an den Rändern der Pflanzungen, wenn die ersten zwei Jahre und das so lange nötige Jäten überstanden sind, zwischen die Sträucher, soweit leerer Raum sich darbietet, Gras hineinsäen, damit jede etwa noch übrigbleibende Schroffheit der Scheidungslinie dadurch gänzlich verschwinde, und die natürlich ungezwungenste Verbindung zwischen Wiese und Wald sich ungehindert bilden könne.

Wo der Weg mitten durch die Pflanzung führt, wird ebenfalls entweder bis ganz dicht heran gepflanzt, oder durch dasselbe eben genannte Verfahren eine natürliche, d. h. eine sich im Gebüsch verlierende Rasenkante hervorgebracht. Nur im Blumengarten gestatte ich eine, regelmäßig in gleicher Breite verschnittene, fortlaufende Rasenkante, die auch wohl zuweilen durch Buchsbaum oder Veilchen etc. ersetzt wird. Nadelholz dicht an den Weg zu stellen, muß in der Regel vermieden werden, da es aufgeschnitten werden muß, dann an seiner Schönheit sehr verliert und kein Gras darunter aufkommen läßt; weit genug abstehend, um seine Äste ausbreiten zu können, ist es dagegen oft eine große Zierde. Doch mögen auch hierin Ausnahmen eintreten, wie ich überhaupt bei dieser Gelegenheit ein für allemal gegen zu ängstliche Pedanterie warnen will. Nulla regula sine exceptione.[62] Um sich aber Ausnahmen zu erlauben, muß man mit den Regeln desto vertrauter sein. Ebenso macht es mehrere Jahre lang keine gute Wirkung, und ist von manchen mit Recht getadelt worden, alte schon ausgewachsene Pflanzungen durch Ansätze von jüngeren zu vergrößern. Zuweilen ist es aber doch nötig. Dann nehme man einen Teil der älteren hinweg, und pflanze mit größeren, abstufenden Exemplaren keil weise hinein und vor, wodurch sich dann der Übergang vom alten zum neuen bald verwischt. Auch mache man zu demselben Zweck einzelne der ältern Bäume am Rande frei, und umgebe sie mit dem jungen Holz, bis die so übel wirkende schroffe Scheidelinie ganz verschwindet.

Zur Pflanzung der Shrubberies aus blühenden Sträuchern, perennierenden Stauden und Blumen muß ich noch einige wenige Bemerkungen hinzufügen.

1. Man tut gut, von ein und derselben Sorte *öfter* (nicht immer) *zusammenhängende Massen*, als zuviel einzelne und isolierte Exemplare anzubringen.

2. Bei solchen Massen wird es besonders zu empfehlen sein, vorspringende Stellen ganz damit zu bedecken, und sie dann dergestalt an dazu passende höhere Sträucher ungezwungen anzulehnen, daß sie nicht zu deta-

chiert[63] dastehen, und plump oder zu absichtlich erscheinen.

3. Man pflanze lauter solche Exemplare zusammen, die gleich von Anfang an in demselben Verhältnis der Größe stehen, welche sie *ausgewachsen* erreichen sollen, also nicht z. B. einen jungen weißen Flieder von einem Fuß Höhe aus der Baumschule vor einen schon ausgewachsenen persischen Flieder von vier Fuß Höhe, wodurch später ein umgekehrtes Verhältnis der Größe entstehen würde, und so fort.

Mischt man alle Pflanzen wie sie eben vorkommen, junge und alte untereinander, so werden sie sich zwar in vielen Jahren auch zu ihrer von der Natur bestimmten Größe auswachsen, aber geraume Zeit einen konfusen und also nicht den beabsichtigten Effekt machen. Zur Erläuterung bitte ich einen Blick auf die betreffende Vignette[64] zu werfen. Es ist hier eine Mischung von Sträuchern bezeichnet, die im Frühjahr und Sommer blühen sollen.

Man kann dies Modell nun freilich unendlich variieren, es möchte aber fast schon genug sein, nur ein Dutzend dergleichen Muster zu bestimmen, und diese dann, der Bequemlichkeit und Sicherheit der Wirkung halber, vollständig oder teilweise auch keck im ganzen pleasureground zu wiederholen. Ich wette daß niemand bemerken wird, nur 12 verschiedene Muster vor sich zu haben, sondern die Mannigfaltigkeit eines nach solchem Prinzip gepflanzten Gartens weit größer finden, als eines aufs Geratewohl durcheinander gemengten, enthielte der letztere auch eine weit bedeutendere Anzahl verschiedner Pflanzen. Man nehme übrigens, wenn man will, auch 24 statt 12 solcher Kompositionen, verfahre aber nur immer *methodisch*, denn ohne diese Sorgfalt gelingt nichts in der Kunst.

Das angegebene Beispiel ist absichtlich gar nicht kompliziert, sondern nur höchst einfach gewählt, und es sind auch nur die gewöhnlichsten, jedem zugänglichen Sachen darin aufgenommen worden, um dem Geschmack des Lesers nicht vorzugreifen. Hier ist ein Geschäft für die Damen, die ihre Stickmuster auf diese Weise in ihren Gärten lebendig werden lassen, und ihrem angebornen feinen Farbensinn dort den freisten Spielraum verschaffen können.

Zuletzt noch ein Wort über Alleen.

Ich bin weit entfernt sie, als zu regelmäßig, zu verdammen, obgleich sie sich selten eher gut ausnehmen, als bis die Bäume ein hohes Alter erreicht haben. Indessen zu manchen Zwecken, z. B. Landstraßen einzufassen, zu Avenuen großer Paläste u. s. w., sind sie gewiß anzuempfehlen. Nur beobachte man dabei drei nötige Dinge 1. ihnen möglichste Breite und keine zu lange grade Linien zu geben, 2. wo es irgend angeht, auf jeder Seite ziemlich dicht eine *doppelte* Reihe Bäume zu stellen, diese beiden Reihen jedoch später wieder in solcher distance zu verdünnen, daß die Bäume völlig auswachsen können, 3. endlich nur solche Baumarten zu Alleen zu wählen, die sich dazu passen, d. h. welche eine schöne Form haben, Schatten geben und Dauer besitzen, bei uns also, im Sande Rüstern und Eichen, in reicherem Boden Linden, Kastanien oder Ahorn, in geschützter Stellung allenfalls Akazien. Besser ist es,

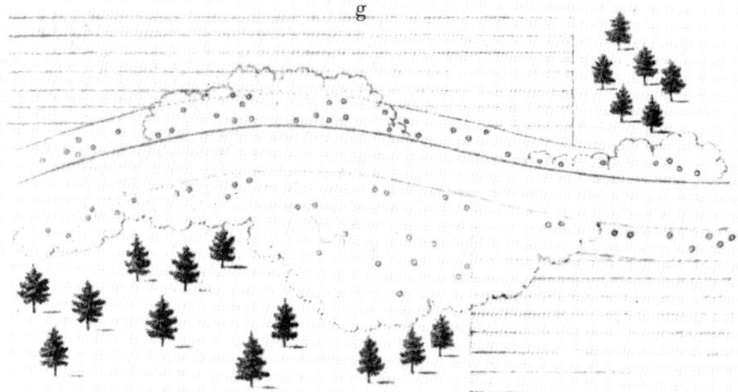

tab. IV g: Anpflanzungen seitlich von Straßen.

gleich im Anfang, bei der Pflanzung einige Kosten mehr darauf zu verwenden, um den Boden, wenigstens für die ersten Jahre, zum Anwachsen schönerer Bäume fähig zu machen als Pappeln und Birken sind, die zwar überall wachsen, aber als Alleenbäume immer nur einen schlechten Anblick gewähren, und auch weit weniger lange aushalten. Auf meinen Herrschaften habe ich, (durch eine Gartenanlage die ich in Cheltenham sah auf diesen Gedanken gebracht,)[65] für die Landstraßen eine bisher noch nicht zu diesem Endzweck versuchte Methode anzuwenden angefangen, von der ich mir, besonders in einer sandigen Gegend, wie die unsrige großenteils ist, die beste Wirkung verspreche. Es wird nämlich auf beiden Seiten, längs der Straße, der ich, wie in England, nur Abdachung, und unterirdischen Abfluß wo nötig, aber nur selten Seitengräben geben lasse, ein, nach Befinden des Terrains bald schmalerer bald breiterer, Strich rigolt, und dieser wie eine Waldpflanzung mit jungem Holz ganz voll gepflanzt, dazwischen aber einzelne höhere Gruppen, die eine Art fortlaufender unregelmäßiger Allee über dem niedrigen Gebüsch bilden, verteilt. Wo das angrenzende Terrain mir nicht eigentümlich gehört, begnüge ich mich damit, diese höheren Gruppen allein, ohne weitere Pflanzung, am Wegrand schmal fortzusetzen. Die Zeichnung eines solchen Straßenteils wird die Sache sogleich deutlich machen. S. tab. IV g. Das junge Holz wird in der Regel als Unterbusch behandelt, und alle sechs bis zehn Jahre abgetrieben, die größern Bäume aber ihrem Wachstum überlassen. Man sieht leicht ein, daß auf diese Weise selbst eine arme Gegend bald von der Straße aus ein freundlicheres Ansehn gewinnen muß, wobei man später durch verschiedenartige Behandlung, als dem Hochwachsenlassen größerer Massen, Aufputzen einzelner älterer Bäume, Niedrighalten anderer u. s. w. noch eine Menge mannigfaltiger Effekte hervorbringen, und endlich das Störende der äußern Landschaft, wo diese reizlos ist, immer beliebig durch einen willkommenen dichten Laubschirm gänzlich verdecken kann. Gehen aber etwa später einige der größer gepflanzten Bäume ein, oder wollen sie nicht gut fortkommen, so braucht man nur andere der jüngeren, nebenstehenden, emporwachsen zu lassen, und kann in diesem Falle dann auch jede verschiedene Baumart gleich gut gebrauchen, wenn sie nur freudig wächst. Die so verunstaltenden Lücken können bei solcher Behandlung gar nicht entstehen, und eine freie Allee dieser Art belebt die dürrsten Heiden und Kiefernwälder und vereinigt sich ungezwungen mit ihnen, während die langen Reihen grenadiermäßig aufmarschierter lombardischer Pappeln, welche man anderweit durch die schwarzen Kiefern zieht, bei jedem der vom Pittoresken nur die entfernteste Ahndung hat, eine wahre Verzweiflung hervorbringen. Ich wenigstens, wenn mich mein Unstern auf solche Straßen führt, vermag jener trostlosen Stimmung nur durch geschlossene Augen und gewaltsam herbeigerufnen Schlaf zu entgehen.

Achter Abschnitt.

WEGE.

Ein Haupterfordernis der Wege ist zuerst, daß sie stets fest und möglichst trocken sind. Wenn ich für England schriebe, könnte ich *diesen* Punkt ganz übergehen, da die Kunst der Wegekonstruktion dort vollendet ist, bei uns ist man aber damit noch sehr zurück, und ich glaube daher nichts Überflüssiges zu tun, wenn ich am Schluß des Kapitels auch über das Technische dieses Gegenstandes noch etwas ausführlicher spreche. Gute Wege sind allerdings sehr kostspielig, was, wie ich oft hörte, auch eigentlich der Hauptgrund ist, warum im allgemeinen in den englischen Parks nur so wenig Wege existieren, sehr selten eine Umfahrung stattfindet, und oft da, wo ein Pfad aus dem pleasureground in den Park führt, derselbe schon an dem eisernen Zaun der den ersten umschließt plötzlich aufhört, so daß man, von dort an, die Viehregion auf nassem Grase, und zwischen den unangenehmen Zeichen der Anwesenheit jener vierbeinigen Bewohner, mühsam durchirren muß. Wir können, selbst im Verhältnis des so verschiedenen Geldwerts in beiden Ländern, viel wohlfeiler zum Zweck kommen, und dadurch ein reichhaltigeres und genußreicheres Ganze darstellen, wenn wir, hinsichtlich der Quantität der Wege, einem andern Prinzipe als die Engländer folgen. Denn was nutzt mir am Ende ein Park, der mir ewig nur dasselbe Bild von wenigen Punkten aus darbietet, und wo mich nirgends, sozusagen, eine unsichtbare Hand, auf die schönsten Stellen hinführt, mich das Ganze kennen und verstehen lehrt, ohne mir die Möglichkeit zu rauben, dies auch *behaglich und mit Bequemlichkeit* tun zu können. Dies aber ist der Zweck der Wege, und soll man sich auch vor unverständiger Überladung damit hüten, so sind doch zu wenig beinahe noch nachteiliger als zu viele. Wege sind die stummen Führer des Spazierengehenden und müssen selbst dazu dienen, ihn ohne Zwang jeden Genuß auffinden zu lassen, den die Gegend darbieten kann. Alles was zu vermeiden sein würde, ist also bloß: nicht zu viel Wege *gewahr* werden zu lassen, was durch Disposition und Pflanzung immer leicht zu bewerkstelligen ist. Ich meine das ›zu viel‹ hier noch im englischen Sinne, wo eine Besitzung von tausend Morgen Flächeninhalt oft nur einen oder zwei Hauptwege aufzuweisen hat; denn das entgegengesetzte System in unsern englischtümelnden Gärten, wo oft zwei bis drei nebeneinander laufende Gänge alle dieselben Ansichten zeigen und nach demselben Ort hinführen, ist auch sehr widerlich.

Daß sich nun die Wege nicht bloß, wie eine auf den Stock gezogene Schlange fortwährend zu drehen brauchen, sondern nur mit Leichtigkeit und Zweckmäßigkeit *die* Biegungen machen müssen, die nötig sind um den Gegenständen zu folgen, geht aus dem früher Gesagten schon hervor; aber auch ihre Biegungen an sich, unterliegen dennoch gewissen malerischen Geschmacksregeln, und es müssen daher wohl zuweilen erst Hindernisse *geschaffen* werden, wo sie fehlen, um die günstigste Linie auf natürlich scheinende Weise zu erhalten. So sieht es z. B. nicht gut aus, wenn ein und derselbe Weg in naher Ansicht zwei Biegungen auf einmal dem Auge zeigt. Ist es nicht ganz zu vermeiden, so wechsele man wenigstens eine recht schroffe Biegung mit einer lang gedehnteren ab, und motiviere die erste durch einzelne Bäume, oder Pflanzungen an der innern Seite derselben angebracht, oder durch ein erhöhtes Terrain, um welches der Weg natürlich *herum*geführt wird, als *darüber* hinweg. S. tab. V, a. b. c. und d. Ist kein Hindernis vorhanden, noch vonnöten, so lasse man den Weg immerhin grade, oder nur äußerst wenig gebogen hinlaufen, sei die Distanz auch noch so weit. Wo ein Hindernis eintritt, biege man aber immer lieber kurz daran hin, als schon aus der Ferne, der sogenannten Schönheitswellenlinie zu gefallen, einen langen Anlauf dazu zu nehmen. Die jählingen Biegungen sind bei weitem die malerischsten, besonders wenn sich der Weg mit einer solchen etwa von fern in das Dunkel eines Waldes verlieren kann. Man verhindere auch wo möglich von einem Wege auf einen andern, mit ihm parallellaufenden, zu sehen, wo die Gegend durch Berg und

tab. V a, b, c, d: Motivierung von Wegebiegungen durch Schaffung von Hindernissen.

Tal oder eine Kluft nicht schon besonders auffallend geschieden ist; denn ohne diese natürliche Trennung erscheinen zwei, in der Ebne nach gleicher Richtung nahe aneinander geführte Wege überflüssig, und der Verstand will auch im kleinsten immer, durch Zweckmäßigkeit erst befriedigt sein, ehe das gefälligste Ganze ihm völlig genügen kann.

In freier Gegend ist wohl darauf zu sehen, welche Form der *Rasenfläche durch den Abschnitt des Wegs* gegeben wird. Man kann hier, durch einen nur kurzen Weg, oft eine sehr ausgedehnte Partie ganz verderben. Ich erwähne ein Beispiel, was mich selbst zuerst auf diese Regel aufmerksam machte. Es liegt ein Hügel in meinem Park, der, indem er in eine sehr weite Wiesenfläche schroff vortritt, diese dadurch, gleich für den ersten Blick, fast in zwei egale Hälften teilt. Der ganzen Fläche entlang strömt der Fluß, und ein Fahrweg führt längs desselben hin. S. den Grundplan tab. V. e. Man vergegenwärtige sich recht lebhaft die durch Schraffierung angedeutete Linie des Bergrückens, als den hervortretendsten Zug der Gegend, sowie die zwei durch die Natur streng begrenzten Rasenflächen, die man von dem obenstehenden Gebäude übersieht. Zu diesem Gebäude, führt ein anderer Fahrweg von der obern Seite, und ich bedurfte hier, bequemerer Kommunikation wegen, einen beide Fahrstraßen verbindenden Fußpfad, dessen Richtung sich nach der linken Seite, dem Schlosse zu, wenden sollte. Ich legte ihn nun zuerst so an, wie er auf Tafel V. e. mit den punktierten Linien angegeben ist, um dem allmähligsten Ansteigen der Höhe (als in der Regel verständigsten Weise) zu folgen;

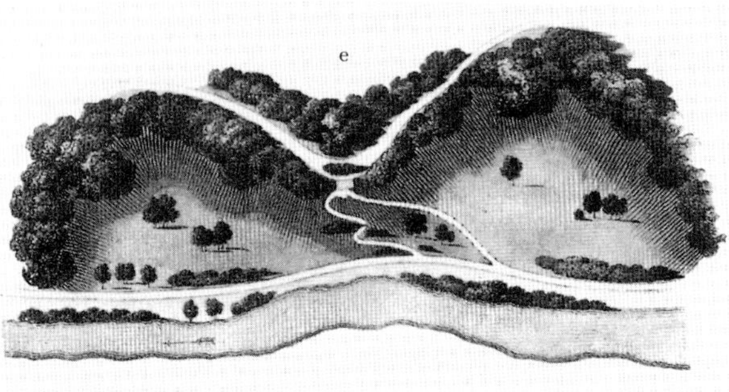

tab. V e: Wegeführung an Abhängen:
rechter Weg ungünstig; linker Weg vorteilhafter.

es wollte mir aber nimmer gefallen, und vergebens versuchte ich wohl zehn verschiedene Linien; bei jeder fand ich, daß der Weg alle Harmonie der Aussicht verderbe, bis mir endlich klar wurde, daß: da einmal der vorspringende Berg hier von Natur die Ansicht *auffallend in zwei symmetrische Wiesenkessel teile* auch die Unterbrechung der Rasenfläche durch den Weg *dieselbe* Richtung nehmen müsse, um die *Harmonie* oder, wenn ich mich so ausdrücken darf: Balance des Ganzen nicht zu stören – denn es gibt eine gewisse Art von unbestimmter, verdeckter Symmetrie, die durchaus keinen Widerspruch enthält, sondern deren im Gegenteil jede offene Anlage solcher Art durchaus bedarf, um einen befriedigenden Effekt hervorzubringen. Die nun unternommene, nach diesem Grundsatze geregelte Verlegung des Weges: s. o. half auf einmal allem Übelstande gänzlich ab. Es gehört vielleicht einige Übung in solchen Sachen dazu, um auf dem vorliegenden Plane den

Fall sogleich genau zu verstehen, in der Wirklichkeit springt der gewonnene Vorteil gewiß jedem augenblicklich in's Auge.

Fahrwege müssen so disponiert werden, daß man das Sehenswerteste und die Hauptgegenstände im ganzen Park der Reihe nach besuchen könne, und doch, wenn man das Wohnhaus wieder erreicht, dieselben Stellen nie zweimal, wenigstens nicht in derselben Richtung, passiert habe. Dies Problem ist oft sehr schwer zu lösen, und ich darf wohl behaupten, hierin bei mir ein gutes Muster aufgestellt zu haben, was mir auch fast ebenso viel Mühe, als weiland unsern Vorfahren die Anlegung eines Labyrinths, gekostet haben mag. Die Fußpromenaden müssen in dieser Hinsicht einen gleich zweckmäßigen Zusammenhang haben, um nach Belieben viele separate, sich gleichsam von selbst bildende Spaziergänge zu gewähren, die auch wieder so unter sich verbunden sind, daß man auf verschiedne Art unter ihnen, ganz oder teilweise, abwechseln kann. Haben ein oder mehrere Hauptwege durch den Park die Bestimmung, als approach[66], wie die Engländer es nennen, nach dem Schlosse oder Wohnhause zu führen, so verberge man, um Gelegenheit zu haben dem Weg etwas mehr Länge und Ausdehnung zu geben, dieses eine Zeitlang; hat man es aber einmal erblicken lassen, so möchte es nicht wohl getan sein, die Richtung des Weges wieder davon abzuleiten, es müßte denn ein Berg oder See einen so handgreiflichen Widerstand bieten, daß man nicht umhin kann sich ihm zu fügen.

Eine sogenannte Umfahrung des ganzen Parks (drive) soll in allem das Gegenteil von dem, schon als mangelhaft gerügten, Belt[67] von Brown sein, der fort und fort in einer monotonen Pflanzung, längs der Mauer hinläuft. Sie muß im Gegenteil so geführt werden, daß man durchaus nicht ahndet, der Grenze überall mehr oder weniger nahe zu sein, oft daher verhältnismäßig große und soweit als möglich leicht übersehbare gruppierte Rasenflächen zwischen der probablen Grenze und dem Weg erblicken lassen, und indem sie auf die schönsten Punkte in ihrem Bereich hinführt, ebenso oft sowohl Aussichten *außerhalb* des Parks über der versteckten Umzäunung, als nach seinem Innern hin eröffnen, welche ersteren, wie im Kap. III (Umschließung) erläutert wurde, durch Aha's u. s. w. zu bewerkstelligen sind. Noch ist zu berücksichtigen, daß, durch gehörige Stellung und Disposition der Pflanzungen, ein Weg beim Hin- und Zurückfahren möglichst *verschiedne* Aussichten zeigt, was seine Mannigfaltigkeit offenbar verdoppelt, und durch die Disposition der *nahen* Pflanzungen erreicht wird, indem diese, sozusagen, den Spaziergänger zwingen müssen, den oder jenen Teil der Landschaft im Hinfahren, den andern im Zurückfahren zu sehen. Auf besonders schöne Aussichtspunkte ist es gut den Weg eine geraume Zeit in Front hinzuführen, um sie desto länger und vollständiger genießen zu können, und sie nicht bloß seitwärts zu öffnen, wo man sie leicht übersieht.

Unnütz halte ich es, die Wege in einem Park so breit zu machen als es eine Landstraße erfordert; 5-6 Fuß Rheinländisch für Fußwege und 10-14 für Fahrwege ist vollkommen hinlänglich. Bei öffentlichen Gärten mögen andere Bestimmungen gelten.

Fahrwege und Fußwege im Park sind nur wenig verschieden zu konstruieren, der ganze Unterschied liegt in der Dicke der Steinlagen. Ich selbst habe, mit dem besten und dauerndsten Erfolg, folgendes Verfahren dabei beobachtet.

Beide Arten Wege müssen zuerst respektive zwei oder einen, oder auch nur einen halben Fuß tief ausgestochen, und da, wo Wassergüsse oder Anhäufungen dieses Elements zu besorgen sind, durchaus mit einem darunter hinlaufenden Kanal versehen werden, der gehöriges Gefälle hat, und zu dem von den Seiten des Wegs kleine Züge führen, welche oben mit einem Eisengitter versehen sind, worin das Wasser ungehindert ablaufen kann. Um jedes Reißen bei Abhängen zu vermeiden, mögen zwischen den Gitterabzügen, oberhalb an den Seiten des Wegs auch noch steinerne Rinnen liegen, oder, wo dieses zu kostspielig erachtet würde, kann man die vertieften Wegseiten mit einer Mischung aus Teer und Harz bestreichen. Im Park lasse ich zuweilen auch, der Ersparung wegen, offne Gräben an einer oder beiden Seiten des Weges ziehen, und schiefe Querrinnen im Wege selbst, welches dann dieselben Dienste tut, aber weniger gut aussieht. Wo nur wenig Wasser zu besorgen ist, braucht man auch die unterirdischen Kanäle nicht zu mauern, sondern darf sie bloß mit großen Feldsteinen ausfüllen, oder mit den bei der Wiesenentwässerung erwähnten Hohlziegeln auslegen. Ist auf diese Weise für den Wasserablauf gesorgt, so werden, bei Fahrwegen, so klein als möglich geschlagene, Feldsteine (die bei mir aus Granit bestehen) 6 Zoll hoch aufgefahren, und mit breiten Holzstampfen in schwacher Wölbung festgestampft, auf diese nachher feine Eisenschlacken mit zerschlagnen Ziegelstücken 2 Zoll hoch gebracht, diese wieder mit etwas Bauschutt, sozusagen, verkittet, dann noch ein Zoll hoch grober Flußkies oben aufgefahren, und endlich das Ganze stark mit eisernen oder Steinwalzen eingewalzt. Dies letztere, nämlich das Kiesüberfahren und Walzen, wird meistens alle Jahr, wenigstens alle zwei Jahr erneuert. Ein solcher Weg bewährt sich, auch für die stärkste Parkpassage die eine Straße dieser Art zu leiden hat, noch immer als hinlänglich dauerhaft, und hat vor dem macadamisierten[68], in England gebräuchlichen, den Vorteil, daß er, sowie er fertig ist, gleich glatt und eben erscheint, und sich angenehm fährt, während die macadamischen Wege, die *bloß* aus zerschlagenen Granitsteinen bestehen, erst lange Zeit niedergefahren werden müssen, um bequem zu sein, bis dahin aber zum Gehen für Pferde und Menschen äußerst beschwerlich bleiben, und auch später die Spitzen der Granitstücke immer hie und da aus der Oberfläche hervorstehen lassen.

Fußpfade werden nach demselben Prinzip bei mir behandelt, nur mit dem Unterschiede, daß ich, statt zerschlagener Feldsteine, hier oft nur Schlacken oder zerschlagne Klinkern mit etwas Bauschutt gebrauche, und zur obern Bedeckung auch etwas feinern Kies nehme. S. tab. V. f. den Durchschnitt des Weges, g. die Oberfläche. Wo man den bräunlichen, sogenannten Windsor-Gravel[69] hat, der auch in England nur an einigen Orten des Königreichs gefunden wird, und ohne durch Nässe so leicht wie Lehm aufgelöst zu werden, sich kompakt verbindet, ist weiter nichts nötig, als über

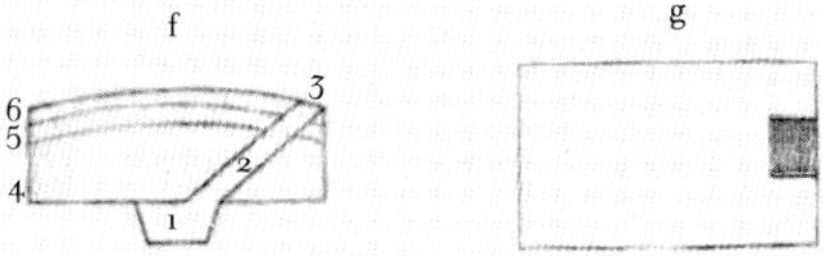

tab. V f, g: Befestigung der Wege.

dem Abzugskanal 6 Zoll hoch von demselben auffahren zu lassen, um den vortrefflichsten Weg, gleich einem Parkett, herzustellen, der auch nie durch Ausstechen des Unkrauts reingemacht, sondern nur alle Frühjahr umgegraben und wieder fest gewalzt zu werden braucht. Besitzt man diesen herrlichen Kies, dessen braungelbe Farbe überdies sehr gut gegen das Grün des Rasens steht, nicht, so wird man die Wege wohl zwei- bis dreimal des Jahres jäten lassen müssen, was jedoch gewöhnlich nur an den Rändern nötig wird und, mit der Beschneidung der Kanten zugleich, von wenigen Weibern gemacht werden kann, folglich nicht sehr kostspielig ist. Es ist möglich daß der Bauschutt, den ich als Bindungsmittel empfehle, diese Vegetation, besonders bei geringem Gebrauch der Wege, etwas befördert, der erwähnte Vorteil desselben überwiegt aber so sehr den Übelstand, wenn wirklich einer dadurch entsteht, daß ich in Ermangelung des fetten Kieses keine bessere Art Fußwege zu konstruieren empfehlen kann. Ich habe zwar in früherer Zeit versucht, durch Mischung von getrocknetem Lehm und grobem Flußkies den Windsorgravel künstlich hervorzubringen, das Resultat war aber nur selten ganz genügend, da die Mischung leicht mißlingt und sich dann nicht gehörig fest verbindet. Später war ich so glücklich selbst einen, dem Windsorgravel an Farbe und Eigenschaften ziemlich ähnlichen, Kies vorzufinden. Der Ersparung wegen kann man freilich auch, was man bei uns landrätliche Chausseen nennt, machen, d. h. Lehm und darüber Kies auffahren lassen, bei anhaltend nassem Wetter und im Winter sind jedoch diese Wege immer schlecht.

Die Fußwege müssen im Sommer mit Besen gekehrt, bei nassem Wetter zuweilen gewalzt werden, und sind dann, außer vielleicht beim Auftaun nach starken Wintern, immer im besten Stande, ja selbst nach dem heftigsten Gewitterschauer oder Landregen in geringer Zeit wieder ganz trocken. Nur bleibt es Hauptsache, ich wiederhole es, überall für gehörigen Abfluß des Wassers zu sorgen.

Auch die grünen Fahr- und Fußwege, die auf der Oberfläche durch Pflastern mit Grasstücken hergestellt werden können, müssen dennoch einen halben Fuß tief darunter mit einer Steinunterlage versehen, und durch verdeckte oder offne Wasserabzüge geschützt sein, wenn sie sich gut erhalten sollen. Zum Reiten sind sie dann allerdings weit angenehmer als chaussierte Straßen.

Schließlich bemerke ich noch, daß zum Untergrunde eines Weges Sand am besten, ja Sumpf selbst besser ist als schwerer, dem Wasser undurchdringlicher, Ton und Lehm.

Entstehen später in den fertigen Wegen wieder Vertiefungen und schadhafte Stellen, so werden sie nur aufgehackt, mit etwas Schlacken, Schutt und Kies neu überfahren und gut eingestampft. Bei sehr schmutzigem Wetter, besonders im Frühjahr, wird mit Krücken die durch die Wagen herbeigeführte Erde von den Fahrstraßen abgezogen, und sobald die Trockenheit eintritt, der jährliche Kiesüberzug aufgefahren, wozu mir in meinem Park der hindurchströmende Fluß allerdings das nötige Material sehr nahe und bequem liefert.

Die Hauptregeln für Wege würden sich also auf folgende beschränken.

1. sie so zu führen, daß sie auf die besten Aussichtspunkte ungezwungen leiten.

2. daß sie an sich eine gefällige und *zweckmäßige* Linie bilden.

3. daß sie auch die übersehbaren Flächen, durch die sie führen, nur in malerischen Formen abschneiden.

4. daß sie nie ohne Hindernis und sichtlichen Grund sich wenden.

5. endlich, daß sie technisch gut gemacht werden, immer hart, eben und trocken sind.

Ich bin überzeugt, daß, wer das hier Gesagte genau ausführt, mit dem Resultat nicht unzufrieden sein, und wenn ihn die Lokalität irgend begünstigt, die Kosten verhältnismäßig geringer finden wird als er vielleicht erwartete.

Neunter Abschnitt.

WASSER.

Wenn auch frisches und klares Gewässer, Fluß oder See, der Landschaft nicht so unumgänglich nötig ist als eine reiche Vegetation, so erhöht es doch ihren Reiz unendlich. Auge und Ohr ergötzt sich daran; denn wer lauschte nicht gern dem süßen Gemurmel des Bachs, dem fernen Rauschen des Mühlwehrs, dem Plätschern des perlenden Springbrunnens – wen entzückte nicht in einsamen Stunden, die stille Ruhe des schlummernden Sees, in welchem rund umher die Riesen des Waldes sich wie träumend spiegeln, oder der Anblick der schäumenden, vom Sturme gejagten Wellen, auf denen sich lustig die Seemöve schaukelt? Aber schwer, sehr schwer wird es dem Künstler hier die Natur zu besiegen, oder ihr aufzudringen, was sie nicht selbst am Orte geschaffen.

Daher rate ich auch, eine mangelhafte Nachahmung lieber ganz zu unterlassen. Eine Gegend ohne Wasser kann noch immer viel Schönes darbieten, aber ein stinkender Sumpf verpestet eine jede; das erste ist nur ein negativer Fehler, das zweite ein positiver, und gewiß wird, den Besitzer allein vielleicht ausgenommen, niemand einen Cloak dieser Art, für einen See, noch einen mit Entengries bewachsenen, stillstehenden Graben für einen Fluß ansehen wollen. Kann man aber frisches, fließendes Wasser irgendwoher in den Bezirk seiner Besitzung leiten, gibt das Terrain[70] nur irgend die Möglichkeit dazu her, so wende man ja das Äußerste daran, was die Mittel erlauben, und scheue weder Kosten noch Mühe einen so großen Vorteil zu erringen; denn nichts gewährt so sehr wie das Element des Wassers eine dem Beschauer nie ermüdende Abwechselung.

Um aber den künstlich geschaffenen Wasserstücken, sie seien welcher Art sie wollen, auch die naturgemäße ungezwungene Form zu geben, ist noch manche Anstrengung nötig. In der ganzen Gartenkunst wird vielleicht nichts schwieriger gelingen, und auch die Engländer sind in diesem Punkte sehr zurück, ja selbst die von Repton, ihrem besten Gartenkünstler, angelegten Wasserpartien die ich gesehen, waren höchst mangelhaft. Nur Herr Nash hat auch hierin einige schöne Muster aufgestellt, unter andern im Regents-Park zu London.* Schon weit weniger ist es ihm in St. James-Park gelungen; die Aufgabe war aber auch wohl unauflösbar, wegen zu großer Beschränkung des schmalen Lokals. Sein Verfahren dabei, welches er mir selbst mitteilte, ist ebenso einfach als ingeniös. Er läßt eine ganz genaue Messung der Oberfläche des Terrains mit allen Vertiefungen und Erhöhungen aufnehmen, und ermittelt nun leicht wo eine supponierte[71] Überschwemmung ihr natürliches Bette finden würde. Darnach bestimmt er naturgemäß die Form seiner künstlichen Wasserpartien, und hilft nur in der zu gebenden Tiefe weiter nach, wodurch er zwei Vorteile erreicht: naturgemäße Form und wohlfeilere Arbeit. In den meisten Parks der englischen Großen sind noch die Wasserstücke die parties honteuses[72] des Ganzen, oft schlam-

* Es ist möglich, daß von dem berühmten Loudon und Herrn Kennedy ähnlich gute Anlagen vorhanden sind. Ich kenne diese aber nicht.

tab. VI a, b: Führung von Wasserläufen.

mig, höchst selten den artifiziellen Ursprung völlig verbergend, aus dem sie hervorgingen.

Mehrere Regeln, die ich bei Führung der Wege und für die Außenlinien der Pflanzungen aufgestellt, finden auch ihre volle Anwendung bei den Außenlinien und dem Lauf des Wassers. Wie dort lasse man, nach Beschaffenheit des Terrains und der entgegenstehenden Hindernisse, bald lange, bald kurze und schroffe Biegungen eintreten, lieber nur abgerundete *Ecken* als *Halbzirkel* bildend, ja zuweilen ganz scharfe Winkel, wo das Wasser sichtlich abgestoßen wird. Beide gegenüberstehende Linien eines Flusses oder Baches müssen zwar im Ganzen einer ziemlich parallelen Richtung folgen, doch mit sehr verschiedenen Nuancen, welche nicht nach freier Willkür, sondern durch die Gesetze ihres Laufs bestimmt werden müssen. *Zwei Regeln* sind hierbei ziemlich allgemein gültig.

Erstens: Die Seite nach der der Strom sich hinwendet,

habe ein niedrigeres Ufer als die entgegenstehende, weil das höhere ihn naturgemäß abweist.

Zweitens: Wo das Wasser jählings hinstößt, und doch abgewiesen werden soll, oder sich in der Freiheit nicht Bahn würde brechen können, bilde man mehr eine spitze Bucht als eine Rundung und lasse ein schrofferes Ufer den Widerstand und Kampf andeuten. Nur folge man nirgends dem, was unsre Garteningenieure edle Linien nennen.* S. tab. VI a und b. Ich supponiere das Terrain in beiden Fällen gleich gegeben. Der Schlendrian wird den Fluß wie a gestalten, der Beobachter der Natur eine b ähnliche Bildung hervorzubringen suchen.

Häufige kleinere und größere Vorsprünge, wie tiefe Einschnitte, geben dem Ufer Natürlichkeit, sowie öftere Abwechselung seiner Höhe und der Form des obern Kammes eine gleich gute Wirkung tut. Man muß sich in acht nehmen, die Abdachung der Ufer nicht zu poliert, zu sehr die künstliche Arbeit verratend, erblicken zu lassen, ausgenommen in dem pleasureground, und auch hier ist es noch gut eine Mittelstraße zwischen Natur und Kultur zu halten. S. tab. VI c für zu genierte und d für natürlichere, leere Ufer, e für den Vorteil verschiedenartiger Ufer auf beiden Seiten. Die Pflanzung ersetzt das noch fehlende, und gibt dem Ganzen die Vollendung durch die Lockerheit der herabhängenden Äste. Ohne alle Pflanzung würde es kaum

* In Berlin sah ich sogar, solcher imaginären Schönheitslinie eine grünangestrichene Barriere folgen, und auf freiem Rasen, ohne irgendeinen hindernden Gegenstand, in fortwährend gleichmäßigen Schwingungen neben einem graden Wege hinlaufen. Dies mußte die Kosten derselben verdoppelt haben, ohne in der Tat irgendeinen andern Zweck erreichen zu können, als den Besitzer lächerlich zu machen.

tab. VI c, d, e: Ufergestaltung.

möglich sein dem künstlichen Ufer ein ganz naturgemäßes Ansehn zu geben.

Bedarf man eines größern seeartigen Wasserspiegels, der besonders in der Ansicht vom Wohnhause so wünschenswert ist, so muß man ihn teils durch Inseln, teils durch die tiefsten Einbuchten, deren Ende durch Pflanzung größtenteils verborgen wird, so disponieren, daß man nirgends die ganze Wassermasse überblicken kann, sondern das Wasser immer da und dort hinter dem dichten Gebüsche noch weiterzufließen scheint, sonst wird jedes Wasserstück immer klein erscheinen, habe es auch eine Stunde im Umfang. Freie Rasenufer, hohe einzelne Bäume, Wald, Dickicht, müssen den Effekt möglichst abwechseln, und an breiten Stellen auch der Sonne Licht voller Eintritt gestattet werden, um dem Wasser nicht durch ihre Verdeckung seine Durchsichtigkeit und Helle zu nehmen. Ein ganz schwarz schattierter See verliert an seiner guten Wirkung ungemein, und nur vom Lichte hell bestrahlt, entfaltet das Wasser all seinen magischen Reiz und zeigt bis zum Grunde seine Spiegelbilder in durchsichtiger Silberklarheit. Gar zu oft sah ich diese so nötige Rücksicht durch ungeschickte Gärtner gänzlich vernachlässigt. Die vortretenden Landzungen müssen größtenteils spitz, nicht rund auslaufen, denn ich kann nicht genug darauf aufmerksam machen, daß keine Linie der pittoresken Landschaft ungünstiger ist, als die aus dem Zirkel entnommene, besonders bei irgend einiger Ausdehnung. Ein ganz spitz endendes Rasenufer, das sich zuletzt fast in gleicher Waage mit dem Wasser verliert, und über dem man von neuem wieder Wasser erblickt, verschafft oft eine sehr reizende Veränderung, besonders wenn einige hoch aufgeästete Bäume darauf stehen, unter deren Laub man hindurchsieht. Ist ein Hauptgegenstand in der Nähe, ein Gebäude, Berg oder markanter Baum, so muß seinem Abspiegeln im Wasser besonders freier Raum gegeben, und durch einen darauf hingeführten Weg, oder eine zu dem Endzweck plazierte Bank, die Aufmerksamkeit auf das in der Tiefe schimmernde Bild geleitet werden.

Wasserpflanzen, Schilf u. s. w. (Irisarten und andre

tab. VI f, g: Ineinandergreifen von Rasen und Wasser.

reicher blühende Wasserblumen im pleasureground) sind vielfach anzubringen. Sie verschmelzen das Gemälde auf leichte und gefällige Weise. Man säet das gewöhnliche Schilf am besten, indem man den Samen in Lehmkugeln geknetet ins Wasser wirft.

S. für das Obige tab. VI. Die Form f ist noch keineswegs die schlechteste, die ich ausgeführt gesehen habe, und g will ich nicht für die beste ausgeben, die auszuführen ist; sie wird aber gewiß einen malerischeren Effekt hervorbringen als jene, und auf keinem Standpunkt des Wassers Ende entdecken lassen, welches eine Hauptsache ist.

Zehnter Abschnitt.

INSELN.

Ein einsames Plätzchen auf wasserumfluteter und bebuschter Insel, oder der ferne Anblick jener schwimmenden Laubgewölbe auf ihrem kristallnen Grunde zieht viele mehr an, als alle Pracht die das trockene Land darbieten kann. Auch diesen Genuß muß man sich also zu verschaffen suchen. Inseln im weiten See verteilt, oder sinnig in dem breit strömenden Flusse angebracht, sind bedeutende Hülfsmittel, und tragen schon durch ihre große Mannigfaltigkeit zur Verschönerung des Ganzen gar vieles bei. Doch auch hier will die Natur sehr sorgfältig studiert sein. Es ist merkwürdig, wie wenig dies im allgemeinen grade bei diesem Gegenstande geschieht, und ich erinnere mich kaum irgendwo eine künstliche Insel gesehen zu haben, die ihre gezwungene Entstehung nicht auf den ersten Anblick verriete. So fand ich selbst in dem, von mir sonst so gerühmten, kleinen königlichen Garten bei Buckingham-house noch kürzlich eine solche, die mehr das Bild eines Puddings in seiner Sauce, als das eines von der Natur gebildeten Eilands abgab. Es ist wahr, die Natur spielt wohl auch zuweilen so sonderbar, aber es ist dann immer noch ein gewisses je ne sais quoi[73] dabei, was man nicht in der Nachahmung erreichen kann, daher es uns auch nur geziemt ihren *Regeln*, nicht ihren *Ausnahmen* zu folgen, ebenso wie der Maler manche sehr wahre Effekte dennoch vermeiden muß, bloß weil sie als zu selten, oder zu schwer darzustellen, unnatürlich schei-

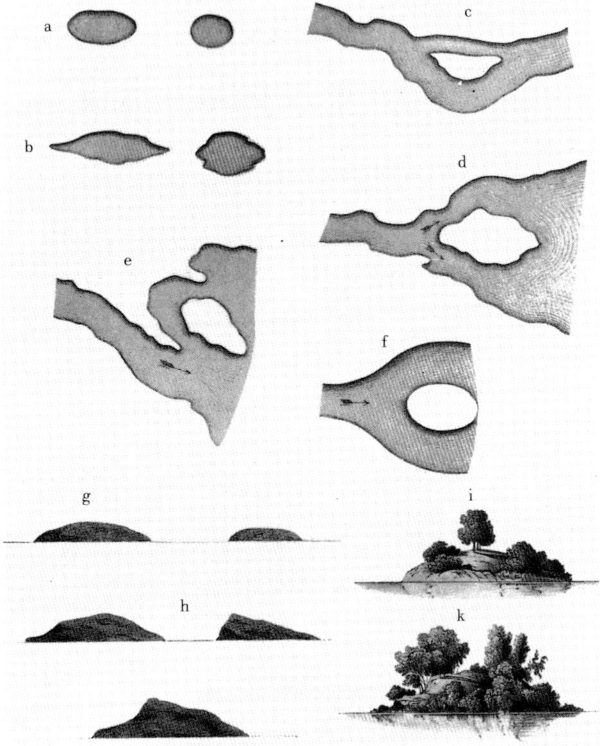

tab. VII a, b, c, d, e, f: Bildung von Inseln.
g: falsche, h: bessere Bildung von Inseln.
i, k: Bepflanzung von Inseln.

nen würden, wenn sie es auch nicht sind. Hier heißt es auch: Le vrai souvent n'est pas vraisemblable.[74]

Gewöhnlich, sagte ich, sind künstliche Inseln auf den ersten Blick zu erkennen. Ihre Form ist entweder oval oder rund, auf allen Seiten gleich abgeflacht, und aufs Geratewohl an einzelnen Stellen bepflanzt. Die Natur formt sie ganz anders, selten durch Aufbauen, häufiger durch Zerstören, denn wodurch entsteht eine Insel? die Flut des Wassers bildet sie, und diese hat ihre Gesetze. Entweder ein Stück Land, welches dem Andrang der Fluten durch seine Höhe und Festigkeit widerstand, wird von ihr gewaltsam abgerissen, oder eine Erhöhung wird sanft vom ungehindert strömenden Wasser umschlossen, oder endlich aufgeschwemmtes Erdreich, das die Flut mitgebracht, bleibt nach ihrem Ablauf als Insel über dem niedrigen Wasserstand liegen. Im ersten Falle werden dann jähe Abhänge, und ebensowohl Ecken und schroffe Linien als abgerundete entstehen, im zweiten und dritten Falle dagegen fast immer ein an beiden Enden scharf zugespitztes, nur selten gerundetes Oval, wohl nie eine ganz runde Insel sich bilden. S. tab. VII. a und b.

Solche wie die hier angedeuteten Formen, nehmen meistens Inseln in der Mitte des Stroms, oder wenigstens hinlänglich entfernt vom Ufer an. Einzelne Widerstände geben sogleich andre Gestalten. Z. B. ein Durchbruch an der Seite wird sich wahrscheinlich so bilden wie c, mit einigen zufälligen Nuancen im Detail der Linie.

Strömt das Wasser jählings in ein Becken und bildet am Einfluß eine Insel, so wird diese ohngefähr die nächst folgende Form d erhalten, indem sie den äußern Ufern folgt, und das hier gewaltsam an beiden Seiten durchdringende Wasser die Spitzen etwas rundet. Bildet der Fluß aber den See, mehr durch sanftes Austreten in einen tiefen Grund, als heftiges Strömen, so kann man die nächste Form e als eine naturgemäße annehmen, denn hier rundet der Strom nicht nach beiden Seiten, sondern bildet, indem er rechts langsam fortfließt, an seinem linken Ufer eine lange Spitze, jenseits welcher das ruhige Wasser nur austritt, und den höhern Erdteil sanft umflutet, nicht mehr gewaltsam strömt. Sehr selten wird dagegen ein Strom so in ein Becken fließen, wie ihm gewöhnlich die Mündung, nach dem Modell einer Bouteille, gegeben wird. S. f.

Die Oberfläche und Abdachung einer Insel muß ebenfalls dem wahrscheinlichen Effekt des Terrains und des daranstoßenden Wassers nachgebildet werden. Die gleiche Abdachung auf allen Seiten und obere gleiche Höhe ist der allgemeinste Fehler, in den auch ich im Anfang verfiel. S. die tadelnswerte Form g und die bessere h.

Selbst den bessern Formen hilft man indes durch geschickte Bepflanzung noch sehr wesentlich nach, indem man die weniger das Auge befriedigenden Stellen damit verdeckt, und ihre Oberfläche noch abwechselnder macht, ohne doch ihre Harmonie zu zerstören, worüber denn richtiges Gefühl freilich wiederum entscheiden muß, das, durch Geschmack und Erfahrung vereint, richtig zu erraten weiß, was nicht mehr regelrecht gelehrt werden kann. Es gilt übrigens für Inseln fast dasselbe was über Shrubberies gesagt wurde, die ebenfalls gewissermaßen Buschinseln auf der Rasenfläche sind. Ich führe hier nur einige Beispiele an, i und k, die man vielfach modifizieren kann. Durchaus bepflanzte Inseln, bis an den Wasserspiegel herab, werden sich, ihre Form sei welche sie wolle, nie ganz schlecht ausnehmen, und bei mangelhafter Bildung ist es das einzige Hülfsmittel. Sie gänzlich unbepflanzt zu lassen, würde ich, auch bei der besten Form, nicht raten, da der Natur in ihren trocknen Linien (wenn ich mich so ausdrücken darf) am allerschwersten nahezukommen ist. Man muß es sich zuletzt gestehen, daß bei allen Bestrebungen sie zu ergründen, sie dennoch immer etwas Unerreichbares in petto[75] behält, und über kurz oder lang den armen Menschen zuruft: Bis hierher und nicht weiter!

Elfter Abschnitt.

FELSEN.

Es ist zwar eine sehr mißliche Aufgabe Felsen *zu machen*, und wo nicht wenigstens in der Nähe die Natur wirkliche liefert, die man absprengen und in ihrer alten Form ebenso wieder aufbauen kann, möchte jede Nachahmung ihren Zweck nicht ganz erreichen.

Es gibt aber noch ein Mittelding, wozu die Natur ebenfalls Vorbilder liefert, nämlich Anhäufungen von Steinmassen, die, durch Fluten oder Bergströme angeschwemmt, oft schon, ohne menschliches Zutun, von selbst etwas Felsenähnliches und wenigstens sehr Malerisches darbieten.

tab. VIII: Gestaltung von Wehren.

tab. IX: Gestaltung von Wehren mit Unterstützungswand.

tab. X: Gestaltung von Wehren.

Dieser genre[76] ist sehr wohl nachzuahmen, und dabei nur hauptsächlich zu beobachten, daß man dergleichen Anhäufungen von Steinblöcken gradatim durch einzeln in der Nähe hingeworfene motiviert, und die Blöcke selbst immer so stellt, daß sie aus Erde, Pflanzung oder Wasser hervortretend, nur teilweise, nie in ihrem ganzen Umfang, sichtbar werden. Es schadet gar nicht, sie auch zuweilen mit einem Stück Mauer aus gesprengten Feldsteinen zu verbinden, als habe man zu irgendeinem Zwecke, z. B. einer Brückenwiderlage, oder um ein steiles Ufer zu halten, die von der Natur dort hingeschwemmten Felsstücke nur benutzt, und den Rest durch Mauer zu dem beabsichtigten Zwecke ergänzt. Dies bietet dann zugleich eine passende Gelegenheit dar, solche Pflanzenarten anzubringen, die nur auf Steinuntergrund wachsen und oft cinc große Zierde gewähren, besonders am Wasser, wo überhaupt dergleichen Steinpartien als Wehr, Dämmung, feste Wand u. s. w. am meisten zu empfehlen sind, und in einem großen Park nur ungern ganz entbehrt werden möchten.

Ein kleiner Kunstgriff der empfohlen werden kann, ist der, die Steine möglichst in schiefer Richtung wie Geschiebe[77] aufzustellen, und einen, oder einige der größten einzeln hoch daraus hervorragen zu lassen, was dem Ganzen ein malerischeres und kühneres Ansehn gibt. Als erläuterndes Beispiel teile ich die Zeichnungen von zwei Wehren und einer Unterstützungswand mit, die nach diesen Prinzipien hier gebaut wurden. S. tab. VIII. IX. und X.

Die Wehre sind im Grunde, soweit dieser nicht sichtbar ist, von Backsteinen regelmäßig gemauert, und dann mit den Felsenblöcken bedeckt und überworfen, wobei natürlich für den möglichst pittoresken Fall des Wassers, der keineswegs dem Zufall überlassen bleiben darf, so wie auch für die passende Ausschmückung durch Gebüsch und Pflanzen, alle nötige Rücksicht stattfand.

Zwölfter Abschnitt.

ERDARBEITEN UND PLANADEN.[78]

Hierüber ist nicht allzuviel zu sagen. Das Hauptsächlichste möchte sein, daß man sie sich soviel als möglich ersparen muß. Die natürlichen Unebenheiten des Terrains sind in der Regel malerischer als sie die Kunst mit vieler Mühe hervorbringt. Künstliche Hügel aber machen meistens nur wenig Effekt. Sind sie indessen nötig, um eine Aussicht von ihrem Gipfel zu erlangen, einer Pflanzung größere Höhe zu geben, oder die Erde eines ausgekarrten Sees loszuwerden; so kann man bei der ihnen zu erteilenden Form zum Teil die, bei dem Artikel Inseln, gegebnen Vorschriften gleichfalls befolgen, da das Wasser mit den natürlichen Höhen auch fast immer in vielfacher Berührung gestanden, sie teils gerundet, teils abgerissen hat. Oberfläche und Seiten derselben müssen mehrfach durch schroffe und sanftere Linien abgewechselt werden, ohne doch Konfusion darzubieten, und Pflanzung dann weiter nachhelfen.

Trifft man auf einer anzufüllenden Stelle schöne alte Bäume an, die man nicht versetzen will, oder kann, so pflegt man sie in England mit einer Art von, aus Feldsteinen aufgesetzten, Brunnen zu umgeben, in welchen Luft und Feuchtigkeit bis zu den Wurzeln herabdringen können. Nur bei Eichen hat man dies nicht nötig. Ich habe bei mir wenigstens die unerwartete Erfahrung gemacht, daß alte wie junge Eichen sich bis über ein Dritteil ihrer Höhe ohne Nachteil verkarren lassen, und auch nicht im mindesten davon zurückgehen.

Obgleich im allgemeinen eine gewisse Wellenförmigkeit des Terrains wünschenswert ist, so macht es doch zuweilen einen äußerst guten Effekt den Grund kleiner Täler mit steiler Umgebung so eben wie ein Lineal planieren zu lassen. Es findet solch Verfahren auch in der Natur häufig sein Vorbild, und wirkt anmutig durch den Kontrast.

Auf Wiesen im allgemeinen müssen die einzelnen kleinen Erhöhungen und Vertiefungen, sowohl der Zweckmäßigkeit als des bessern Ansehns wegen, ausgeglichen, größere Bewegungen des Terrains aber ja nicht unnötig gestört werden. Sollte man indes eine solche bedeutendere Erhöhung, anderer Motive wegen, dennoch wegnehmen und planieren wollen, und es stünden zufällig schöne Bäume darauf, deren Hinwegnahme nicht gewünscht würde, so rate ich diese auf einzelnen kleinen Hügeln (tertre) stehenzulassen, was einer Wiese noch mehr Abwechselung gibt, weshalb ich oft sogar absichtlich auf diese Art, und mit gutem Erfolg, pflanzen ließ. Hierbei fällt mir noch eine Bemerkung ein, die ich nachholen will, obgleich sie besser in einen der früheren Abschnitte gepaßt hätte.

Wenn man einen besonders schönen Baum, oder eine solche Baumgruppe, vom vorteilhaftesten Standpunkte zeigen will, so muß dies nicht vom Fuße der Gruppe, sondern ohngefähr in der halben Höhe derselben, womöglich von einem schroffen Abhang, und in doppelt so großer Entfernung als ihre Höhe beträgt, geschehen. So gesehen erscheint sie fast noch einmal so ansehnlich, als von unten, wo man an ihr hinaufblicken muß.

Daß man bei allen Erdveränderungen, wo nicht Kiesplätze, Wege, Pflanzungen oder Häuser bezweckt werden, sorgfältig den Humus wieder oben aufbringen muß, versteht sich wohl von selbst, ich habe es indes, öfter als man glauben sollte, dennoch vernachlässigen sehen.

Dreizehnter Abschnitt.

ERHALTUNG.

Nachdem ich in den vorhergehenden zwölf Abschnitten davon gehandelt habe, wie eine Landschaft durch Kunst zu veredeln, ja gewissermaßen neu zu schaffen sei, erscheint es zweckmäßig zum Schluß auch noch einige Worte über deren *Erhaltung* hinzuzufügen.

Es ist durchaus ein Ding der Unmöglichkeit einen großen, ausgedehnten Park so zu pflanzen, daß er ausgewachsen ganz dasselbe Bild, wie früher, nur im veränderten Maßstabe biete, und das Ganze dann als für immer im rechten Verhältnis zueinanderstehend betrachtet werden könne – denn die Natur läßt sich so genau nicht berechnen, auch würde viel Zeit verlorengehen.

Hier kommen wir allerdings auf die Schattenseite

unserer Kunst, in gewissem Sinne – denn in einem andern könnte man auch einen Vorzug darin finden. Wir sind nämlich nicht imstande in der landschaftlichen Gartenkunst ein bleibendes, fest abgeschlossenes Werk zu liefern, wie der Maler, Bildhauer und Architekt, weil es nicht ein totes, sondern ein lebendes ist, und gleich den Bildern der Natur auch die unsrigen, wie Fichte von der deutschen Sprache sagte: immer werden, und nicht sind – d. h. nie stillstehen, nie ganz fixiert und sich selbst überlassen werden können. Es ist also eine leitende, geschickte Hand Werken dieser Art fortwährend nötig.[79] Fehlt diese zu lange, so verfallen sie nicht nur, sie werden auch etwas ganz anderes, ist sie aber gegenwärtig, so kann sie auch ohne Aufhören im Detail noch neue Schönheiten hinzufügen, ohne die bestehenden zu verlieren oder aufzuopfern. Das Hauptwerkzeug, dessen wir uns nun zum *Schaffen* bedienen, unser Pinsel und Meißel, ist der Spaten; das Hauptwerkzeug des *Erhaltens* und Fortarbeitens aber ist die Axt. Sie darf keinen Winter ruhen, oder es geht uns mit den Bäumen wie dem Zauberlehrling mit den Wasserträgern – sie wachsen uns über den Kopf.

Die Axt ist aber ebenso nötig um den Pflanzungen die an jedem Ort verlangte Höhe zu erhalten, als auch die zu ihrer Schönheit nötige Dichtigkeit zu erlangen, sie luftig zu bewahren, und vor dem Unterdrücktwerden zu sichern.

Da Abhauen überdies die schnellste und leichteste Arbeit ist, im Winter aber nicht viel andere vorkömmt, so hat man immer alle mögliche Zeit dazu übrig, wenn man nur nie ein Jahr dabei versäumt.

Um größere Massen gemischter Pflanzungen in einer gegebnen Höhe zu konservieren, muß man sie nicht etwa alle köpfen, sondern man haut nur regelmäßig alle Jahr die höchsten heraus, die dann zum größten Teil von neuem Unterbusch machen, und nach einer gewissen Reihe von Jahren wieder den Turnus als höchste beginnen. Auf diese Weise erscheint die Pflanzung ewig in demselben Alter und naturgemäßer Form, ein Kunststück, von dem es in der Tat schade ist, daß es nicht auch auf Menschen anwendbar gemacht werden kann.

Bei schmalen Aussichten muß man allerdings hie und da zum Köpfen einzelner Bäume seine Zuflucht nehmen, doch kann auch dies so geschehen, daß keine Gewalttat dabei sichtbar wird, wenigstens nicht, wenn die Bäume mit Laub bedeckt sind. Nadelholz wird genau im Kranz der Äste dicht abgeschnitten, ich meine an der Wurzel eines ihrer Jahrestriebe, und dann die Äste zusammengebunden. Dies versteckt die Operation sehr schnell. Auch bei Laubholzbäumen müssen immer die Äste nur da, wo ein anderer daneben hervorwächst, getrennt werden, damit nie ein abgekappter Stumpf stehenbleibt. Je öfter Partien dieser Art geschickt beschnitten werden, je geringer wird die Arbeit, und je krauser und natürlicher gestalten sie sich. Ich wiederhole aber, daß *man nichts versäumen*, und im voraus wohl berechnen muß, welche Höhe den Pflanzungen zu gestatten ist, denn nach zu langer Vernachlässigung kann man sie nur schwer ohne Nachteil regieren.

Ich habe ferner gesagt, daß Dichtigkeit und Üppigkeit der Vegetation ebenfalls nur durch Lichten der Pflanzungen hervorgebracht werde. *Dies ist sehr zu beherzigen*, sonst erzieht man nichts als Stangenhölzer, die in einem Park wohl als Abwechselung zuweilen stattfinden sollen, aber nicht als Norm dienen können. Zur freien Entwickelung nach allen Seiten bedarf jede Pflanze etwas Luft und Licht das ihr grade so weit gewährt werden muß, als zur Gesundheit, Dichtigkeit und Fülle aller nötig ist. Es ist dies die *Freiheit* der Bäume, nach der wir uns ebenfalls so sehr sehnen.

Ganz große Waldstücke die keinen hainartigen Charakter haben sollen, lasse ich rein forstmännisch behandeln, nämlich zu den gesetzten Zeiten regelmäßig abtreiben und nach Natur und Holzart, bei Birken 60-80 (weil abgehauene Birken im Schatten schwer wieder aufkommen), bei andern Baumsorten wohl 100 größere Bäume auf dem Morgen stehenbleiben. Die einzige Abänderung die ich mir erlaube ist, daß ich die großen Bäume nicht alle einzeln, sondern zum Teil in Gruppen stehen lasse, was, wenn auch nicht dem forstwirtschaftlichen, doch dem landschaftlichen Zweck besser entspricht, welchem bei uns natürlich die erste Rücksicht gebührt.

Alles hier Aufgestellte gilt besonders für die Landschaft im Großen – den Park. Im pleasureground und den Gärten kann man es, unterstützt durch den kleinern Raum und die weit größere Auswahl der Pflanzen, besonders durch die vielen *Sträucher* die man anwendet, leichter einrichten, daß eine solche Anlage des Hauens nur zu den, die Gesundheit der Pflanzen betreffenden, Zwecken bedarf, sowie zuweilen der Verschönerung ihrer Form wegen.

Über die Erhaltung der Wiesen ist bereits gesprochen

worden, und ist dazu nichts weiter nötig, als sie jährlich wenigstens einmal, womöglich zweimal walzen, die Maulwürfe fleißig wegfangen, wo es angeht im Frühjahr und Herbst sie bewässern, und alle 3-4 Jahr düngen zu lassen, um sie stets frisch und dick bestaudet zu sehen.

Flüsse und See'n bedürfen bei gewaltsamen Ereignissen wohl zuweilen Reparaturen, aber keiner Erhaltung. Je mehr das Wasser an den Ufern nagt, und die Ränder sich mit Grün und Wasserpflanzen überziehen, je besser.

Nur das Schlämmen nicht sehr tiefer Teiche ist alle drei Jahr anzuraten, teils um das Wachstum von Wassermoosen und andern Pflanzen im Grunde zu verhüten, teils des Vorteils wegen, den der gewonnene Schlamm, als bester Wiesendünger, gewährt.

Hiermit glaube ich denn wohl jeden Hauptgegenstand der Theorie für das abzuhandelnde Fach (wenn auch, meinem Plane gemäß, nur teil- und bemerkungsweise) berührt zu haben, und gehe daher nun zur zweiten, praktischen Abteilung über, welche die Anwendung des vorigen an einem bestimmten Orte beschreibt.

Zweite Abteilung.

Beschreibung des Parks zu Muskau und seiner Entstehung.

Ich gestehe, daß ich mit einiger Besorgnis die vorliegende Beschreibung beginne. Obgleich der ganze Zweck dieser kleinen Schrift, seiner rein didaktischen[80] Natur nach, gar keine Ansprüche auf angenehme Unterhaltung machen kann, so ist doch zu befürchten, daß die folgende, höchst trockne Auseinandersetzung eines speziellen Gegenstandes, in noch größerem Maße als das Vorhergehende jedem ermüdend werden muß, der nicht ein ganz besonderes selbsttätiges Interesse an dergleichen Anlagen nimmt.

Indessen habe ich in der Tat auch nur für die letzteren die Feder ergriffen, und bei ihnen wird es daher weniger Entschuldigung darüber bedürfen, daß ich, um den Gegenstand recht anschaulich zu machen, mich sogar gezwungen sah, allerlei Persönliches mit einfließen zu lassen, von dem ich recht wohl weiß, daß es zwar das große Publikum wenig interessieren kann, doch aber denen, die diese Schrift als Anleitung und Handbuch zur Ausführung eigner Anlagen gebrauchen wollen, in mancher Hinsicht Nutzen bringen wird; denn viele befinden sich wohl, entweder im allgemeinen, oder wenigstens in diesem und jenem einzelnen Punkte, in ähnlicher Lage, und werden vielleicht vor Schwierigkeiten weniger zurückschrecken und sie leichter überwinden, wenn sie sehen, wie ich ihrer Herr ward.

Ich muß damit anfangen, aufrichtig zu bekennen: daß, wer in Muskau schon jetzt ein Vollendetes, ich meine Fertiges, zu finden hoffte, sich gänzlich getäuscht sehen würde. Kaum ein Dritteil des Planes ist bis jetzt als ausgeführt sichtbar, obgleich vielleicht drei Vierteile der *Arbeit* bereits getan wurden – denn selten hat wohl ein Privatmann bei ähnlichen Unternehmungen mit größeren Hindernissen zu kämpfen gehabt, als ich hier vorfand. Unter andern waren weit über zweitausend Morgen des mir nötigen Terrains Eigentum einzelner Bürger der Stadt oder der nahen Dorfgemeinden, und man weiß, wie schwer, selbst zu drei- und vierfachem Preise, solche Grundstücke zu akquirieren[81] sind. Überdem mußte eine ganze Straße des Städtchens, die unmittelbar an meinem Schlosse vorbei führte, zuerst erkauft, dann abgetragen und, um meinem Plane zu genügen, auf derselben Stelle auch noch ein See ausgegraben werden. Eine Menge mir schon zugehöriger, weitläuftiger und zum Teil sogar prächtiger Gebäude lagen ebenfalls so unglücklich, daß ihre fernere Bestehung unzulässig wurde. Überdies war das Schloß selbst ringsum von alten Festungswerken umgeben, tiefen Gräben und ehernen Mauern von 8-10 Fuß Dicke, welche letztere, in der guten soliden Zeit unsrer Vorfahren aufgeführt, kaum durch die Gewalt des Pulvers gesprengt werden konnten.* Die Zerstörung

* Ich mußte förmlich mit Mauerbrechern, die 20-30 Menschen regierten, Sturm dagegen laufen, und die so eingeworfenen Stücke, die immer noch fest zusammenhingen, um sie loszuwerden, vergraben lassen. So mauert man freilich heutzutage nicht mehr! in keiner Art – weder gewöhnliche Maurer, noch Freimaurer, noch Staatserbauer und Völker, so baulustig sie auch alle gegenwärtig sind.

dieser Werke aber, nebst der Zufüllung der Gräben, war nicht zu umgehen, teils weil das stehende Wasser sich der Gesundheit nachteilig bewies, teils der ganze Genre dem Charakter und Zweck des Gebäudes, wie der Umgegend, als völlig widersprechend erschien.

Um die nötige Erde zur Ausfüllung zu erhalten, und zugleich über mehrere und verschiedene Wasseransichten disponieren zu können, wurde es nötig, aus dem Flusse, der den Park durchströmt, einen neuen Arm ableiten und ausgraben zu lassen, welcher jetzt, während eines Laufs von dreiviertel Stunden, zwei Seen von bedeutendem Flächeninhalt bildet. Der letzte Übelstand endlich, und zugleich fast der größte, war der, daß 5-600 Morgen des dem Schlosse nächsten Landes nur aus unfruchtbarem Sande und eisenhartem Lehm bestanden, und daher durch die kostspieligste Verbesserung allein tragbar gemacht werden konnten.

Ich hatte also fast mehr Schwierigkeiten zu überwinden, um nur das Neue *anfangen* zu können, als manchen andern, glücklicher Situierten, die Vollendung seiner ganzen Anlage kostet. tab. XI zeigt, um einiges von dem Gesagten anschaulicher zu machen, die Aussicht von den Gesellschaftszimmern des Schlosses, wie sie jetzt ist, und auf der Klappe, wie sie war. Auf tab. A und B, den zwei Grundplänen des Parks in diesen verschiedenen Epochen, kann man jedes Detail meiner Schilderung genau verfolgen. Auf dem Plan A ist alles Land, welches mir früher nicht gehörte, durch eine blaßrote Farbe angezeigt.*

* Ich habe sämtliche Pläne absichtlich *nicht* in der jetzt beliebten pittoresken Manier zeichnen lassen, da die pittoresken Effekte hinlänglich durch die Bilder

Der größte Teil aller Vorarbeiten ist nun beseitigt; was noch übrig bleibt, sind nur Wegekonstruktionen, Pflanzungen, leichtere Feldplanaden und die Aufführung mehrerer Gebäude, welches meistens, im Verhältnis zu den wahrhaft kolossalen Erdarbeiten der frühern Zeit, weit geringere Anstrengung, wenngleich immer noch geraume Zeit und bedeutende Mittel erfordert. Die großen Verluste, welche mir Krieg und andere ungünstige Umstände jahrelang zuzogen, erlaubten mir seitdem nur langsam fortzuschreiten, ich darf jedoch hoffen, in 10 Jahren die Hauptsachen bis auf einen Teil der Gebäude, deren Realisierung ich vielleicht meinen Nachkommen überlassen muß, beendigt zu sehen. Bis dahin also bitte ich die, welche den hiesigen Park besuchen, nicht zuviel zu erwarten, auch ihr Urteil über das, *was sie jetzt finden*, vorderhand noch größtenteils zu suspendieren, und sich vielleicht mehr an mein Buch als meine Ausführung zu halten, denn vieles würden sie für fertig ansehen, was doch nur provisorisch ist, und manches dem Kenner grade verfehlt erscheinen, was doch nur deswegen stehenbleibt, weil Wichtigeres seiner definitiven Wegräumung noch vorangehen muß.*

Denn es ist nicht wohl möglich, einen Park stück-

---

angezeigt werden, hier es aber nur auf genaue Andeutung des einzelnen ankömmt.

* So tadelte mich noch vor kurzem ein sehr geschickter Mann vom Fache, daß ich zu vielerlei Baumarten untereinander pflanze, und zu wenig Haine anlege. Er hatte recht, bedachte aber nicht, daß in der Folge nur die am freudigsten wachsenden Pflanzen zum Bleiben bestimmt sind, die andern wieder wegkommen, und daß man Haine am schönsten aus geschlossenen Beständen später bildet, wenn ihr Wachstum den passenden Zeitpunkt erreicht hat, und sie bis dahin zweckmäßig behandelt worden sind.

tab. XI a: Die Neiss-Aue vor Anlegung des Parks.

tab. XI b: Die Neiss-Aue nach Anlegung des Parks.

weise mit Erfolg anzulegen, d. h. einen Teil ganz zu vollenden, ehe man mit dem andern beginnt. Man muß im Gegenteil, sowohl im Kunstinteresse des Ganzen, als um Zeit und Geld zu ersparen, überall soviel als tunlich gleichzeitig fortschreiten; fast so, wie gute strategische Operationen die Truppen von den verschiedenen Enden alle an einem Tage zur Hauptschlacht vereinigen, muß auch der hier vorliegende Zweck, von allen Seiten her zurückend, nicht stückweise, sondern zusammengefaßt seine Vollendung erreichen.

Ist endlich alles fertig, so wird ein großer Teil (ja der größte) von dem wahren Verdienste des Schöpfers dennoch dem fremden Beschauer unbemerkbar bleiben, und um so *gewisser, je besser* er gearbeitet hat. Dies ist aber gerade des Verständigen Bestreben und Triumph, daß man glaube: Alles, was man sieht, müsse so und nicht anders sein, und sei auch von jeher nicht viel anders gewesen. Es sollte mir sehr leid tun, wenn z. B. beim Anblick der üppigen Wiesen in meinem Park, jetzt noch jemand sich mit der Vorstellung quälte, daß ehemals hier kaum die Distel wuchs, oder, wenn er im freudig wuchernden Gebüsch auf ebner Chaussée gemächlich dahinrollt, nur bei dem Gedanken stehenbliebe, daß früher hier ein grundloser Sumpf kaum dem weidenden Vieh die Annäherung erlaubte. Der höchste Grad der landschaftlichen Gartenkunst ist nur da erreicht, wo sie wieder freie Natur, jedoch in ihrer edelsten Form, zu sein scheint. Es ist dies eine eigentümliche Affinität[82], welche die Naturmalerei mit der dramatischen ausübenden Kunst hat, da beide allein unter allen Künsten die Natur selbst zum Material und zugleich zum Gegenstande ihrer Darstellung wählen, der Schauspieler, indem er mit seiner eignen Person ideale Menschen von neuem zu verwirklichen sucht, der Gartenkünstler, indem er die rohen ungeregelten Naturstoffe und Bilder zu einer poetischen Landschaft vereinigt und erhebt. Leider geht die Ähnlichkeit noch weiter, denn beider Schöpfungen sind sehr prekär[83], wiewohl der Vorteil hier wenigstens noch auf des Naturmalers Seite bleibt.

Ebenso könnte man vielleicht die höhere Gartenkunst mit der Musik vergleichen, und wenigstens ebenso passend, als man die Architektur eine *gefrorne* Musik genannt hat, sie eine *vegetierende* Musik nennen. – Sie hat auch ihre Symphonien, Adagio's und Allegro's, die das Gemüt durch unbestimmte und doch gewaltige Gefühle gleich tief ergreifen.[84] So wie ferner die Natur ihre einzelnen Züge dem Landschaftsgärtner zu Gebrauch und Auswahl darbietet, so liefert sie auch der Musik schon ihre Grundtöne; schöne, wie die menschliche Stimme, den Gesang der Vögel, des Gewitters Donner, das Brausen des Sturms, des Luftzugs ahndungsvolle Klagetöne – widrige, als z. B. Heulen, Brüllen, Knarren und Quietschen. Die Instrumente bringen sie dennoch alle wieder hervor, und wirken nach Umständen, ohrzerreißend in der Hand des Ungeschickten, entzückend, wenn vom Künstler in ein geregeltes Ganzes geordnet. Der geniale Naturmaler tut dasselbe. Er studiert das vielfach von der Natur ihm Gegebene, und verarbeitet dies Vereinzelte durch seine Kunst zu einem schönen Ganzen, dessen Melodie den Sinnen schmeichelt, das aber nur dann den höchsten Wert entfaltet und den vollständigsten Genuß gewährt, wenn *Harmonie* dem Werk die wahre Seele eingehaucht hat.

Doch ich verliere mich wohl zu weit von meinem Thema.

Man wird mich nach der Aufzählung aller der vorher erwähnten Schwierigkeiten vielleicht fragen, warum ich dennoch hier ein solches Werk unternahm? Folgende Gründe bewogen mich dazu.

Als ich den Plan eines so großen Unternehmens faßte, war meine erste Betrachtung die: daß es dem Manne, welcher von seinen Vorfahren jahrhundertelang besessene Güter ererbt[85], nicht wohl anstehe, ihnen den Rücken zu kehren, um seinen Lebenszweck oder seine Vergnügungen in einer fremden Heimat aufzusuchen, solange ihn die Not oder die Ehre nicht zur Emigration treiben.

Der Besitz, den ich übernahm, war sehr ansehnlich. Eine freie, mit untergeordneten Souveränitätsrechten begabte Standesherrschaft[86], die mit Einschluß der abhängigen Vasallengüter einen Flächenraum von 10-11 Quadratmeilen einnimmt, mit allem versehen ist, was eine solche Stellung verlangt, und dadurch zugleich weitere Fortschritte erleichterte, konnte schon an sich als ein anziehender Aufenthalt angesehen werden – auf der andern Seite aber fand ich dieses Besitztum auch fast von jeder äußern Annehmlichkeit entblößt; wohl einige Pracht, aber nichts, was der Kultur des Schönen angehörte war vorhanden, und die Gegend ihrer ganzen Armut und Reizlosigkeit sorglos überlassen worden. Das Feld verschönernder Verbesserung, das unter solchen Umständen vor mir lag, war groß, und ich hielt es daher für meinen *Beruf*, hier nützlich zu sein, um so mehr, da ich der Meinung bin, daß ein großer Territorialbesitzer, welcher fortwährend alle seine Kräfte dazu anwendet, seine Güter ebensosehr zu verbessern als zu verschönern, die ihm untergebenen Bewohner der Gegend auf diese Weise zu zivilisieren, ihren Wohlstand zu vermehren und sie dadurch zugleich für die Landeslasten kontribuabler[87] zu erhalten – daß, sage ich, ein solcher sich *wenigstens* ebensoviel Anspruch auf die Dankbarkeit des Staats erwirbt, und ebensogut ein wirklicher, wenngleich freiwilliger und unbezahlter Staats*diener* ist, als ein Beamter, der für schweres Geld einige Stunden des Tages am Schreibtische sitzt, oder ein Diplomat, dem zuweilen eine halbe Sinecure[88] noch mit vielen Tausenden aufgewogen werden muß – eine Wahrheit, die vielen Beherrschern, nicht eben zum Nutzen ihrer Länder, noch sehr fremd geblieben zu sein scheint.

Hätte ich mich aber auch in dieser Hinsicht ungebunden geglaubt, so konnte es immer noch sehr bezweifelt werden, ob ich, alles wohl erwogen, bei mindern Schwierigkeiten anderwärts auch ebenso große *Vorteile* anzutreffen hoffen durfte, als sich mir hier darboten.

Die Nachteile waren:

1. eine im allgemeinen sandige, größtenteils nur mit Kieferwäldern bedeckte Gegend;

2. ein großer Teil schlechten Bodens im Bezirk des zum Park bestimmten Terrains selbst;

3. die Notwendigkeit ungeheurer Vorarbeiten, ehe ich die neuen Anlagen nur zu beginnen im Stande war;

4. die ebenso nötige Akquisition[89] von mehr als 2000 Morgen fremden Landes.

Als Vorteile boten sich dagegen folgende dar:

a. ein durchgängig malerischer *Wurf* des Bodens, nebst einer großen Abwechselung von Berg und Tal und der Aussicht auf das schlesische und oberlausitzische Gebirge;

b. das Dasein eines bedeutenden Flusses, der das zum Park bestimmte Land durchströmt, und noch weit über seine Ufer hinaus eine größtenteils fruchtbare, wenn gleich schmale, Aue bildet;

c. viele Hunderte der schönsten alten Bäume, welche auf diesem Raume schon hie und da verteilt waren;

d. die Leichtigkeit, sich, sobald die Enklaven[90] der genannten 2000 Morgen fremden Eigentums einmal erlangt waren, nun auf eignem Grund und Boden so weit als nur beliebig ausdehnen zu können, wobei in der hiesigen Gegend der zu erleidende Ackerverlust nicht eben allzu hoch in Anschlag zu bringen war;

e. die allgemeine Wohlfeilheit der Handarbeit und des Fuhrlohns;

f. der nahe Bereich aller Baumaterialien als eigenes Produkt, wie Ziegeleien, Eisenhämmer, Glashütten, Holz jeder Art im Überfluß, einer unzähligen Menge großer und kleiner Feldsteine, die meist aus Granit bestehen, reiche Kalkmergellager u. s. w.

g. endlich die mancherlei Mittel, welche ein so großer Landbesitz und die Disposition über so viele Beamte und Abhängige, nebenbei noch zur Förderung einer großen Anlage darbietet.

Man sieht, daß der unter 1 angeführte Übelstand sich schon durch die bei a erwähnten Vorteile völlig hebt, und es ist zugleich sehr die Frage, ob eine solche Oase, rings von Wald umgeben, wie eine Insel vom Meere, nicht zu einer Anlage dieser Art, wie sie hier bezweckt wurde, eben die *günstigste* Stellung sei.* Überdies geben Schwarzholzwälder, so traurig in der Nähe, in der Ferne doch einen sehr wünschenswerten Hintergrund und Horizont, gegen dessen dunkle Massen sich das nahe frische Grün der Laubhölzer doppelt heiter ausnimmt, und die bunten Himmelswolken glänzender kontrastieren. No. 2 (der zum Teil schlechte Boden) ließ sich jedenfalls aus der Aue verbessern, wie es auch später geschehen ist, und No. 3 fand schon einen großen Teil seiner Erledigung in d. Hier aber kam noch eine wichtigere Rücksicht hinzu. Die Kriegsnot war für den hiesigen armen Landbauer gradezu unerträglich, die Lasten und Staatsabgaben unerschwinglich geworden. Ohne eine außerordentliche Gelegenheit Geld zu verdienen, kann ich wohl mit Zustimmung der ganzen hiesigen Bevölkerung sagen, wäre ein Teil der hiesigen Einwohner verhungert, oder zur hülflosesten Auswanderung gezwungen worden.

Gegen zweihundert Leute, die ich, teils in meinen Fabriken, (die auch für mich damals die einzige Einnahme lieferten) teils bei den erwähnten Anlagen, viele Jahre lang fast täglich beschäftigte, danken denselben allein ihre Erhaltung, und es war daher gewiß ein ausgezeichnetes Glück für mich zu nennen, daß ich auf

* Wenn durch eine lange Wüstenei, wie man sie allerdings passieren muß, ehe man Muskau erreicht, alle Erwartung herabgestimmt ist, wirkt eine, wie durch Zauberschlag plötzlich hervorgerufene üppige Landschaft, auf den dergestalt empfänglich gemachten Geist doppelt angenehm ein, ebenso wie (wenn das Gleichnis nicht zu trivial erscheint) eine reiche Mahlzeit vom hungrigen Magen am besten genossen wird.

eine so leichte Art meine Pflicht mit meinem Vergnügen in Übereinstimmung bringen durfte. Wie selten wird dies den armen Menschenkindern geboten!

Dem ohngeachtet fehlte es nicht an vielseitigem Widerspruch; ja als ich anfing die erwähnte Stadtstraße zu demolieren und damit meine Festungsgräben zuzufüllen, wurden mehrere wirklich zweifelhaft, ob es mit meinem Verstande noch seine völlige Richtigkeit habe, und viele Kapitalisten, die Gelder auf meiner Herrschaft ausstehen hatten, kündigten sie sofort, und zogen es vor, sie später zum Teil in Papierspekulationen zu verlieren. Andre versicherten, es sei *unmöglich*, selbst für einen zehnmal Reicheren als ich sei, solche Pläne zu realisieren. Wer sich jedoch durch dieses hochtönende Wort abschrecken läßt, hat wenig Erfahrung. Unter zwanzig Fällen macht neunzehnmal fester Wille und Geduld das sogenannte *Unmögliche* ganz über alle Erwartung leicht möglich. Bei mir hat auf diese Weise der Glaube wörtlich mehr als einen Berg versetzt und ebenso viele aufgerichtet, und da die Leute sahen, daß es ging, gewannen sie seitdem mehr Zutrauen zu meinen Plänen; ja dankbar erkenne ich, daß ich nachher oft freundliche Unterstützung fand, wo ich nur Widerstand erwartet, und selbst bei meinen wendischen Bauern, welche die Hauptbevölkerung dieser Gegenden ausmachen und nicht eben auf einer ausgezeichneten Stufe der Kultur stehen, fing einiger Schönheitssinn an zu erwachen, so daß sie seitdem ihre Dörfer mit Bäumen schmückten, und wenn sie in meinem Park auch noch zuweilen Holz stahlen, doch größtenteils nur sorgfältig die dicken Stützpfähle abhieben, ohne dem daran gebundenen Bäumchen den mindesten Schaden zu tun, eine für Wenden zarte Rücksicht, die alle Achtung verdient.

Ich erwähne dies alles nur, um auch andre zu ermutigen, nicht zu schnell nachzugeben, wenn der Realisierung ihrer Lieblingshoffnungen die *Unmöglichkeit* entgegengesetzt wird. So erlaubte ich auch jedem, ohne Ansehn der Person, den Zutritt zu meinen Anlagen, obgleich gar viele Gutsbesitzer mich versicherten, dies sei ebenfalls *unmöglich*, da das rohe, oft betrunkene Volk alle jungen Bäume abschneiden und alle Blumen abreißen werde. Einige wenige Exzesse fielen allerdings im Anfange vor. Sie wurden scharf bestraft, wo man die Täter ermitteln konnte, wo nicht, wurde der Schaden mehrmals ruhig und geduldig wieder hergestellt, und die Tore blieben dennoch nach wie vor jedem offen. Sehr bald kamen die Leute durch diese gelassene Beständigkeit von selbst zur Vernunft, und jetzt, wo oft Hunderte von Menschen sich im Raume des Parks auf alle Weise ergötzen, muß ich dem hiesigen Publikum zum Ruhme nachsagen, daß irgendwo ausgeübter Mutwille nur noch zu den Seltenheiten gehört.

Dieses ganze Verfahren hat mir sogar einen großen Teil der Zuneigung meiner ehemaligen Untertanen* erhalten, ohngeachtet aller mit der neuern Zeit in unsrer Provinz eintreffenden Scharen von Winkeladvokaten und Regulierungskommissionen, von denen einige es weit besser verstehen, Bauern und Gutsbesitzer ge-

* Sie heißen jetzt Hintersassen, denn Untertanen hat nur noch der Souverän, in Frankreich nicht einmal dieser mehr. Der Zeitgeist geht wahrlich in Siebenmeilenstiefeln.

geneinander aufzureizen, während sie beiden die Taschen leeren, als Eintracht und Kultur zu befördern, was sie spottweise für ihren liberalen Zweck ausgeben. Seitdem hat indes die Größe des Übels selbst, wie die wahre Humanität höherer Behörden, und in höchster Instanz unseres nie genug zu preisenden Herrn und Königs Gnade, auch hierin bedeutende Abhülfe gegeben, und ich will daher eilen, von so widriger, gottlob *zum Teil* vergangener Prosa zu den harmloseren Schöpfungen der Phantasie zurückzukehren.

Es wird hier zugleich der passende Moment sein, nunmehro auf das erste Kapitel dieser Schrift wieder zurückzukommen, wo ich der *Grundidee* erwähnte, die mich bei Anlegung des hiesigen Parks geleitet hat. Ich muß jedoch zuvörderst detaillieren, was ich zu bearbeiten vorfand.

Die Gegend, welche mir zum Cannevas[91] dienen sollte, bestand, wie schon angedeutet, nach allen Seiten hin aus unabsehbaren Föhren- und Fichtenwäldern, in deren Mitte, in hüglicher Gegend, die kleine Mediatstadt Muskau[92] liegt. Sie zeichnet sich durch den ohne Ausnahme massiven Bau ihrer Häuser, durch mehrere ansehnliche Kirchen und Türme und eine gewisse allgemeine Nettigkeit vor vielen ihresgleichen vorteilhaft aus, und lehnt sich malerisch an einen Bergabhang, bis an dessen Gipfel die Terrassengärten der Bürger emporsteigen. Obstplantagen und kleine Lusthäuser machen diesen Anblick sehr freundlich. Auf dem weiten westlichen Bergplateau über der Stadt, und unmittelbar an sie grenzend, erblickt man, unter Linden und Eichen versteckt, das Dorf Berg mit einer der ältesten Kirchenruinen in der Lausitz. Weiterhin gegen Süden, am Ende des Städtchens, wird der Abhang schroffer, und beschreibt einen Halbkreis, wo er mit hohen Buchen, Eichen und einzelnem Schwarzholz bedeckt ist, und viele romantische Schluchten bildet. Hier liegt ein Alaunbergwerk mit ansehnlichen Gebäuden, Gradier- und anderen Werken.[93] Der Kamm der Hügelkette wendet sich hierauf wieder südwestlich, und erreicht seinen höchsten Punkt bei einem alten Weinberge, wo man eine weite Aussicht auf den Lauf der Neiße, das Schlesische, Görlitzer und Bautzner Gebürge hat. Von hier an dachen sich die Hügel wieder abwärts und verlieren sich nach und nach im geschlossenen Walde.

Verfolgt man dagegen denselben Bergrücken vom andern Ende der Stadt aus, gegen Norden, so gelangt man an das steile bebuschte Ufer der Neiße, längs der eine Straße hinführt, die sich von hier aus für das Auge mit dem Anblick einer Brücke und eines von Wald gekrönten Dorfes schließt.

Es wird dem Leser leicht sein, dieser Beschreibung auf dem Plane: tab. XI (wo die Gegend dargestellt ist, wie sie war) zu folgen. Er wird ferner darauf ersehen, wie sich unmittelbar vor dem Städtchen, nach Osten hin, die Neißaue ausbreitet, ein völlig ebnes Tal, welches in seiner ganzen Länge von dem Flusse durchströmt wird. Auf dieser Fläche liegt das alte und neue Schloß mit seinen Nebengebäuden, dem Theater, Stallungen u. s. w. nahe an der Stadt, und einige hundert Schritte entfernter ein ehemals herrschaftliches Vorwerk und andere Gebäude, jetzt nur noch eine altertümliche Mühle, nebst dem Bauhofe und einigen Nebengebäuden, nach welchen sonst eine Straße der Stadt beim Schlosse vorbeiführte.

Das Schloß selbst umgaben, jenseits der Gräben und Festungswerke, französische und Gemüsegärten, später mit einigen neueren pseudoenglischen Anlagen in der von mir angegebenen beliebten Manier unsres Vaterlandes versehen, zugleich aber auch einige ausgezeichnet schöne und weite Lindenalleen, welche jedoch ein unvernünftiger Gärtner teilweise geköpft hatte, um ein daneben stehendes, schlecht angelegtes Orangeriehaus vor dem etwanigen Umbrechen so großer Bäume zu schützen. Derselbe Unsinn hatte sich weiterhin wiederholt, wo zwischen Wiesen und Laubwald eine Fasanerie lag. Mehrere kolossale Fichten waren nämlich dort entweder ganz vertilgt, oder ebenfalls ihrer Gipfel beraubt worden, unter dem Vorwande, daß der alte, halb blinde Fasanjäger die Raubvögel, die sich auf die Spitzen der Bäume zu setzen pflegten, so hoch nicht wohl herunterschießen könne. Den übrigen Teil der Fläche nahmen traurig kahle Äcker ein, von denen die meisten den Städtern gehörten. Die Flußufer prangten indes überall mit einer Menge der schönsten Eichen und anderer hoch aufgeschossener Bäume.

Jenseits des Flusses, immer weiter nach Osten erhebt sich, nicht weit von seinen Ufern, abermals ein niedriger Bergrücken, der das zweite Plateau des Parks bildet, welches in einiger Entfernung nochmals von einer Hügelkette eingefaßt wird, auf deren Gipfel sich eine dritte, noch weitere Fläche ausbreitet, und auf ihrer andern Seite, nur sehr allmählich, nach der Waldung zu abdacht. An dem Saume dieser liegt das Dorf Braunsdorf mit einem Vorwerk, zu dem eine schlecht gehaltene Lindenallee führte, deren langer Strich über die Gegend mehr störend als vorteilhaft wirkte, weshalb ich sie später größtenteils versetzen ließ, um damit den kahlsten Stellen der Höhen mehr Bedeutung zu geben.*

Auf dem höchsten Punkte der letztgenannten Hügelkette genießt man eine sehr schöne und weite Aussicht. Den Vordergrund bildet das Neißtal mit dem Städtchen, dessen aufsteigende Terrassengärten sich mit den Strohhütten des Dorfes Berg, die hier fast unmittelbar über die Stadt herabzuhängen scheinen, malerisch vereinigen. Südlich in den Schluchten rauchen Tag und Nacht die Alaunhütten und Töpferöfen, deren Feuersäulen mit eintretender Dämmerung allnächtlich die ganze Gegend erleuchten; weiterhin aber verliert sich das Auge, dem Laufe des Flusses folgend, in einer mit alten Eichen und andrem Laubholz reich besetzten Feldflur, bis der umschließende Wald von neuem alles verschlingt, und nur den blauen Häuptern der Landskrone, Tafelfichte und Schneekoppe aus dem dunkelgrünen Meere hervorzutauchen erlaubt. Rechts endlich breiten sich an dem entgegengesetzten Ende der Neiße weite Wiesen aus, auch von hohen Bäumen beschattet, über die sich der mit Fichten bedeckte Berg der Glashütte von Wolfshayn, dem Landsitze des berühmten Juristen und Philosophen Grävell erhebt. Rückwärts gewandt

* Als ein merkwürdiges Beispiel der Sorglosigkeit unsrer Vorfahren für Genuß und Behaglichkeit mag es dienen, wenn ich hier anführe, daß auf diesen Bergen, grade dem Schloß gegenüber, 50 Jahre lang die Scharfrichterei stand, deren Nähe sich, jedesmal wenn der Wind aus dem Morgen stand, auf das abscheulichste bemerkbar machte. Es hat mich mehrere Tausende gekostet, diesen ekelhaften Nachbarn loszuwerden.

sieht man wiederum nur Wellenlinien des dichtgeschlossenen, bis an den fernsten Horizont hinwogenden, schwarzen Waldes, den nichts mehr, als etwa die funkelnden Spitzen einiger von weitem daraus emporragenden Kirchtürme, unterbricht.

Auf diesem Punkte steht jetzt ein verfallener Pavillon[94], und befand sich in ganz alten Zeiten, der Sage nach, ein Schloß oder Wartturm, von dem auch noch einige Rudera[95] zertrümmerter Mauern und Keller übrig sind, wie man deren auch in dem nahen Fichtenwalde von Keula findet. Eine ziemlich seltsame Begebenheit verbreitete über diesen Gegenstand während des Krieges ein neues Licht, welches jedoch, wie ein Irrwisch, ebenso schnell wieder verschwand. Es fand sich nämlich bei dem Bürgermeister der Stadt eines Tags ein russischer Stabsoffizier ein, der, von seinem schäumenden Kosakengaul abspringend, hastig einen der Gegend wohl kundigen Mann verlangte, um ihn bei gewissen Nachforschungen zu leiten, die, wie er sagte, von großer Wichtigkeit für ihn wären und zu denen ihm nur wenig Zeit übrigbliebe. Man konnte unter den damaligen Umständen das Gesuch nicht wohl verweigern, gab ihm aber, etwas bestürzt über die unbekannten Absichten des Fremden, eine zuverlässige Person mit, welche man zu genauem Rapport dessen, was vorfallen würde, verpflichtete. Dieses Individuum erteilte dann später folgende Auskunft. Der fremde Offizier begann seinen Begleiter sehr umständlich über alle hiesigen Verhältnisse auszufragen, und eröffnete ihm endlich, jedoch bei strenger Androhung des größten Geheimnisses, daß er in der Absicht hier sei, einen bedeutenden Schatz zu heben, über dessen Dasein und wahrscheinliche Lage er die genauesten Nachrichten mit sich führe. Er sei aus Moskau gebürtig, und seine slavischen Vorfahren hätten vor langen Jahren die Stadt Muskau, deren Namen mit dem von Moskau früher gleichlautend gewesen, und denselben slavischen Ursprung habe, besessen. Ihr Schloß habe im nahen Walde gestanden, und ein Wartturm auf dem erwähnten hohen Hügel.* Er zeigte dem Manne hierauf einen halb vermoderten, aber noch immer gut zu unterscheidenden Plan der Hauptzüge der Gegend, und fand, nach seinen Notizen den Raum abschreitend, auch wirklich die bisher hier ganz unbekannten Überreste eines Kellers, und ohngefähr 40 Schritte weiter die eines verschütteten Brunnens auf, wo man sofort nachzugraben anfing, aber nichts als einige kleine Münzen entdecken konnte, die mit grünem Schimmel bedeckt und deren Gepräge gänzlich ausgelöscht war. Als nach fortgesetzter Arbeit nichts weiter erschien, sandte der fremde Schatzgräber endlich seinen Gehülfen zurück, mit dem Bedeuten, daß er morgen mehr Leute hinzunehmen wolle. Er meldete sich jedoch am folgenden Tage nicht weiter, und als am dritten die hinzugezogene Person allein den Ort wieder betrat, fand sie die Erde noch weit tiefer umgewühlt, so daß ohne Zweifel seitdem ein neuer Versuch gemacht worden sein mußte. Die Resultate desselben, sowie der geheimnisvolle Offizier, blieben aber ver-

* Es ist auffallend genug, daß die Angabe des slavischen Ursprungs mit einer alten schriftlichen Chronik der Stadt, in der sie Moska geschrieben wird, ziemlich übereinstimmt. Auch auf den alten Landkarten findet man die nämliche Benennung.

schwunden, und alle Nachgrabungen, die ich selbst aus Neugierde einige Jahre später vornehmen ließ, als ich bei meiner Zurückkunft aus der Campagne[96] die erzählten Umstände erfuhr, blieben ebenfalls ohne Erfolg.

Diese Data[97] sind nicht ganz ohne Beziehung auf die folgende Entwickelung meiner Pläne.

Nachdem ich mich also mit dem geschilderten Lokal und den Möglichkeiten der Ausführung meiner Gedanken hinlänglich bekanntgemacht hatte, beschloß ich, außer den schon bestehenden Gärten, das ganze Flußgebiet mit seinen angrenzenden Plateaus und Hügelreihen, Fasanerie, Feldflur, Vorwerk, Mühle, Alaunbergwerk u. s. w., von den letzten Schluchten des sich im Süden abdachenden Bergrückens an, bis zu den Dörfern Köbeln und Braunsdorf auf der Nordseite (alles zusammen nahe an 4000 Morgen Landes) zum Park auszudehnen, und durch Hinzunahme des, sich hinter der Stadt fortziehenden, Abhangs, nebst einem Teil des darauf liegenden Dorfes Berg, die Stadt selbst durch den Park so zu umschließen, daß sie künftig mit ihrer Flur nur einen Teil desselben ausmachen solle. Da sie eine mir bisher untertänige, und noch immer abhängige Mediatstadt ist, so gewann ihre Hinzuziehung zu dem projektierten[98] Ganzen eine historische Bedeutung; denn die Hauptidee, welche ich der Fassung des ganzen Planes zum Grunde legte, war eben keine andere als die, *ein sinniges Bild des Lebens unserer Familie, oder vaterländischer Aristokratie, wie sie sich eben hier vorzugsweise ausgebildet*, auf eine solche Weise darzustellen, daß sich diese Idee im Gemüt des Beschauers, sozusagen, von selbst entwickeln müsse. Hierzu war nur nötig, daß das schon Gegebene benutzt, hervorgehoben und in demselben Sinne bereichert, der Lokalität und ihrer Geschichte aber nirgends Gewalt angetan würde. Manche Ultraliberale werden vielleicht über einen solchen Gedanken lächeln, aber jede Form menschlicher Ausbildung ist ehrenwert, und eben weil die hier in Rede stehende sich vielleicht ihrem Ende naht, fängt sie wieder an ein allgemeines, poetisches und romantisches Interesse zu gewinnen, das man bis jetzt Fabriken, Maschinen und selbst Konstitutionen noch schwer abgewinnen kann. Suum cuique.[99] Euer ist jetzt das Geld und die Macht – Laßt dem armen ausgedienten Adel seine Poesie, das einzige, was ihm übrig bleibt. Ehrt das schwache Alter, Spartaner!

Der die ganze Gegend beherrschende Berg, dessen zertrümmerte Mauerüberreste, sowie die alten Legenden, seine frühere Bestimmung und die alte Ritterburg *hinlänglich bezeichneten*, wurde daher als Ausgangspunkt gewählt, und beschlossen, hier, in dem einfachen, für Gebäude dieser Art im Mittelalter herrschenden Geschmack, ohngefähr gleich den noch ziemlich wohl erhaltenen ältesten Burgen am Rhein, ein ähnliches Gebäude aufzuführen. Diesem muß allerdings die Kunst das Ansehen des Alters verleihen, es soll aber dennoch keine nutzlose Ruine, die neu aufgeführt immer der Spielerei zu nahe verwandt bleibt, und den Effekt der Täuschung verfehlen muß, weil sie zuviel zumutet, darstellen, sondern nur ein altes Schloß, das mit der Zeit andern Zwecken gedient, ein teilweise verändertes, oft repariertes und fortwährend gebrauchtes Ganze, wie es auch noch mehrere andere dergleichen

Burgen in unserer Provinz gibt. Vermöge seiner Lokalität, da es vom Tale aus gesehen zwar schroff auf der Höhe und am Saume des Waldes, auf der andern Seite aber auch nahe an dem weitesten Plateau, und daher passend für die Feldfluren liegt, kann es jetzt sehr zweckmäßig zu einem Hauptvorwerk, zu Wirtschaftswohnungen und Pferdeställen dienen. Die sogenannte innere Burg aber mit dem einzelnen hohen Wartturm, von dem nunmehro freilich kein mißgestalteter Zwerg mehr nach fremden Feinden zu lugen braucht, soll zu einer herrschaftlichen Wohnung und der Turm zur Feuerwacht benutzt werden, die bei den häufigen Waldbränden in unserer Gegend nur zu nötig ist. Übrigens könnte immer noch, fände man dies analoger und romantischer, auch ein moderner Seni[100] sich daneben in ungestörter Einsamkeit mit der Astrologie beschäftigen, oder etwa ein Goldmacher, die keineswegs ausgestorben sind, sein Wesen treiben – ja selbst das bei allem Rittertume so obligate Rüdengebell würde nicht fehlen, da der Zwinger für die Jagdhunde dorthin verlegt wird.

Doch, Scherz beiseite, so sind wirklich Traditionen im Volke genug vorhanden, um der Fiktion eine historische Basis zu geben. Außer dem schon früher Erzählten sagt die alte gedruckte Chronik der Stadt folgendes, was ich nur in heutiges Deutsch übersetze, und mit wenigen neuern Anmerkungen begleite.

»Muskau oder Mosca, sonst Mužakow genannt, das heißt ›Männerstadt‹, war zu der heidnischen Zeit der Sorben schon ein berühmter Wallfahrtsort, wo vier ihrer Göttertempel in Eichenhainen standen. Hier wurde das

Gnadenbild der alten Zeit, der Gott der Götter Swantewit ›das heilige Licht, das heilige Feuer‹, verehrt. Die Orakel des ihm geweiheten Pferdes wurden dem Volke durch die Priester verkündigt, und noch sind die Opferplätze – der eine ganz in der Nähe des Bades – deutlich erkennbar. Ein auf der andern Seite der Stadt gelegener großer Totenacker voll Urnen, deren man täglich noch ausgräbt, deutet auf einen von vielen Menschen oder doch sehr früh und lange bewohnten Ort. Bei der Bekehrung der Sorben durch Ludewig den Frommen bis zu Hildewardt des III. Bischofs von Meissen Zeit – 1060 – rettete sich der Dienst der alten Götter in diese früher fast undurchdringlichen Wälder, und erhielt sich in denselben verborgen und heimlich mehrere Jahrhunderte lang. Die Bildsäule des Gottes Zeutiber soll, zwar beschädigt, hier noch in späterer Zeit vorhanden gewesen sein.« (Ganz ähnlich den Grabmälern in der Troas und auf der europäischen Landzunge den ganzen Hellespont hinauf bis bei Ganochoro und Heraclea, wo die letzten sind, stehen in dem hiesigen Neißetale hinauf und namentlich bei Buchwalde und Werdeck hohe grüne, mit uralten Eichen bewachsene Hügel, welche die Sorben-Wenden noch heutzutage »Kraalsroo« oder Königsgräber nennen.)

»Der erste Graf zu Muskau war Theoricus, dessen Tochter Juliane, Wittekind seinem Sohne gleiches Namens zur Gemahlin gab. Von dem Grafen wird gesagt, daß er in großem Beruf war, wie denn auch sein Name bis in diese Zeit herabgehallt ist.

Die Hungarn wurden nach ihrer großen Schlacht auf ihrem Rückzuge in diesem damals waldigen Tale von dem ritterlichen Helden Graf Siegfried von Ringelhain unter Beistand des Grafen Bruno von Askanien erst völlig aufgerieben. Die große Burgundische Chronik, Doktor Hegemüllers Wappenbuch, gedruckt zu München, und Doktor Seldens Ehrenschild enthält darüber fol. 133 einen Städtebrief für Muskau vom Kaiser Heinrich I.

Markgraf Johann, Siegfrieds Sohn, erbaute von seinem Anteil an der Beute das starke und wohlverwahrte Schloß bei Muskau als eine Land- oder Grenzveste, die selbst Kaiser Heinrich III. und V. – 1109 – umsonst belagerten, denn die Markgrafen hatten es späterhin dem Herzog Vladislaus von Polen abgetreten, von welchem es der Herzog Boleslaus von Böhmen bekam. Hier war es auch, wo Vladislaus – der des Herzogs von Böhmen Tochter Michildam, mit welcher der Vater andere Absichten hegte, und sie ihm zur Gemahlin zu geben ausgeschlagen – nachdem er die schöne Jungfrau aus dem Hradschin entführt, drei Jahre mit ihr die Tage der Wonne und Liebe lebte. Da rüstete sich Boleslaus, belagerte und bestürmte das Schloß von Muskau, und nahm es ein. An des Vaters Wehmut und Rührung mußte aber der harte Zorn schmelzen, als er zu seinen Füßen die gefangene Tochter und ihr holdes Knäblein erblickte. Er verzieh ihr auch alsbald, und Primislaus, dieser junge Prinz, ward ein nachmaliger Herzog in Böhmen, und erzeigte, wie Abraham Horsmanns Chronik besagt, immerwährend seinem Geburtsort Muskau viele Freundschaft. Die Stadt, welche sich seit jener Zeit gebildet hatte, wurde vor der, in ihren Folgen so wichtigen, furchtbaren Schlacht der Tartaren 1241 von denselben ganz verwüstet, sowie das alte feste Schloß, von dessen mächtigen Türmen nichts mehr, und von seinem Grunde kaum nur Spuren zu sehen sind. Die Stadt wurde an ihrem alten Orte wieder aufgebaut, aber das neue Schloß jetzt unmittelbar an dieselbe. Es hatten Ritterspiele und sogenannte Torniamina von fürstlichen Personen und andere Conventus hier öfters statt. Vor der Reformation hatte Muskau eine Probstei. Diese Gegend erfuhr von jener Schlacht der Tartaren an, bis auf den letzten Befreiungskrieg, was die Greuel der Verwüstung nur mit sich bringen können.

Erst zerstörten die Hussiten hier gewaltsam. Im 30jährigen Kriege verbrannte Tiefenbach die sämtlichen Dörfer um Muskau. Von den Kroaten wurde Stadt und Schloß geplündert. Wallenstein lag 1633 mehrere Tage in der Herrschaft mit der kaiserlichen Armee. Kurz nachher ward der Wald angezündet; er brannte 6 Wochen lang, und durch Verwahrlosung der Schweden brannte auch das neue Schloß aus, welches darauf schöner ausgebaut und ansehnlich vergrößert worden ist. Auch die Stadt brannte mehrere Male ab, und wurde namentlich im Jahre 1766 gänzlich in Asche gelegt, verdankt aber diesem Unglück ein schöneres und gleichartigeres Äußere als andere Landstädte von gleichem Umfange.«

So viel als Belege für die historische Beziehung der Burg, von deren Lage man, nicht mit Unwahrscheinlichkeit, annehmen mag, daß auf derselben Stelle einst Vladislaus reizende Tochter in Liebe und Furcht süßbange Tage verlebte, die wilden Ritter dann hier tobten, und Mord- und Brandfackel hier wütete, bis der Zorn des strengen Vaters vor dem Anblick der Mutter und ihres Knäbleins in sanftern Regungen zerschmolz.

Wie indes Dichter oft das Ende ihrer Werke zuerst und den Anfang zuletzt ausführen, so habe auch ich die Erbauung dieser Burg bis zuletzt verschoben.

Im Fortgange der mit Wald bekränzten Hügelreihe soll, in der Entfernung einer halben Viertelstunde von der Burg, die Begräbniskapelle der Familie ihren Platz finden, zu der eine kühne Brücke in Spitzbogen führt. Diese Kapelle oder Kirche, deren Bau unsere frommen Vorfahren immer allem andern vorausgehen ließen, wird daher aus einer gleichalten Zeit angenommen, und, ihrem Zweck wohl angemessen, im byzantinischen, besser romanischen, Baustile gehalten werden. Weiterhin sieht man, ziemlich in gleicher Entfernung, an demselben Bergabhang einen roh aufgemauerten Vorsprung, in dem eine alte Linde aufgewachsen ist, und wo eine Jungfrau Maria in der Mauerblende nach altkatholischer Art einen Ruhepunkt (Station) darbietet, von dem die religiöse Aussicht in jene Welt zugleich allegorisch[101], durch eine der schönsten irdischen Aussichten im Park auf die im schwachen Blau am Horizont verschwimmenden Berge, angedeutet wird.* Auf dem Plateau hinter diesen verschiednen Burggebäuden befindet sich, als noch zu ihnen gehörig, die Rennbahn, auf die ich später noch einmal zurückkommen werde.

Diese ganze lange Hügelkette, welche auf die beschriebene Weise dem Auge *nur analoge Gegenstände*[102]

---

* Diese Maria ist eine, vor nicht langer Zeit aufgefundene, aus versteinertem Holze gearbeitete sehr merkwürdige Statue. Man setzt ihr Alter bis in das 13te oder 14te Jahrhundert hinauf.

vorführt, bildet nun auch die einzige östliche Hauptaussicht vom ältern, wie von dem jetzt bewohnten neuen Schlosse im Tal.

Denn nachdem dort am Flusse, unter dem Schutze der Feudalbesitzer, das Städtchen aufgebaut worden war, vermochten die im Laufe der Zeit friedlicher werdenden Sitten und größere Gemächlichkeit vermutlich auch die gestrengen Herren auf der Höhe, die unbequeme Burg zu verlassen, um ihren Wohnsitz in geselligere Umgebung zu versetzen, wenigstens wurde faktisch im 14ten Jahrhundert das sogenannte alte Schloß, jetzt als Amthaus für die standesherrlichen Behörden dienend, dort unten erbaut. Diesem ist sein charakteristisches Ansehn sorgfältig gelassen, seine Giebel, bunten alten Wappen u. s. w. nur restauriert, und noch die Statue des, aus den Nibelungen bekannten, Ahnherrn unsrer Familie, Rüdigers von Bechlarn hinzuzufügen bestimmt worden.*[103]

Da der freie Platz vor jenem Gebäude zugleich als

* Es sind zwar, was ich doch beiläufig hier erwähnen will, in einigen genealogischen Werken Zweifel gegen diese Abstammung unsrer Familie erhoben worden, ist sie aber auch bis jetzt noch nicht *evident historisch erwiesen*, so machen sie doch einige beglaubigte Abschriften von uralten Originaldokumenten, welche letztere leider in einem großen Brande zu Schedlau, Anfang des 16. Jahrhunderts, verlorengingen, sowie die Identität des Namens (da noch im 15. Jahrhundert unsre Familie sich Pechlarn schrieb) und endlich die Gleichheit des Wappens, wie das Grabmal Pellegrins, Bischofs von Passau, eines Nachkommen Rüdigers, aus dem 9. Sec: beweist, wo man ebenfalls in 4 Feldern die zerteilten Glieder eines Adlers, wie in unserm heutigen Wappen sieht, höchst wahrscheinlich. Die ehemals reichsunmittelbare Branche meiner Familie, die Grafen Pückler Limpurg auf Farrenbach sollen darüber ebenfalls interessante Notizen besitzen, zu deren Bekanntmachung ich sie gern hier auffordern möchte; denn wer mag uns verdenken, hohen Wert darauf zu setzen mit dem unsterblichen Heldengedichte der Deutschen durch unsere Vorfahren in so romantischer Beziehung zu stehen, wenn wir auch nur die *Wahrscheinlichkeit* auf unsrer Seite hätten.

point de vue[104] einer Straße der Stadt dient, und den Haupteingang des Parks, von dieser aus, bildet, so wird die Reiterstatue des alten Magiaren dort ihre beste Aufstellung finden.

In einer spätern Epoche erbauten meine Vorfahren, nur hundert Schritt von dem ersten, und durch Festungswerke und Gräben mit ihm verbunden, ein viel ansehnlicheres, ihrem vergrößerten Besitz und neuem höheren Range angemessenes Schloß (sie waren nämlich damals eben in den Reichsgrafenstand erhoben worden) das ein italienischer Baumeister aufführte, sowie in gleicher Entfernung auf der andern Seite ein sogenanntes Gartenpalais, das in neuerer Zeit zu einem Theater benutzt, und zwar zur Hälfte vergrößert, aber auch höchst geschmacklos dadurch verunstaltet wurde.

Man kann aus dem Plane ersehen, wie ich jetzt die alten Gräben durch einen hineingeleiteten Kanal des Neiß-Stromes in einen See und Fluß verwandelt habe, welcher letztere drei Seiten des neuen Schlosses umspült und es dadurch vom älteren und dem Theater trennt. Meinem Plane gemäß, dem mein genialer Freund Schinkel durch sein Talent gewiß die reizendste Form gegeben hat, soll nun in Zukunft das alte Schloß mit dem neuen durch eine hohe Bogenbrücke, und das Theater auf der andern Seite durch eine Galerie, welche mit kürzeren Bogen über das Wasser führt, verbunden, und so das Ganze zu einer noch würdigeren Residenz, in einer Ausdehnung von mehr als 500 Schritt Länge, erhoben werden.

Indem wir uns jetzt wieder auf einige Augenblicke in

die vergangenen Jahrhunderte zurückdenken, verfolgen wir dort den Gang steigender Industrie und Bildung, die dem Edelmann bald nicht mehr vergönnte, ein bloß Genießender und nach Gelegenheit andern das ihrige Raubender zu bleiben, sondern ihn nun selbst ebenfalls zum industriell Erwerbenden umschuf. Infolgedessen entstehen daher zuerst am Flusse ökonomische, auf den Debit[105] im Städtchen berechnete Gebäude, Mühle, Brau- und Brennereien u. s. w., die noch den altertümlichen, unregelmäßigen Stil mit Giebeln, Vorsprüngen und kleinen Fenstern zeigen. Später wurde auch der Schoß der Erde durchwühlt, und das Alaunbergwerk, welches in seiner Architektur schon einen weniger alten, fabrikartigen Charakter trägt, gegründet. Ein Weinberg beschließt den Zyklus dieser älteren Anlagen, dessen Produkt jedoch nicht anzupreisen ist. Es scheint, daß entweder unsere Vorfahren mit sehr schlechtem Wein fürlieb nahmen, oder das Klima wärmer war als jetzt, denn wer sollte z. B. heutzutage glauben, daß Berlins Fluren, dermalen in Hinsicht auf Getränke nur durch Weißbier berühmt, sonst, wie uns der Berliner Kalender berichtet, ein Weinland waren!

In der neusten Zeit endlich, wo die Verschmelzung der Interessen durch allgemeinere Zivilisation immer mächtiger wird, (und hier erst fängt *mein* schwacher Wirkungskreis *an*) fühlte man in unsern, bisher von der Kultur so sehr vernachlässigten Gegenden, endlich auch das Bedürfnis der Kunst und des Schönen. Es lag also der Gedanke nahe, das Vergangene gleichsam in *einem* zusammengefaßten Bilde wieder zu reflektieren, wodurch alles, was einst da war, neu hervorgehoben, möglichst seinem Zweck entsprechend verbessert, anmutiger gemacht und mit Neuem verbunden, in ein *geregeltes Ganze* vereinigt werden sollte. Als neue Zugabe benutzte man unter andern auch die, zwar schon lange bekannte, aber nie Früchte bringende, Entdeckung mineralischer Wässer, die unfern des Bergwerks entspringen, wie eines höchst wirksamen Moors in den nahen Tälern, wo starkhaltige Schwefelquellen vielleicht schon in der Urwelt verschüttete und seit Jahrtausenden in Staub aufgelöste Wälder durchrieseln. Vermöge einer mit allem Nötigen reichlich versehenen Badeanstalt suchte man hier auch dem leidenden Teile der Menschheit eine bleibende Wohltat zu erzeigen.

Außerdem wurden noch mehrere andre neue Anlagen, teils im Gebiet des Schlosses, teils anderwärts hinzugefügt, namentlich eine Wachsbleiche, Fischerhütte, und einige Kolonien ländlicher Häuser in der Nähe des Dorfes Köbeln*, beim Alaunwerk und auf der Braunsdorfer Feldflur, jede als ein Ganzes gruppiert, und durchgängig zu unentgeltlich erteilten Wohnungen für Gartenarbeiter, Bergleute und Bedürftige bestimmt; ferner ein Observatorium und weitläuftige Cottage ornée »das Englische Haus«[106] genannt, die zu einem sonntäglichen Belustigungsort für Stadt und Umgegend dient. Als Schlußstein des Ganzen ward, zum Andenken eines Werks, das mit so unsäglichen Schwierigkeiten zu kämpfen hatte, projektiert, auf einem isolierten Hügel im Mittelpunkt des Parks und am Ufer des Flusses, einen Tempel, der *Beharrlichkeit* gewidmet, zu errich-

* Auf alten gezeichneten Karten: Gobelin.

ten, auf dessen ausführlichere Erwähnung ich fernerhin verweise.

Dies ist denn in der Hauptsache die Aufgabe, welche ich mir stellte. Wie ich sie gelöst, muß ich, soweit die Ausführung beendigt ist, und diese Schrift das Übrige auseinandersetzt, der Beurteilung der Kenner überlassen; harmlos, wohlmeinend und nicht ohne einiges künstlerische Bestreben war wenigstens die Absicht.

Der Muskauer Park kann demnach jetzt in folgende Hauptbezirke eingeteilt werden, welche zugleich die verschiedenen Zeitepochen ziemlich richtig bezeichnen.

I. Das Burggebiet jenseits der Neiße.

Dazu gehört

A. das Burggebäude mit seiner Umgebung,
B. die Begräbniskapelle,
C. die Rennbahn,
D. die Stuterei,
E. das Vorwerk mit der Schäferei.

II. Die Stadt und ihr Weichbild.

III. Das Schloßgebiet. Dieses zerfällt in

A. das alte Schloß, Mühle, Wirtschaftsgebäude u. s. w.
B. das neue Schloß mit seinem, es umgebenden pleasure-ground,
C. die Orangerie und Gärten,
D. der Gasthof,
E. die Fasanerie,
F. die Fischerhütte mit ihren Umgebungen,
G. der Tempel.

IV. Der Weinberg.

V. Das Bergwerk mit seiner Kolonie.
VI. Das Bad.
VII. Das Observatorium.
VIII. Das Dorf: hierzu gehört
A. das Englische Haus,
B. die Kolonie Gobelin.

Um nun zur näheren Beschreibung dieser Partien überzugehen, wird es am zweckmäßigsten sein, demselben Wege zu folgen, den ein Fremder bei der Lokalbesichtigung einzuschlagen haben würde, wobei ich nur bitte, den Plan tab. B. zur Hand zu nehmen, auf dem vier Pfeile von roter, schwarzer, blauer und gelber Farbe die Fäden der Ariadne[107] vertreten mögen.

Ich muß jedoch vorher noch bemerken, daß außer der Einteilung, die ich soeben aufgestellt, und die ich »die ästhetische« nennen möchte, der Lokalität, Bequemlichkeit und leichtern Übersicht wegen, für die Bewirtschaftung sowohl als Besichtigung des Parks, noch eine andere generellere Einteilung angenommen wurde. Nach dieser zerfällt das Ganze nur in drei Teile, von denen jeder seine besondere, durch die Örtlichkeit bedingte, Befriedigung hat, nämlich in den Schloßpark, den Park des Bades und den äußern Park. Jeder von diesen bietet hinreichenden Raum und Stoff zu einer Spazierfahrt. Den ersten begrenzt teilweise ein hoher Holzzaun, der nie sichtbar wird, mit breiter Bepflanzung, teilweise die Neiße; den zweiten ebenfalls zur Hälfte, nach der Stadt zu, ein ähnlicher Zaun, dann tiefe Gräben und breite Schleedornfelder. Den dritten durchaus Gräben mit Akazien-, Dorn- und Gleditschienhecken von einer Rute Breite, welche Menschen und Tieren ganz unzugänglich bleiben, und selbst mit dem schlechtesten Boden fürlieb nehmen. Die vielen Hasen in unsrer Gegend tun diesen Hölzern zwar bei harten Wintern bedeutenden Schaden, da sie aber ohnedem der Dichtigkeit wegen alle drei Jahre teilweise abgehauen werden müssen, so ist das Übel selten von Bedeutung.

Ich nehme an, daß man vom Schlosse ausgeht, und zuerst eine Fußpromenade nach den Blumengärten und einem Teil des pleasureground unternimmt, zu welchem die Fahrwege nicht führen.

Dem roten Pfeil folgend, wird man zuvörderst auf der breiten Treppe des Schloßhofes (a., auf dem Grundplan C und B*) eine Aufstellung von Orangerie und Blumen mit leichten Bögen sehen, über die sich, aus großen Vasen emporsteigend, Passionsblumen ranken. Zwischen den Bögen sind freihängende Stäbe angebracht, auf denen sich farbige Papageien schaukeln, ohne die Gesellschaft durch zu große Nähe inkommodieren[108] zu können. Die Orangerie bildet einen schattigen und duftenden Gang auf der Terrasse, und dehnt sich rund um den Schloßhof aus, mit Blumenstellagen umgeben, in denen Nischen angebracht sind, die gelegentlich als Salon dienen und abgegrenzte Aussichten nach dem Park gewähren. Die Terrasse hängt zugleich mit den eigentlichen Gesellschaftszimmern durch Glastüren zusammen.

---

* Ich habe, zur bessern Orientierung des Lesers, einen Teil der Gärten, für den Bereich dieser Fußpromenade, in größerem Maßstabe kopieren, und mit denselben Zeichen versehen lassen. S. tab. C.

Auf der entgegengesetzten Seite dieser Zimmer, nach Süden, ist ein, längs des Schloßflügels fortlaufendes, kaltes Haus projektiert, (b.) dessen Fenster im Sommer abgenommen werden, das jedoch zu allen Jahreszeiten einen grünen Laub- und Blumengang bildet, in welchen man aus den Stuben, unmittelbar unter den Fenstern, durch dort angebrachte, vergoldete Gitteröffnungen hinabsieht, auf zwei Treppen an den Seiten aber hinuntergelangen kann.

Vor diesem Gewächshause beginnt der erste Blumengarten, welchen, unter den gegenüberliegenden Bergen sich ausbreitend, der Lucie-See begrenzt.

Er umgibt das ganze Quarré[109] des Schlosses, indem er unter der Rampe eine Kommunikation hat, wo ein Tunnel, mit goldfarbenem Schwefelkies und blauen Schlacken gemauert, angebracht wurde.

Bei Anlegung dieser Gärten habe ich mich ganz freier Laune überlassen, und Regelmäßiges mit Unregelmäßigem ohne Scheu verbunden, hoffe jedoch nichtsdestoweniger die *Harmonie* des Ganzen nicht zerstört zu haben. Auf dem Grundplan mag sich freilich der Fächer; das in einen Stern gefaßte H; das, dem Brustschilde des jüdischen Oberpriesters ähnliche, Viereck; das Füllhorn; die kolossale Blume durch verschiedene Beete gebildet; ein S unter Rosen und Vergißmeinnicht; die Pfauenfedern u. s. w. etwas sonderbar ausnehmen; in der Wirklichkeit ist dennoch der Effekt ziemlich reich und originell, auch nicht heterogener, als etwa der Bazar in der Stube einer eleganten Dame zu sein pflegt. Die Skizze auf tab. XII gibt einen Teil der Ansicht dieser Partien vom Turmbalkon aus gesehen. Man wird dort auch zwei Büsten vor einer Blumenglorie bemerken. Es sind die zweier Frauen, welche mir von allen, die ich auf meiner Lebensreise angetroffen, als die lieblichsten erschienen.*

Der etwas höher gelegene Platz unter drei alten Linden, (c) von allen mit der reichsten Fülle von Blumenglanz umgeben, ist auch der Hauptpunkt des Blumengartens, von wo sich eine freie Aussicht auf den See, den angrenzenden pleasureground, und die gegenüberliegenden Terrassengärten der Stadt, mit dem Dorfe Berg in der Höhe, ausbreitet. Das Wasser bespült unmittelbar den Fuß der steilen Steinwand, auf der sich oben hinlänglicher Raum für eine ziemlich große Gesellschaft befindet. Abends wird dieser Platz durch bunte Laternen erleuchtet.

Weiterhin ist das Rosary, eine Rosette aus Monatsrosen und Buchsbaum gebildet, und mit Granatbäumen umkränzt, die sich dem erwähnten kalten Hause anschließen, in welchem eine geräumige Nische, mit Blumenstellagen umgeben, als ein anderer gesellschaftlicher Platz benutzt werden kann. Hier gestattet das, ihn auf allen Seiten umschließende, Gebüsch keinen weitern Fernblick als auf den Wasserspiegel allein, unter dem Dache großblätteriger Platanen. S. tab. XIII. Seitwärts dieser Partie liegt der Tulpenbaumsalon, unter dessen Schatten der Nelkenflor aufgestellt wird. Eine Steintreppe führt hier nach dem Wasser hinab zu einigen leichten Gondeln, mit denen die Liebhaber des,

* Da Anerkennung der Schönheit keine Beleidigung ist, und in ihrem Reiche auch Rang und Geburt verschwinden, so will ich sie den Neugierigen nennen. Die eine ist die Gräfin Alopäus, die andere die Gräfin Rossi.

tab. XII: Die Blumengärten vom Turmbalkon des Schlosses aus gesehen.

tab. XIII: Das Rosary am Schloß.

jetzt so modern werdenden, Ruderns, den See befahren können, ohne auf dem friedlichen Becken Sturm und Schiffbruch besorgen zu dürfen.

Den Weg weiterverfolgend, betritt man am Turm einen offnen Vorsprung. Eine Laube von Jasmin und Rosen ist unter dem obern Balkon an das Spalier des Turmes gelehnt. Aus ihr übersieht man den See wieder in einer andern Direktion, und zwar in seiner größten Länge, wo zwei Brücken und ein Wasserfall als vorzüglichstes point de vue dienen. Von hier setzt man den Spaziergang eine Zeitlang wieder im Gebüsche fort, kömmt an einen geschmückten Platz mit dem Buchstaben S, einem Vogelhause, ferner einer Blumenpartie die ein Bündel kolossaler Pfauenfedern nachahmt, dann an Stellagen mit Warmhauspflanzen vorbei, bis man den erwähnten Tunnel (d.) erreicht. Eine Fontäne gibt dort bei heißen Sommertagen erfrischende Kühlung und gewährt ein stilles einsames Plätzchen, wo man bequem, wie die Phrase heißt: seinen Gedanken Audienz geben, oder, prosaischer gestimmt, Siesta halten kann, wozu ein weiches Moosbett und nie unterbrochne Dämmerung einladet.

Man gestatte mir hier ebenfalls einen Abschnitt zu machen, und bei dieser Gelegenheit noch ein paar Worte über Blumenpflanzungen und Folge einzuschalten.

Ich habe leider in dem Neißtale mit einem ziemlich ungünstigen Klima zu kämpfen, und darf daher auf halbharte Sträucher, wie z. B. einen Teil der Cytisus-, Calicantus-, Cercis-, Amygdalus-, Hybiscusarten, Hydrangien, Rhododendron, Cometonia u. s. w. nicht ohne sorgfältige Bedeckung rechnen, weil sie zu häufig erfrieren; die noch weichern aber, wie Liquidamber, Magnolien, Azalien, ja selbst prunus lusitanica (in England so hart), Pyrus japonica, Arbutus Viburnum, Ilex-Arten, einige Andromeden u. s. w. müssen fast jeden Winter durch portative Häuser[110] geschützt werden. Ich gebe daher auch den schön blühenden unter den *härtern* Sträuchern, wenn sie auch weit gemeiner sind, mehrenteils den Vorzug, da man überhaupt, soviel wie möglich, sich enthalten muß, die Natur zu sehr und zu oft *zwingen* zu wollen. Denn auch ein ganz gewöhnlicher, üppig blühender roter Dorn z. B., oder Lonicerenstrauch u. s. w. nimmt sich gewiß besser aus, als ein kümmerndes und exotisches Gewächs, das in angemessenerem Klima vielleicht die höchste Pracht entfaltet haben würde. Übrigens lasse ich die Hauptausschmückung ohnedem mehr durch Topfpflanzen bewerkstelligen, die durch bleibende Vorrichtungen so aufgestellt werden daß sie den Rasen nicht verderben noch die Töpfe und Kübel, in denen sie stehen, auf unzierliche Weise sichtbar werden lassen. Z. B.: Hinter einer halbrunden Bank, die ganz mit Oleander umgeben ist, wurde ein offner Kanal gemauert, in dem die Oleander in langen Kästen von gleicher runder Form eingelassen werden. Da sie sich bis zum Grunde behängen, scheinen sie aus der Erde gewachsen zu sein. Einzelne Granat- oder andere Bäume werden mit dazu genau angepaßten zierlichen Stellagen umfaßt, und diese mit Blumentöpfen von *einem* Dessein[111] so besetzt, daß vom Kübel des Baums nichts mehr zu sehen ist, und nur seine Krone in der Mitte hervorragt. Soll ein Stamm aber, einzeln stehend, sichtbar bleiben, so wird der Kübel ebenfalls in einen gemauerten Trichter eingelassen, den ein Korbrand verbirgt, und auf dem Kübel die Erde mit, in grünem Moos verborgenen, Blumentöpfen mit niedrigen Blumen besetzt u. s. w. Müssen im Spätherbst diese warmen Pflanzen wieder weggenommen werden, so ersetzt man sie durch härtere Sachen, oder durch Körbe mit Blumen in Töpfen, die auch etwas Frost nicht fürchten, wie Astern u. s. w. Die gemauerten Öffnungen in der Erde müssen so weit sein, daß noch überall hinlänglich Luft an die Kübel streichen kann, und die Kübel auch zum Teil nur halb tief eingesetzt werden.

Ich habe schon gesagt, daß im allgemeinen Massen zusammenhängender Farben dem Gemisch vielartiger vorgezogen werden sollten. Was aber die Blumen*folge* betrifft, so will ich, um nicht zu weitläuftig zu werden, nur das Beispiel angeben, wie der erwähnte Fächer (e.) und der Stern mit dem H (f.), das gewürfelte Viereck (g.) (im blauen Blumengarten) und das Füllhorn (h.) bei mir behandelt werden.

Der Fächer e. tritt zuerst in Blüte mit gelbem Krokus. Dann wird er mit Sommerlevkoyen dergestalt bepflanzt, daß sie über das Ganze ringförmig Streifen von verschiedenen Farben bilden, mit einem dunkeln Mittelpunkt, aus dem die Nuancen sich nach der Peripherie abstufen.* Dasselbe wird zuletzt mit Aster chinensis bewirkt, die bis in den Herbst hinein blüht, wo der

* Es versteht sich von selbst, daß der Gärtner mit der Anzucht der Blumen auf die Zeit der Auspflanzung gehörige Rücksicht nimmt.

Aufenthalt auf dem Lande ohnedies gewöhnlich bei uns sein Ende zu erreichen pflegt. In der Regel bleiben dann nur noch die Jagdliebhaber zurück, welche nach keinen andern Blumen, als etwa höchstens denen verlangen, welche der Hase liefert. Die zwei runden Körbe neben dem Fächer werden zuerst mit gefülltem dunklen Goldlack, und später mit Lobelia cardinalis bepflanzt.

Der dem Fächer gegenüberliegende Stern (f.) beginnt mit gefüllten Tulpen. Nach diesen werden hochrote Pelagonien aus Töpfen eingepflanzt, die ebenfalls bis in den Herbst aushalten. Auch diese Figur umgeben vier Körbe, die mit bunt untereinander gemischten hochfarbigen einfachen Tulpen anfangen, zur zweiten Flor aber zwei mit Elychrisum bracteatum von Verbena Aubletia umgeben, zwei mit Heliotropium peruvianum blühen. Das Quadrat g. (im blauen Blumengarten) fängt mit gefüllten Hyazinthen an, die in den verschiedenen Abteilungen mit vier Farben schattiert, und so dicht als möglich gepflanzt werden. Hierauf folgen, auf andere Art verteilt, drei Farben von Gomphrena globosa. h. das Füllhorn erhält einen gelben Knopf, welcher das ganze Jahr hindurch mit Blumen von Mimulus guttatus, die in verschiedenen Epochen angezogen werden müssen, um bis im Spätherbst auszudauern, gebildet wird. Die übrigen Abteilungen desselben koloriert man in andern Farben durch Silene bipartita, Viola grandiflora und Lobelia ericoides. Da aber, wo sich das Füllhorn mit einer großen Blumenmasse ausschüttet, wird diese den ganzen Sommer über durch in Moos eingelassene Töpfe mit Blumen aller Farben bunt durcheinander hergestellt, auch einige Kürbisse hinein-

tab. XIV 1: Gestell aus Eisen für Rankpflanzen.

gepflanzt, um die Contoure[112] der Ausschüttung desto unbestimmter zu machen.*

Alle Figuren dieser komplizierten Art werden in der Regel mit Buchsbaum eingefaßt, um ihre Form deutlich und fest zu zeichnen, was Blumeneinfassungen niemals so genau zu tun imstande sind. Bei einzelnen Beeten aber von regelmäßiger einfacher Form, als Rondelle, Ovale, Vierecke, benutze ich, wenn kein Korbrand dafür gewählt wird, alle hierzu tauglichen niedern Blumen als Einfassung – nie aber darf man eine solche bei unregelmäßig gezogenen Schrubbs[113] anwenden, die dadurch ein zu steifes, dem Zweck entgegenstrebendes Ansehen erhalten würden.

* Man kann bei geringerer Menge von Ausschmückungen dieser Art, die Blumenfolge der gegebnen Exempel noch besser und reicher einrichten. Ich gebe sie nur als einen Anhalt, wie man ohngefähr zu verfahren habe.

tab. XIV 2: Gestell aus Eisen für Rankpflanzen.

Für die rankenden Pflanzen werden verschiedenartige Gestelle von starkem Eisendraht verfertigt, die an sich schon einen recht zierlichen Gegenstand bilden, und den Pflanzen erlauben, sich nach allen Seiten voll zu behängen. In England findet man sie in allen Formen stets vorrätig und sehr sauber fabrikmäßig gearbeitet, bald als Tore, Bögen, Schirme, durchbrochne Säulen oder kleine Obelisken u. s. w., bei uns muß man sie durch geschickte Schlosser nach der Zeichnung ausführen lassen. Sehr schön nimmt sich unter andern die an einem Schirme gezogene Glycine sinensis aus, wenn ihre dicken blauen Trauben sich durch das Drahtgeflecht drängen. S. tab. XIV. 1, und den Bogen 2, als Eingangsverzierung mit Cobaea scandens bepflanzt, nebst der vergoldeten Glorie 3., an der verschiedene Clematisarten emporklimmen, oder den blauen Korb

tab. XIV 3: Gestell aus Eisen für Rankpflanzen.

mit vergoldeten Spitzen (4.) mit roter Bignonia radicans bekränzt. 5. ist ein Blumenkorb, dessen Rand durch Blätter von gebranntem Ton gebildet wird. Die Blätter sind unten mit langen Spitzen versehen, die sie in der Erde festhalten, und werden auf diese Art mit leichter Mühe einzeln eingesenkt und wieder abgenommen. Es ist eine wohlfeile, dauerhafte und zugleich schöne, sehr in die Augen fallende Einfassung.

Wir kehren jetzt, mit gütiger Erlaubnis des Lesers, dessen Geduld ich nicht zu früh zu ermüden bitte, zu unserm weitern Spaziergang zurück, und ersteigen die Treppe (i.), welche uns auf die große Schloßrampe führt, bei der wir uns einen Augenblick verweilen müssen. Man sieht auf dem Plane, daß in der Mitte eine 40 Fuß breite Treppe aus der Rampe hervortritt, welche auf fünfzehn Granitstufen nach dem Rasen des bowling green vor dem Schlosse hinabführt. Vor der Treppe sind vier Blumenteppiche und etwas weiterhin als Ruhepunkt eine kolossale Ariadne, liegend auf ihrem Piedestal, angebracht, mit Rosenbäumen umgeben, die sich

tab. XIV 4: Einfassung für Blumen.

an goldnen Stäben emporranken. Über diesem geschmückten Vordergrund erblickt man in der Ferne die Berge mit dem Burggebiet. Den Fluß sieht man hier nicht, da er durch seine Dämme verborgen ist, der Abwechselung wegen auch hier keine Wasseransicht gewünscht wurde, weil das Schloß von den übrigen drei Seiten schon solche darbietet. Der Mittelgrund entfaltet also statt dessen nur eine weite grüne Fläche, die vom Schlosse bis an den eisernen Zaun, welcher den pleasureground vom Parke trennt, als Übergang, noch durch blühende Sträucher und einige wenige Blumenmassen verziert ist, dann aber nur Wiesen, von Schafen und Kühen beweidet, und hohe Baumgruppen zeigt, unter deren Laubgewölben die Berge und die sie krönenden Gebäude scheinbar noch in tiefere Ferne zurücktreten, als es in der Wirklichkeit der Fall ist. Den zweiten Mittelgrund bildet die Hügelreihe jenseits des Flusses mit ihrer Bergebne und verschiednen darauf zerstreuten großen Buschpartien. Diese Aussicht, welche früher durch eine hohe Lindenallee, die ich durchbrechen ließ, gänzlich verdeckt wurde, ist bereits auf tab. II dem Leser bekanntgeworden. Die Durchbrechung der Allee ward von mir mit so großer Vorsicht unternommen, daß ich den jüngern Repton bloß deshalb von England kommen ließ, um seinen Rat über diesen Hauptpunkt zu vernehmen. Herr Aday Repton ist jedoch mehr Architekt als Gartenkünstler, und außer, daß er mich in dem gefaßten Plane durch seine Autorität bestärkte, muß ich gestehen, daß er mir (zum Teil schon aus den von mir pag. 22 und 23 angegebenen Gründen) nur wenig nutzen konnte. Übrigens muß ich seiner Bereitwilligkeit, ja ich möchte sagen Herzlichkeit, mit der er, ganz gegen englische Gewohnheit, mein Steckenpferd mit mir bestieg, die größten Lobeserhebungen machen. – Ein sehr gut rekommandierter[114] englischer Gärtner, den ich ebenfalls verschrieben hatte, zeigte sich im Technischen sehr brauchbar, in Geschmackssachen aber zu sehr im Gewohnten befangen, sobald man ihn nur einen Augenblick sich selbst überließ. Unter andern konnte ich ihm nie begreiflich machen, daß Gruppen nicht stets mehr oder weniger en quinquonce[115] gepflanzt zu werden brauchten. Er versicherte, in England halte man diese Form für die beste (worin er ziemlich die Wahrheit sagte) und blieb dabei. Da überdem der Mangel an hinreichender Kenntnis unsrer Sprache immer bei solchen Leuten ein großer Übelstand bleibt, so sah ich mich bald genötigt, ihn wieder zurückzusenden, was ich erwähne, um andere von gleichen Mißgriffen abzuhalten.

Weit bessere Dienste leistete mir dagegen die unermüdete Sorgfalt und das geschickte Eingehen in meine

Pläne, von seiten meines deutschen Obergärtners Rehder, einem Mitgliede des Preußischen Gartenvereins. Gewiß trug dieser nicht wenig zur Überwindung so vielfacher Schwierigkeiten bei, unter denen das ungünstige Klima Norddeutschlands obenan steht, welches, namentlich in unsrer kalten Gegend, dem Gärtner wahrlich einen schweren Stand bereitet.

Ich bemerke dieses besonders aus *dem* Grunde, weil so viele Gärtner durch ihren, den lieben Deutschen der mittlern Klassen ganz besonders anhängenden, Eigendünkel, oft die besten Instruktionen vereiteln. Je besser sie ihr Fach erlernt haben, und daher im Technischen ihren Herrn natürlich übersehen, je leichter bilden sie sich ein, dies auch in ästhetischer Hinsicht zu tun, und verderben alles, indem sie alles besser machen wollen, statt durch ihre Wissenschaft nur mit Eifer das Gelingen fremder Kunstideen zu unterstützen und vorzubereiten. Ein verständiger, ausdauernder und zugleich geschickter, praktischer Mann in dieser Hinsicht ist daher gar nicht so leicht anzutreffen, als man vielleicht glaubt, und es wird gut sein, wenn in unsern neuen Gärtnerschulen *auf diese Art* der Ausbildung besondere Rücksicht genommen wird. Junge Leute, die gleich vom Anfang an zuviel sein wollen, und sich zuviel einbilden, sind nicht zu brauchen; ja, halb im Ernst, halb im Scherz möchte ich sagen: ein Gärtner nach meinem Geschmack muß mehr von der Natur des guten Wagners als des unruhigen Faust an sich haben, und sehr wenig auf dieser Welt verfluchen, am allerwenigsten aber die Geduld und besonders den Gehorsam.

Die Treppe, bei der wir zuletzt stehenblieben, ist

tab. XV: Schloß und Rampe vom bowling green aus gesehen.

tab. XVI: Aussicht vom Herrengarten.

ebenfalls nach Schinkels Zeichnung ausgeführt. Beide Seiten der Rampe, die sich von der Treppe aus in 10 Fuß langen Absätzen herabsenken, sind mit Orangerie besetzt, und zwar in der Art, daß zwischen jedem Baum noch eine eiserne Säule, in einer Laterne endigend, am Ende der Steinstufen eingelassen ist. Einzelne festons[116] verbinden diese Säulen, und geben zugleich den Bäumen den in ihrer exponierten Stellung sehr nötigen Halt. Bei Festlichkeiten dienen sie überdem noch dazu, bunte Lampen an dieselben aufzureihen, die im Laube der Orangen eine sehr liebliche Wirkung tun. Eiserne Ketten trennen die Bäume vom Wege. Tafel XV gibt die Ansicht der Rampe und des Schlosses vom bowling green aus gesehen.

Die Rampe links herabsteigend, kommen wir nun in ein Gebüsch, wo ein geschmücktes Tor in den zweiten Blumengarten, von ganz verschiednem Charakter, führt. Er wird zur Unterscheidung vom andern »der blaue Garten« genannt, weil er von stahlblauen Hellebarden und Ketten eingeschlossen, und alle Körbe, Brücken, Bänke u. s. w. darin (hier durchgängig von Eisen) himmelblau und weiß gemalt sind.

Der neu gegrabene Neißarm fließt durch die Mitte dieser Anlage, die auf der einen Seite von einem dichten Gehölz, auf der andern von einer hohen Lindenallee begrenzt wird, zwischen deren Ästen nur einige schmale Durchsichten menagiert sind, um dem Charakter der Heimlichkeit und Abgeschlossenheit, der hier vorzüglich bezweckt wird, nicht zu nahe zu treten. Die frühere Aussicht auf das Burggebiet ist hier ganz verborgen, man gewahrt dagegen die Fortsetzung derselben Hügelkette, die mit einem weiten Walde bedeckt ist, aus dem als Hauptpunkte einige uralte Rieseneichen auf den höchsten Spitzen der Berge einzeln hervorragen.

Nicht weit vom Eingang steht auf erhöhtem Terrain eine blumenumgebne Bank (k.), welche zwischen einigen Lindenästen die Aussicht auf jenen Hügel in der Mitte der Landschaft eröffnet, der den Tempel der Beharrlichkeit noch erwartet. Sein Gipfel ist einstweilen bloß durch eine Terrasse und Pavillon gekrönt.

Seitwärts unter der erwähnten Bank befindet sich eine sehr dichte und schattige Lindenlaube am Wasser (l.), wo eine kleine Fähre stationiert ist, zur schnellern Kommunikation mit der gegenüberliegenden Allee. Eine bunt schimmernde Laterne von eigentümlicher Konstruktion, welche die Mitte einer durchbrochnen runden eisernen Bank bildet, deutet diesen Punkt abends bis in weite Ferne an.

Hinter der Laube führt der Weg durch einen Drahtbogen der angeführten Art in den dritten Garten, der Herrengarten getauft, am Flusse fort, welcher letztere zugleich als Grenze desselben auf dieser Seite dient. Man gelangt bald darauf an einen tempelartigen luftigen Ruhesitz (m), dessen dünne eiserne Säulen verschiedenen Clematisarten zur Stütze dienen. Die Aussicht zwischen ihnen eröffnet sich hier nach Westen und Norden. In der ersten Richtung sieht man die Stadt und ein herrschaftliches Vorwerk auf der Höhe, in letzterer verfolgt man die Krümmungen des Flusses im Wiesental, und erblickt mehrfach variierte, bisher noch nicht sichtbar gewordne Waldpartien an seinen Ufern. S. tab. XVI. Seitwärts steht auf dem Rasen unter Blumen ein anderer Ruhesitz aus umgekehrten Stämmen geformt, deren Wurzeln ihre Kronen bilden. Das Geflechte dieser ist mit Clematis, Moosen, Blumentöpfen reich verziert, und gewährt einen originellen, von dem Gewöhnlichen sehr abweichenden Anblick. Der letzte Ruhepunkt ist unter vier Eichen bei einem Wasserfall (n.), wo sich der Fluß über eine glatte Wand von Quadersteinen in vollem, durch keinen Gegenstand unterbrochnen, Fall herabstürzt. Von hier kehrt man durch mannigfaltige Shrubberies und Blumenpartien, mit allerlei verschiednen Ausschmückungen gepaart, über den Rasenteppich, und in einer dem Ausgang seitwärts liegenden Richtung, nach dem Schlosse zurück. Da man hier bei den Ställen, der Reitbahn und dem Theater (o.) vorbeikömmt, so kann der, welchen diese Gegenstände interessieren, seinen Spaziergang mit deren Besichtigung beendigen.

Die übrigen zahlreichen Fußpromenaden, sowohl im geschloßnen pleasureground, als dem freien Park, muß ich, um nicht zu weitschweifig zu werden, übergehn, und setze daher sofort den geneigten Leser in den Gartenwagen (eine sogenannte Ligne, auf der mehrere Personen nebeneinander Platz haben und sich nach allen Seiten frei umsehen können) um die

ERSTE SPAZIERFAHRT

zu unternehmen. Da sie vom Schlosse beginnt, so kann man bei dieser nicht mehr der historischen Einteilung, die ich früher dem Parke gegeben, folgen, sondern wird die zweite wählen müssen, die mehr Freiheit darbietet und, da der erste Anblick schon ein geregeltes Bild des Ganzen in dem Beschauer zurückgelassen hat, ihm nunmehr hauptsächlich den Genuß angenehmer Abwechselung verschaffen soll. Wer jedoch ganz systematisch verfahren wollte, könnte auch den Park, besonders mit Hülfe der Fußwege, ganz in derselben Folge besehen, die jene Einteilung nach der Grundidee festsetzt.

Also vom Schlosse beginnend, besuchen wir zuvörderst (nach Anweisung des schwarzen Pfeils) die Orangeriehäuser (p. auf dem Grundplan B.). Man sehe für dieses ganze Etablissement den speziellen Grundriß auf Plan D. Aus dem Salon in der Mitte des ersten Orangeriehauses (1.) blickt man über einen großen Blumenkorb mit Rhododendron hinweg, in eine gegen tausend Schritt lange Allee hundertjähriger Linden, im Winter wird außerdem noch auf beiden Seiten des Salons die Aussicht auf zwei Orangeriealleen geöffnet, die sich mit warmen Palmenhäusern schließen sollen. Von hier geht man durch (2.) ein Blumenhaus in Form einer Galerie in die Treibhäuser. Aus dieser Galerie sieht man links in den Wintergarten (3.) und rechts auf eine, selbst im Winter, nicht reizlose Landschaft, die vom Lucie-See, der Stadt und den hinter ihr aufsteigenden Bergen gebildet wird. Man betritt nun die Treibhäuser (4.), vor welchen sich eine mit Spaliermauern umfaßte Abteilung für die Blumenschule (5.) und seitwärts der große Küchengarten (6.) nebst dem Treibebeetraume (7.), dem Gartenhof (8.), der Wohnung des Garteninspektors, und dem zweiten Orangeriehause (9.) befinden (10.) sowie (11.) die verborgnen Plätze, wo alles aufbewahrt wird, was, obgleich nützlich und notwendig, doch dem Auge keinen angenehmen Anblick gewährt. Alle Schuppen, Remisen[117] u. s. w. sind hier angebracht, und außerdem noch ein großer Raum (12.) am Ende des Gartens, neben den Ställen der Gartenpferde, der allein für die Komposthaufen bestimmt ist. Diese Einrichtung erlaubt es, den Gemüsegarten selbst stets reinlich und elegant zu halten, und seine Mauern zu sonnigen Spaziergängen zu benutzen. Nach der Besichtigung dieser Gegenstände verläßt man, kurz hinter dem Hause, den pleasureground, und fährt, durch einen Hain einzeln auf dem Rasen gruppierter Bäume, der großen Wiesenfläche zu, die sich zwischen dem Schloß und der Neiße ausbreitet, und verschiedene Aussichten, auf die Schloßregion sowohl, als die entgegengesetzte Hügelkette eröffnet. Die vorteilhaftesten Punkte sind immer durch einfache steinerne Bänke an der Straße markiert.

Nach Verlauf einiger Zeit gelangt man in eine Waldpartie am Fluß, kotoyiert[118] diesen eine Weile, passiert beim Austritt aus dem Walde, auf einer rüstiken Steinbrücke mit einem rohen Steinwehr, den neugegrabnen Neißarm unweit seiner Ausmündung in den Hauptstrom, und ersteigt dann, sich wieder rückwärts wendend, das westliche Coteau[119] des Neißtals.

Hier oben angelangt (q. Grundplan B.) erblickt man unter sich, an einen Eichenhain gelehnt, einen See von bedeutendem Umfang mit einigen belaubten Inseln, und einer großartigen Waldansicht auf die Berge im Hintergrunde. Seitwärts in der Tiefe liegt auf hervorspringender Landzunge eine Fischerhütte, um welche alle Arten von aufgestellten Netzen und andern Utensilien zum Fischfang, jederzeit die Freunde dieses Vergnügens zu einer reichlichen Ernte einladen. Neben sich sieht man, teilweise durch Gebüsch verborgen, die im ländlichen Stil gehaltne Anlage einer Wachsbleiche, mit einem Wächterhause und einer Eisgrube verbunden. Von hier führt für diejenigen, welche lange Fußpromenaden lieben, ein schmaler Pfad in dichtem Gebüsch, dem schroffen Neißufer entlang, nach einem bequemen Flußbade, einem Ruhesitz auf der Höhe mit verschiedenen pittoresken Aussichten auf die bewaldeten Flußufer, und dann weiter bis zu der ohngefähr eine halbe Stunde entfernten Köbler Neißbrücke, an der Grenze des Parks (r.), von wo man auf der andern Seite des Flusses über das englische Haus, oder einen andern beliebigen Punkt, auf einsamen und schattigen Fußwegen zum Schlosse zurückgelangen kann.

Wir verfolgen indes die eingeschlagene Fahrstraße, und erreichen, nach Zurücklegung einer kurzen Distanz, eine uns noch neue Seite des pleasureground, an dessen Eingang eine bunte Gloriette nach Herrn Geheimen Rat Schinkels Zeichnung von ihrem Blütenhügel in das Tal hinabschaut (s.). Sie ist nach der Straße zu geschlossen, bietet aber, gegen das Innere des Parks gerichtet, vier verschiedene Bogenöffnungen, deren jede ein andres Gemälde gleichsam in einen Rahmen faßt. Das erste links ist das pag. 49 erwähnte Bild, welches ich dort als Beispiel anführte, wie Einheit oft durch Vielheit (NB. gleichartige) zu gewinnen sei. S. tab. XVII. Das zweite umfaßt einen weiten Wiesengrund, mit hohen Bäumen gruppiert, die Neiße mit ihren Abhängen in der Mitte, und mit Laubholz be-

tab. XVII: Blick von der Gloriette.

tab. XVIII: Blick von der Gloriette auf einen weiten Wiesengrund.

tab. XIX: Blick von der Gloriette auf das Schloß, die Stadt und, in weiter Entfernung, das Dorf Lucknitz.

tab. XX: Blick auf die Schlösser.

tab. XXI: Fasaneriegebäude nach dem Modell eines türkischen Landhauses, Bad und Alaunberge.

deckte Berge dahinter, ohne weitere Unterbrechung irgendeines Gebäudes. tab. XVIII. Die dritte Öffnung zeigt in der Entfernung einer kleinen Viertelstunde das Schloß, frei und scheinbar auf seinem See ruhend, seitwärts einen Teil der Stadt mit der deutschen Kirche über die Bäume ragend, und in weiter Entfernung am Horizont das Dorf Lucknitz (t.) an schwarzbewaldete Hügel gelehnt. S. tab. XIX. Die letzte Öffnung endlich umschließt die alte katholische Kirchenruine (u.) des Dorfes Berg, von zwei hohen Linden schirmend eingefaßt.

Man fährt jetzt wieder innerhalb des pleasureground – den überall ein eiserner Gitterzaun vom Parke trennt, um sowohl das weidende Vieh abzuhalten, als auch die Grenze, welche Kunst und Natur hier trennen soll, recht sichtbar anzudeuten – unter einer Sammlung fremder Hölzer und Sträucher eine Zeitlang auf der Anhöhe fort, senkt sich dann allmählich ins Tal hinab, erreicht eine vorteilhafte Nahansicht des Schlosses auf seiner Westseite, wendet sich dann rechts zum alten Schlosse, passiert dessen Platz mit der Reiterstatue des Nibelungenhelden, und gelangt, sich jählings östlich wendend, zu einer Brücke, von der man auf der einen Seite beide Schlösser sich im Wasser spiegeln sieht, tab. XX, auf der andern einen Wasserfall (v.) erblickt, der von kolossalen Granitsteinen, die man in der hiesigen Gegend häufig findet, geformt ist. Er ward auf die schon angedeutete Weise angelegt, so daß er zwar keineswegs gewachsene Felsen vorstellen soll, welche die hiesige Natur nicht liefert, aber doch so aussehen, als habe die Flut bei einer Überschwemmung die Steine hierher gerollt, und Widerstand findend, sie grade an dieser Stelle mehr als gewöhnlich angehäuft. Es sind daher mehrere Blöcke schon vor, und ebensoviel nach dem Falle noch einzeln im Wasser sichtbar, um die nötige Ungezwungenheit hervorzubringen, die Seiten aber üppig mit herabhängenden Busch- und Wasserpflanzen garniert, auch zwischen den Steinen selbst Staudengewächse und Blumentöpfe, in Moos gepackt, so verteilt, daß sie aus dem Gestein zu wachsen scheinen, und den Effekt des Ganzen dadurch reicher und natürlicher machen. Eine Ansicht desselben ist bereits früher gegeben.

Hinter dem Wasserfall verläßt man den pleasureground, und setzt seinen Weg im Wiesengrunde des Parks, längs des Flußarmes hinauf, bis an die Schleuse fort, wo der gegrabne Arm aus dem Hauptstrome abgeleitet ist. Dort ist ein Wehr erbaut, um die Menge des Wassers, welches man in den neu gegrabenen Kanal hineinlassen will, stets in seiner Gewalt zu haben. Neben dem Wehre führt eine Brücke nach dem jenseitigen Ufer des Flusses. Von hier steigt die Straße sanft das erste östliche, zur Rechten der Neiße gelegene Coteau im Walde hinan, bis zu dem Fasaneriegebäude (w.), das noch nicht vollendet ist. Ich habe es in einem eigentümlichen Charakter projektiert, nach dem Modell eines türkischen Landhauses, das ich der Güte des Herrn Rittmeisters von Molière verdanke, der es während der russisch-türkischen Kampagne kopiert hat. Es soll mit bunt glasierten Ziegeln gedeckt, und außer der nötigen Wohnung für den Fasanjäger und seine Familie, noch mit einem herrschaftlichen Salon versehen werden, der von dem Übrigen ganz abgeschieden ist. Man tritt aus diesem auf eine Terrasse (x.) wo man, unter einigen Akazien hinabschauend, die ganze Fasanerie unter sich ausgebreitet sieht, über derselben aber durch eine breite Baumschlucht den Fluß, die Postbrücke auf der Landstraße nach Sorau, das Bad und die Alaunberge mit den Gradierwerken in der Ferne erblickt. S. tab. XXI. Eine Fußpromenade in der eingezäunten Fasanerie ist nicht ohne Interesse, da Gold-, Silber- und bunte Fasanen hier gehalten werden, und sich außerdem an dem grünen Platze unterhalb eine kleine Menagerie befindet, mit einem Pavillon in der Mitte, wo man mit Bequemlichkeit dem Füttern der Fasanen beiwohnen, und dort auf den Ruf des Jägers im Nu Hunderte von Vögeln herbeifliegen sehen kann, die sich mit drolliger Emsigkeit um die gestreuten Weizenkörner streiten, ohne des Menschen Gegenwart dabei zu fürchten.

Ich habe diese letztere Partie, welche auf dem Kupfer nicht sichtbar ist, fast ganz mit Nadelholz zu formieren gesucht, um ihr auch im Winter einigen Reiz zu geben, und die bunten Farben der Vögel besser ressortieren[120] zu lassen.

Mit der Fasanerie verbunden, jedoch außer ihrer Zaunbegrenzung, ist jenseits des Fahrwegs eine kleine Meierei für Schweizerkühe, welche der Bequemlichkeit wegen zum Schloßbedarf hier in der Nähe gehalten werden, erbaut. Ohnweit davon führt eine hohe Kettenbrücke über eine tiefe Schlucht von 80 Fuß Breite, und eröffnet plötzlich auf der andern Seite unter einer alten Eiche die weite Aussicht auf das nordwestliche Neißtal. Im Vordergrunde ist auf dem Vorsprung des Hügels die Dairy (y.) nach englischer Art eingerichtet, um in möglichst kühlem und elegantem Lokal frische Milchspeisen aller Art aufzubewahren und daselbst genießen zu können, eine Erfrischung, der man jetzt überdem, nach der langen Promenade, als wünschenswert entgegensehen kann.

Da manche vielleicht keine genaue Vorstellung von einer Dairy haben, so will ich mit kurzen Worten eine solche beschreiben. Es ist ein einfacher Pavillon mit einem Wasserbecken in der Mitte, auf dem die Milchschüsseln schwimmen. Rund umher findet man Stühle und Tische zum Gebrauch. Die Fenster sind gewöhnlich mit buntem Glase geschmückt, und auf Konsolen stehen verschiedene Milchsorten in chinesischen und Porzellanschüsseln, mit zierlicher Symmetrie geordnet. Einige Beete wohlriechender, aber unscheinbarer Blumen, wie Veilchen, Reseda u. s. w. umgeben die Dairy von außen.

Der nächste Gegenstand, welcher bei fortgesetzter Fahrt unsere Aufmerksamkeit anspricht, ist der Tempel der Beharrlichkeit (z.), zu welchem auch von der Dairy aus ein besonderer einsamer Fußpfad in so dichten Buchengebüschen führt, daß sie der Sonne nur eben Raum genug geben, mit ihrem glänzenden Schein die grünen Blätterdome zu vergolden. Ein Bergbach rieselt durch dieses Gehölz, und teilt sich an einer wilden Brücke von Eichenästen, am verstecktesten Plätzchen des Gebüsches, in mehrere kleine Wasserfälle, welche ebenfalls durch herbeigeschaffte sehr große Steine bewerkstelligt wurden. Viele dieser kleinen Fußsteige im Park habe ich nach Damen benannt, welche sie einweihten, und die Inschrift auf einem Stein am Anfang

des Wegs zeigt diese Namen an, was zu gleicher Zeit zu besserer Orientierung der Spaziergänger dient.

Man mag auf dem Fahr- oder Fußwege zum Tempel gelangen, so wird man ihn von dieser Seite doch nicht eher gewahr werden, als bis man unmittelbar davorsteht. Ein Eichenwäldchen verbirgt ihn bis dahin gänzlich, und die Wege sind zum Behufe dieser Überraschung geführt. Erst wenn man ihn betritt, entfaltet sich die Aussicht zwischen seinen freistehenden Pfeilern von schlesischem Marmor, die auf eine Basis von Granit gestellt sind, und von einem vergoldeten Eisendach überwölbt werden, das ein Adler mit ausgebreiteten Flügeln krönt.* Von dem Ruhesitz an seiner Rück-

* Nur zur Verhütung jeden Mißverständnisses wiederhole ich hier nochmals, daß, um den Faden der Erzählung nicht alle Augenblicke zu unterbrechen, viel bloß Projektiertes als schon vorhanden in die Beschreibung aufgenommen werden mußte.

tab. XXII: Blick vom Tempel der Beharrlichkeit.

wand erblickt man ein weit umfassendes Bild, das rechts durch den Lauf des Flusses, wie er nach und nach im Walde verschwindet, vorn durch das Schloß in seiner ganzen Front mit der geschmückten Rampe, und links durch die Mühle, dem Wehre und seinem schäumenden fernhin brausenden Wasserfall mannigfaltig zusammengesetzt wird. S. tab. XXII.

Der Tempel selbst soll mit nichts andrem geziert werden, als mit einer freistehenden Bronzebüste in der Mitte. Ich habe die unsres Königs Friedrich Wilhelm III. dazu bestimmt, eines Monarchen, wert in jeder Hinsicht unsrer Zeit als ein Muster der *Beharrlichkeit* vorzuleuchten, welcher Eigenschaft dieser Tempel gewidmet ist. Ein Füllhorn, von oben sich herabsenkend, ergießt symbolisch seine Schätze über Ihn, abends aber erleuchtet es als Glorie das von uns allen so innig geliebte Haupt mit seinen Strahlen. S. tab. XXIII. Ein regelmäßiger Blumengarten, von einem eisernen Staket[121] geschützt, schließt sich unmittelbar an die Stufen an, nicht ohne Beziehung – denn Beharrlichkeit im Guten und Verständigen bettet immer zuletzt unser Leben sicher auf Blumen, erblühten sie auch nur von innen heraus.

Über eine zweite Schluchtbrücke, der ich den Namen Prinzenbrücke gegeben*, fährt man von nun an ohne alle Fernsichten im Walde fort, zuerst auf der Höhe, dann sich senkend unter einem von Ästen mit der Borke konstruierten Eichensteg, s. tab. XXV, dem Flusse zu, dem man eine Zeitlang zur Seite bleibt, durchschneidet hierauf eine weite Wiese, die Erlwiese genannt und dem Erlkönig geweiht, (früher ein bodenloser Sumpf,) ersteigt dann die Höhe von neuem und sieht dort, bei der letzten Wendung des Wegs, das Englische Haus (a a) vor sich liegen, welches im Gegensatz mit der Tempelszene nur den Charakter heiterer Ländlichkeit und Geselligkeit darbietet. Eine Cottage im Vordergrunde, mit

---

* Der Grund dieser Benennung war der Wunsch, eins der freudigsten Ereignisse in unsrer Gegend in möglichst langem sichtlichen Andenken zu erhalten. Ich spreche von der Anwesenheit unsres erlauchten Kronprinzen und seiner hohen Gemahlin in Muskau. Als ich das Glück hatte Ihre Königliche Hoheiten im Park zu begleiten, machte der Kronprinz, ein höchst erleuchteter Kenner, die sehr richtige Bemerkung, daß eine Brücke *am Ende* einer wasserlosen Schlucht darüber hingeführt, sich nie recht gut ausnähme, und daher mehr verborgen, als gezeigt werden müsse.

Ich hatte diesen Übelstand selbst gefühlt, wußte ihn aber nicht abzuändern, da der Weg, anderer Gründe wegen, nicht füglich zu verlegen war. Ihre Königliche Hoheit gaben mir hierauf den Rat, die ganze Seitenansicht der aus Holz konstruierten Brücke mit einer Treillage aus jungen Eichenstangen in Bogenform zu überziehen und mit wildem Wein beranken zu lassen, unter dem man dann, wie unter einer natürlichen Laube, die Schlucht in der Vertiefung erblicken würde.

Dieser gnädigst erteilte Rat ward ausgeführt, und der Effekt verbesserte nicht nur auf das vollständigste den Übelstand, sondern ließ an seine Stelle noch eine wesentliche Verschönerung treten. S. tab. XXIV.

tab. XXIII:
Der Tempel der Beharrlichkeit mit der Büste Friedrich Wilhelms III.

Rosen und wildem Wein umzogen, enthält einige für die Herrschaft reservierte Zimmer. Links im Schatten zeigt sich durch die Zweige eine bedeckte Kegelbahn; ein Rasenplatz, mit drei laubenartigen Ruhesitzen daneben, versammelt die Gesellschaften, welche hier die Natur genießen und sich im Freien erfrischen wollen. In der mittelsten Laube sind Wandspiegel angebracht, welche die hübschesten Punkte der Landschaft in der Nähe reproduzieren.

Eine zweite sich anlehnende Cottage dient dem Kaffeewirt zur Wohnung, und gewährt den Gästen Platz bei unfreundlicher Witterung. Auf der andern Seite sieht man einen Pavillon, der einen kleinen Tanzsaal und zwei Spielzimmer enthält. Weiterhin ist eine Vogelstange und Scheibe für Büchsenschützen angebracht, nebst einem Etablissement zum Pistolenschießen, in der Art, wie es in Paris bei Lepage, in Pyrmont und andern Orten eingerichtet ist.

Auf einem Hügel gegenüber steht im Gebüsch ein isolierter Salon, aus rohen Stämmen und Rinde aufgeführt, der ebenfalls für die Herrschaft reserviert ist, und von dem man das ganze Tableau[122] der sich unten belustigenden Menge übersehen kann, ohne mit ihr in nähere Berührung zu kommen als man eben wünscht. Das Dorf Köbeln, an der Grenze des Parks, breitet sich mit seiner ganzen Feldflur hinter diesem belebten Vorgrunde aus, und bleibt im Einklang mit dem Charakter des Ganzen. In der Mitte des Dorfs wurde ein Glockentürmchen errichtet, um täglich bei Annäherung der Dämmerung den Abend einläuten zu lassen. Mit Vergnügen können dann die Liebhaber der Idylle die Hirten ihre Herden über den Plan nach Hause treiben, und die Arbeiter nach vollbrachtem Tagewerk singend dem erwünschten Klange zueilen sehen.

Der ganze Bezirk dieser Partie, mit einigen Spaziergängen in den Gebüschen, die im Frühjahr von Nachtigallen wimmeln, ist mit Gitterwerk von rohen Ästen eingezäunt, und als pleasureground, jedoch in einer weniger sorgfältigen Nuance, behandelt. S. tab. XXVI die Ansicht, und tab. XXVII die Aussicht.

Vom Englischen Hause aus führt der Weg den wir jetzt verfolgen, sanft und ansteigend, nach und nach auf die höchste Hügelkette hinan. Zuerst mit Aussichten auf die Kolonie Gobelin (b b) und die weiten, sie umgebenden Feldfluren, später sich im Walde verlierend, wo er nur hie und da eine schmale Durchsicht nach dem Riesengebürge öffnet, und immer mehr einen ernstern und stillern Charaker annimmt, bis man auf dem Burggebiet den Vorsprung erreicht, wo ein einsames Bild der Mutter Gottes, dieses süßesten und mildesten aller Embleme der Christusreligion, aufgestellt ist (c c), und später die Terrasse, wohin die Begräbniskapelle bestimmt ist (d d). S. tab. XXVIII. nach einer Zeichnung Schinkels.

Acht Fenster aus der alten Stadtkirche zu Boppart am Rhein, die ich auf einer frühern Reise zu erlangen so glücklich war, und die, wie gute Kenner glauben, von denselben Künstlern herrühren, welchen wir die Malereien des Kölner Doms verdanken, sollen diese Kirche zieren, und eine Kreuzigung von Hemskerk[123] den Altar.

Da in mehreren meiner Dörfer, und selbst in der Stadt, katholische Einwohner leben, die keine eigne Kirche haben, und also nicht so oft als wünschenswert die ihnen zwei Meilen entfernte Messe besuchen können, so ist es zugleich meine Absicht, diese Kapelle ihrem Gottesdienst einzuräumen, obgleich der Hauptzweck derselben immer der bleibt, der Familie der Besitzer von Muskau zum Begräbnisort zu dienen, ein Memento mori[124], dessen täglicher Anblick in der Hauptansicht vom Schlosse, wenngleich in angenehmer und erleichternder Ferne (wie uns der Tod ja auch im Leben gewöhnlich nur zu erscheinen pflegt) gern gewählt wurde, da er bei dem Denkenden nie

tab. XXIV: Die Prinzenbrücke.

tab. XXV: Der Eichensteg.

tab. XXVI: Ansicht des Englischen Hauses.

tab. XXVII: Aussicht vom Englischen Haus.

tab. XXVIII: Begräbniskapelle.

entmutigende Gefühle erwecken kann, oder wenigstens sollte.

Man sieht auf dem Kupfer, daß neben der Kapelle ein Küsterhaus mit seinem Gärtchen, und vor ihr ein geräumiger Hof angebracht sind. Den letztern umgeben dichte, zu Berceaux[125] verschnittene Lindengänge, welche nach zwei hier lebenden, dem Publikum wohlbekannten Männern und mir werten Freunden, benannt worden sind, dem Philosophen Grävell und dem Dichter Leopold Schefer.[126] Nie kann die Religion schöner begleitet sein, als durch Poesie und Philosophie, ja die echte besteht eben aus der innigen Verschmelzung beider. – Es wird also nur ein passender Schmuck sein, wenn ich diese den Kirchhof umschließenden Gänge, welche ich meinen Freunden gewidmet, auch mit den Statuen jener zwei Himmelsschwestern, der Poesie und Philosophie, zu zieren beabsichtige, während der Tempel selbst dem Resultat der Vereinigung beider sein Dasein verdankt. An einem so inhaltschweren Orte als dieser ist, glaubte ich mir auch eine Inschrift erlauben zu dürfen, die seine Bedeutung anzeigt, und habe meinem eignen Glauben und der Bestimmung dieser Kirche gemäß, folgende gewählt:

Liebenden zum Angedenken
Ruht hier nur ein Kleid des Geistes,
Der in jenen ew'gen Reichen
Weiter wandelnd und verwandelt,
Immer schaffend, immer werdend,
Endlos bildend und gebildet,
Göttlich mit dem Gotte lebt.

Den Vorhof betretend, bemerkt man, an die Mauer gelehnt, einen uralten hier gefundnen Altar, von den Emblemen Zeutibers und Svantewits Rossen umgeben, die hier gleichsam die Stelle des Drachen vertreten, den zu der Menschheit Heil der christliche Engel besiegte. In die Kirche selbst eingehend, erblickt man am Ende derselben vor sich den erwähnten Hochaltar mit einem in Holz geschnitzten, bunt gemalten und vergoldeten Altar, schön und gemütlich von einem alten Meister gearbeitet, seitwärts zwei kleinere Kapellen, zu dem Familienbegräbnis bestimmt. In der Mitte der Kirche steht rechts die Kanzel, welche, in Nachahmung einer alten Kirche in Schlesien, nach folgendem Plane gebaut werden soll. Moses mit den Gesetztafeln, und der jüdische Hohepriester mit dem zum Opfer geschmückten Sündenbock sind, als Wurzel unsrer Religion, am Fuße in natürlicher Größe angebracht. Aus ihrer Mitte erhebt sich ein Stamm, den eine leichte durchbrochne Wendeltreppe umgibt, und der sich oben in eine kolossale Lilie entfaltet, welche die Kanzel bildet. Aus den Blättern der Lilie schauen die drei Genien: Glaube, Liebe und Hoffnung hervor, und den Baldachin darüber krönt der Engel des Gerichts, mit der Waage des Guten und Bösen in seiner Rechten. An dem der Kanzel gegenüber stehenden Pfeiler ist in Hautrelief[127] das goldne Kalb mit den es umtanzenden Israeliten abgebildet, als stets vor Augen stehende Warnung gegen die größte Versuchung des Menschengeschlechts: dem Mammon[128] sich nicht hinzugeben. Hinter dem Hochaltar führt eine verhangene Pforte durch einen kurzen Korridor in einen düstern Tempel, an dessen Ende eine Nische sichtbar wird, in der, von oben und beiden Seiten hell beleuchtet, der Apoll von Belvedere steht.

Ich hoffe, die Vernünftigen werden es mir nicht als eine Unfrömmigkeit auslegen, daß ich den Tempel des Apollo und seines heitern Kultus mit dem christlichen in so nahe Berührung bringen will, denn da es mir hier besonders um eine Versinnlichung der allgemeinen Idee der Religion zu tun war, so fand ich es gerade zweckmäßig, ihre erhabenste Blüte: die christliche Kirche – auf der einen Seite mit einem Anklang aus dem rohen Heidentum, als ersten Anfangs, wie auf der andern mit dem eines der veredeltsten, wenngleich immer noch sinnlich irdischen Gottesdienstes, den der Götter Griechenlands, zu umgeben. Alle Religionen aber haben etwas Göttliches, und Gott hat sie ja auch alle geduldet, duldet so viele auch heute noch. Warum sollte man ihr Andenken gänzlich verwerfen, kennt man gleich jetzt das Bessere. Nicht als Gegenstände der religiösen Verehrung, nur als Andeutung der historischen Übergänge finden sie hier ihren Platz.

Eine Viertelstunde Wegs von der Kapelle gelangt man, über eine 120 Fuß breite und 40 Fuß hohe Schlucht, die mit Schwarzholz bewachsen und durch eine Steinbrücke von 5 Spitzbogen verbunden ist, zu der Burg (e e). Die Aussicht von hier habe ich bereits im Anfang dieser Abteilung, pag. 163 und 164 beschrieben. In Erwartung der Ausführung der projektierten Gebäude steht hier ebenfalls nur ein Ruhesitz, rund umher von gemischtem Walde umgeben, so daß man eine Treppe ersteigen muß, um den Blick ins Freie zu gewinnen. Auch die Gestaltung dieses Burgplans verdanke ich meinem hochverehrten Freunde Schinkel, ohne dessen unerschöpfliches Talent und ebenso unerschöpflicher Gefälligkeit ich vielleicht nie zu einer genügenden Vollendung meiner Ideen hätte gelangen können.

Es ist wahrlich kein geringes Glück für uns, einen solchen Mann zu besitzen, dessen wohltätiges Wirken für unser Vaterland demohngeachtet kaum noch in seiner ganzen Ausdehnung gehörig gewürdigt werden möchte. Wie oft habe ich den Engländern, bei den ungeheuern Summen, die sie täglich für die Kunst, fast ohne Erfolg, verschwenden, gewünscht, daß ein ihm gleicher Geist ihren so guten Willen und ihr so vieles Geld durch sein Genie befruchten möchte! Welche Schätze hat nur Herr Nash in dieser Hinsicht verschwendet, und was würde Schinkel damit geschaffen haben!

Es bleibt aber auch hierzulande einiges zu bedauern übrig.

Schinkels Name ist berühmt genug geworden, und wird es täglich mehr. Dennoch sind Entfernteren fast nur seine architektonischen Leistungen bekannt, weit weniger die bewundernswürdige Universalität seines Genies, jene urkünstlerische Kraft, die in jedem Zweige der Kunst gleich vollständig zu Hause ist, mit unbeschreiblichem Reichtum ebenso die ungefügen Steinmassen zu den herrlichsten architektonischen Monumenten belebt, als auch der Skulptur die edelsten, mannigfaltigsten Vorbilder schöpferisch erfindet, und wunderbar ergreifende Gemälde mit eigner kunstfertiger Hand auf die Leinwand zaubert.

Es ist über eine der merkwürdigsten Kompositionen dieser letztern Art, Bilder, wie sie, meinem Gefühl nach, vielleicht seit Raphaels[129] Zeiten dem Genius nicht wieder offenbart wurden, daß ich mich hier einige Worte zu sagen gedrungen fühle, die, wenn sie auch der übrigen Tendenz dieses Buchs (das sich nicht so hoch versteigt) eigentlich fremd sind, doch vielleicht in andrem Bezuge nicht ganz unzweckmäßig und manchem nicht unwillkommen sein möchten.

Ich will nämlich von jenen grandiosen und tiefen Dichtungen reden, bestimmt die Säulenhalle des Museums in Berlin zu zieren, welche die höchste Aufmerksamkeit und den höchsten Enthusiasmus aller Künstler unsres Vaterlandes erregt haben, und deren Ausführung im Großen leider aus unbekannten Gründen bis jetzt noch verzögert wurde. Wir dürfen indes mit Zuversicht hoffen, daß die Munifizenz[130] unsres Königs, dem die heimischen Künste schon so unendlich viel verdanken, weil er für lange Jahrhunderte seinem Volke Großes zu sehen bereitet hat, auch dem gebildetsten Teile desselben eine so reiche Quelle der Belehrung und des Genusses nicht für immer vorenthalten wird. Einige Frömmler, die sich, wahrscheinlich des für sie so günstigen Kontrastes wegen, Friedrich des Großen Hauptstadt zum Tummelplatz ausersehen haben, und deren Sittsamkeit so weit geht, daß sie gern jedem Amor ein Paar Hosen und jeder Venus einen Unterrock anschaffen möchten, bevor sie den Blicken des Publikums ausgestellt werden, sind zwar alsbald mit der Äußerung zum Vorschein gekommen: daß das Nackte in diesen Gemälden schon an sich höchst unsittlich sei, aber noch unschicklicher in der Nähe des heiligen Doms.* – Indessen mit eben dem Recht wäre dann das ganze Museum zu verdammen, in dem doch nun bereits seit Jahren das Ungeheure geschehen, und täglich Groß und Klein sich an das Nackte und »die Götter Griechenlands« zu gewöhnen hinlängliche Gelegenheit gehabt haben. Sieht man nun dort christliche Bilder, unzählige Heilige, erbauliche Höllenstrafen u. s. w. verschiedentlich mit der alten klassischen Kunst gepaart, warum sollte der christliche Dom nicht Schinkels urweltliche und welthistorische, in der schönen Menschengestalt personifizierte Ideen in seiner Nähe vertragen können! Läßt doch die Peterskirche in Rom, die Kathedrale der Christenheit, sich ebenfalls profane[131] Wandgemälde, nackte Bilder und Statuen aller Art neben sich im Vatikan gefallen, und stößt nicht auf dem Capitol gar der Altar von Ara coeli, sozusagen mit dem Rücken an einen Bacchus und die Venus des Praxiteles im bloßen Schmucke der Natur – aber ich vergesse, daß Katholiken nicht so rechtgläubig sind als Protestanten, und der Papst für unsere Überschwenglichen freilich ein viel zu liberaler Geistlicher ist. Besser ich nehme meine Gleichnisse aus dem täglichen hiesigen Leben, wo sie meiner Absicht ebenso vorteilhaft entgegenkommen. Denn reichen sich da nicht Schauspielhaus und Kirchen schon aufs freundlichste die Hand, tun da nicht Operntänzerinnen jeden Abend das ihrige redlich, um Katholiken und Protestanten, Fromme und Nichtfromme in das Geheimnis der Naturlinien

* Ebenso protestierten diese wohlfeilen Heiligen in neuster Zeit gegen die Telegraphen auf den *Kirch*türmen.

menschlicher Körper einzuweihen? Gaze[132] und Strumpf hindert dies Studium nur wenig, niemand aber findet Anstoß daran.

Bedenklicher und wichtiger also als dieser Einwand erscheint der Wunsch, daß Schinkels großartige Werke ausgeführt werden möchten, *solange ihr Schöpfer selbst noch diese Ausführung leiten kann*; denn wie schnell, wie plötzlich verlodert nicht des Lebens Flamme, bei dem Rüstigsten selbst, oft allen unerwartet! Auch Schinkel ist nicht unsterblich, aber seine Werke werden es sein, wenn ihnen nur die freie vollständige Entfaltung gegönnt wird, und man sie nicht schon in der Geburt erstickt oder verstümmelt.

Doch ich will lieber über dieses Thema einen gebildetern Geist, einen kompetentern Richter, als ich bin, weiter reden lassen, wenn der gütige Leser mir erlaubt hier einen Aufsatz einschalten zu dürfen, der den Gegenstand mit ebensoviel Zartheit als Kraft und Tiefe behandelt, und auf glänzende Weise, durch die Trefflichkeit seines eigenen Inhalts, mir Entschuldigung dafür auswirken wird, wenn ich die beste Würze dieses Buches einer fremden Feder abzuborgen mich nicht scheue.

Nach einer kurzen Charakteristik Schinkels, in welcher sehr treffend hervorgehoben wird, wie dessen überall durchgearbeitete Geistesbildung ein ebenso herrliches Kunstwerk darstelle, als alles, was sein Genie sonst äußerlich geschaffen habe – fährt der geistreiche Verfasser also fort:

»Liebe und beharrlicher Ernst leiteten immer zu dem schönen Ziel, die Menschheit zu entwickeln. – Wer sich der Unsterblichkeit versichern will, der beharre nur in seinem enthusiastischen Streben, und er wird keine Lücke zwischen dem Irdischen und Ewigen empfinden. – Diese Worte gehören zu den letzten, welche ein Größter seiner durch ihn großen Zeit uns hinterließ.

Goethes guter Stern fügte, daß er einen Beschützer seiner hohen Anlagen schon bei seinen ersten jugendlichen Bestrebungen fand, der zur ungestörten Blüte seines allseitig eingreifenden Genies wesentlich beitrug, daß er ein Volk fand, welches durch seine Einwirkung geläutert, sich ohne Falsch ihm zubildete. – Ein Baum, dessen Blütenäste weit über die Grenze seines Landes hinausragend, ihre Nahrung aus dem Boden saugten, der seine Wurzeln deckte. – Goethe bezog die immer erneute, reichlich zufließende Nahrung einer heitern Energie aus der unveränderten Gesinnung eines Fürsten, dessen reiner Enthusiasmus ihn seinem Lande als heiliges Eigentum erworben, und sich ihm als unentbehrlichen Freund verbunden hatte. Sein Volk nahm ihn auf ohne Kritik, es genoß ihn mit kindlicher Lust. Wir können uns der Überzeugung freuen, daß er, bis zum letzten Hauch, den reinen Widerhall unverfälschter Liebe empfand, und daß die Lücke zwischen dem Irdischen und Ewigen für ihn hierdurch ausgeglichen ist. Es sei uns dies ein Beweis, daß jedes Erzeugnis, was der Moment geistiger Entwickelung uns zuführen will, wenn es sein Gedeihen in vollem Maße haben soll, seine Nahrung aus dem Boden der Liebe und Anerkenntnis ziehen müsse, und daß eine ebenso glückliche Anlage dazugehört, sie in ihrer reinen Einwirkung aufzunehmen, als sie unbeteiligt hervorzubringen. – Was wir noch nicht ganz verstehen, dem könnte Kritik sich nur als Neid beweisen; die Erscheinung, welcher wir uns noch nicht gewachsen fühlen, die sei unserm Geiste ein wesentlichstes, ein wichtiges Rätsel, so wie Goethe in seinen hohen feurigen Anlagen seinem Fürsten und Volk ein heiliges Rätsel war, was Liebe und Enthusiasmus so beglückend aufzulösen verstand. – So wie es die Bedingung von Goethe's Zeit war, durch Poesie dem Leben einen höheren Schwung, eine höhere Bedeutung zu geben, so scheint den jetzigen Zeitmoment die bildende Kunst herauszufordern, alles was sich für idealische Ausbildung erschwingen läßt, für sie zu verwenden; so muß es daher auch das Streben der jetzigen Zeit sein, das was als echte Kunst diesen Geist realisiert, in sich aufzunehmen, und das Neue der Idee nicht zu leugnen, sondern mit zu empfinden, mit zu entwickeln.

Auch in unserer Mitte sucht sich das Genie eine Bahn und schreitet mit sichtbaren Kennzeichen seiner Reichhaltigkeit, seines Übergewichts und seiner Ursprünglichkeit ähnlichen Strebungen zuvor. Wenn der Dichter einer Zeit, die sich ihm willig hingab, in allen Herzen Begeisterung erweckte, so lebt in unserer dem Genie nicht allzu beugsamen Zeit, ein Künstler, der in allen Klassen des Bildungsfähigen, von Stufe zu Stufe eine ununterbrochene Wirkung hat, dem es ein rastloser Eifer, der Tage und Nächte verbindet, möglich gemacht hat, eine nicht gekannte unendliche Kette von Eingebungen an bekannte Begriffe und Erfahrungen anzuknüpfen, das Eigentümliche selbst dem Gewöhnlichen einzuflößen, und so zur Kunst zu erheben, was früher

Handwerk war. Sein höchstes Verdienst bestand darin, daß ihm nichts zu klein und gering scheint, um die Möglichkeit des Schönen auf das bloß Notwendige anzuwenden. – Außer diesem weit ausgebreiteten Verdienst, dessen reiner lebenskräftiger Gang gleichmäßig und sicher auf unsere Zeit einwirkt, gehört er auch noch zu den ausgezeichneten, durch reines Empfängnis der Phantasie beglückten Menschen. In dieser Beziehung ist ihm das beste unserer Zeit in ihren umfassendsten Bestrebungen gelungen. Seine Skizzen der für die Säulenhalle des Museums bestimmten Wandgemälde werden von jedem Kunstverständigen anerkannt werden, und wenige werden sie sehen, ohne von der Rührung, die dem bloß Schönen sich erzeugt, tief durchdrungen zu sein. – Zuvörderst gehen sie aus so einfacher Konzeption hervor, wie jede klassische Dichtung; die Art der Darstellung ist so kindlich und naiv wie ihr Inhalt, und der Geist, der ein solches Bild im Zusammenhang erfinden konnte, kann nur durch Güte bewegt sein. – Im Schoße des Wolkenhimmels ist das Menschenleben, sein Glück und seine Bildung verbreitet; alle Geschicke, die die Entwicklung menschlicher Kräfte bedingen, sind gleichsam als ahnungsvolle Träume, unter dem Mantel der Nacht, im Traumlande angelangt. Jugendliebe, Muttersorge, Krieg und Friede, geistige Spekulation, Sehnsucht in die Ferne, wachende Ahnung, bilden eine Kette reizender idealischer Gruppen, und drängen sich als üppiges Fruchtgehäng im Spiegelbild der Wirklichkeit uns entgegen; dem Morgen sich zuwendend, ergießt sich die poetisch prophetische Magie irdischer Geschicke in segenreichem Tau, in Frühlingssaat, über die unten auftauchende Erde; die junge Dämmerung strömt ihr entgegen, der Andacht kindliche Lust schwingt sich mit dem Morgengesang der Lerchen in das Hallelujah der Geister, die das Göttliche von Angesicht zu Angesicht schauen, die Sonne breitet die Strahlen ihres allbegeisternden Lichtes aus, und wandelt die Ahnung der Nacht zur Wirklichkeit, zur Klarheit des Tages um. – Konnte Schöneres erdacht werden, um ein Museum, einen Tempel, der alle echten Künste zu einer Priesterschaft verbinden soll, zu verzieren? – ihm entspricht das *zweite* Bild als imponierendste genievollste Erfindung, wenn wir das Zeugnis eines Auffassens voll geistiger Liebe so bezeichnen dürfen, welches aus reinem unbefangenen Sein hervorgeht, von dem schönsten Gelingen begünstigt, von keinem Vorurteil unterdrückt, von keiner Manier geleitet ist, und an keine Spur ähnlicher Darstellung sich anlehnt. – Der Tag ist vom Himmel auf Erden angelangt; der früheste Morgenduft weckt den strebenden Frühlingsgeist; die Schäferwelt lagert um ihre Sibylle, der prophetische Weisheit den jungen Busen hebt; sie ahnet die reifende Sommerzeit, sie ahnet den von Begeisterung durchglühten Mittag des Lebens; Musik ist auch hier das erste Element, in welchem die Seele Befähigung zu aller Bildung schöpft, Psyche prüft die Ordnung der Saiten, die sie der im Busen verschlossenen Sehnsucht anschlägt, ihr zähmt sich wilde Aufregung, ihr begegnet die bildende Kunst; Hirtenkinder drängen sich heran und sehen mit demselben glücklichen Genuß, mit derselben neugierigen Überraschung, den ersten Umrissen einer menschlichen Bildung entgegen, wie wir jetzt, unter erhabenem

Schutz der Künste, gedeihender Vollendung entgegensehen. – Der Sommer reift die Ernte, wie in den Wolkengebilden der Nacht verheißen war, er reift das jugendliche Streben, er belohnt die Sorge, den Eifer für allgemeines Wohl, er erhebt die Anlage zur Form. – Die Bildung höht sich, und geht sicherer; wilde Kräfte wandeln sich in mutvolle Befähigung, in Selbstbeherrschung; was früher roher Übermut war, ist jetzt gezügelte Tapferkeit; die Kunst versucht nicht mehr ahnungsweise, sie lernt und schöpft, ihrer selbst, ihrer zauberischen Einwirkung gewiß, nun aus sich selbst. – Inmitten des Lebens des Tages und der Jahreszeit thront die Poesie, sie ergießt ihre Quelle in verschiedene Leitungen nach allen Seiten hin, ihr reiner Spiegel, der jede Erscheinung veredelt auffaßt, überströmt die Grotte der Schicksalsgöttinnnen, die in überirdischer Ruhe unbewegten Gemütes, umwandelt und umschmeichelt von den Schutzgeistern der Menschen, die gewaltigen wie die friedlichen Geschicke mit dem Lebensfaden aus der Spindel ziehen. – Kann eine schönere Apotheose der Künste gedacht werden? – Alles quillt ins praktische Leben, alles Wirken und Wollen wird zum fröhlichen Gelingen; die Sonnenmilde hat die Früchte gereift und der Menschengeist ist im Begriff, durch Kunst und Wissenschaft zur magischen Erleuchtung der Philosophie überzugehen, und die Früchte seines Wirkens, im Selbstverständnis, im Selbstbewußtsein zu erlangen. Der Herbst liegt in voller Reife dem ruheverheißenden Abend im Schoß; die erprobten Krieger kehren heim, sie treten hinter den Wipfeln der, die Fernen und Weiten der Geschichte umgrenzenden, heimatlichen Berge hervor, von der Kränze windenden Victoria umschwebt. Kann das Glückliche unseres Zeitmomentes, kann die Bildungsstufe unseres königlichen Landes schöner und edler bezeichnet werden? – und ist nicht zu wünschen, daß das gütige Auge, in dessen mildem Blick so manche Früchte schon gereift sind, sich auch ihm zuwende, noch ehe der Winter kommt, der den begabten Erfinder von unserer Seite rufen dürfte, wie hier in der Geschichte des Bildes, wo der Greis am Rande des Lebens nach allem, was irdisches Streben erreichen konnte, nur nach den Sternen sich sehnt, und dem Psyche zuruft, inmitten der *eigenen* Wohnung, des *inneren* Tempels den Gott zu suchen, nach dem ihn verlangt. – Hier endigt das zweite Bild; die Nacht von winterlichen Wolken getragen, bricht jetzt ein, mit dem kalten Winter des Lebens und der Jahreszeit. Die Musen, tanzend bis zum letzten Schritt der irdischen Laufbahn, begleiten den nach dem ungewissen Jenseits hinüberschiffenden Jüngling, und reichen ihm wehmütig die Hand, während Luna, aus den Wolken hervorbrechend, die Ahnung reiner Klarheit schon in der Seele bedingt, und so zugleich die Verbindung der Gestirne zwischen beiden einander symbolisierenden Bildern bewirkt. Der Eingang zur Komposition, hier als eigenes kleines Bild gegeben, ist zu betrachten als glückliche Konstellation, die zur Erzeugung eines so begabten Genies sich fügen mußte: harmonisches Behagen aller unter den Himmelszeichen gedachten Naturkräfte darstellend, um einen einzigen Geist in ununterbrochener höherer Sphäre zu erhalten. – Der Ausgang ist die Verklärung dieses der Zeitlichkeit enteilenden Geistes; die Verbündeten seiner Zeit, die

Genossen seines Lebens, ihm das Opfer ihrer Lebensfreuden nachfeiernd, in tiefer Trauer, in Trost, Versöhnung und kindlicher Unschuld den Denkstein umgebend, der Ernst der Erinnerung über der Tränenurne ruhend, zieht der Verklärte leichten Schwungs durch die unendlichen Kreise und verschwebt und verschwimmt ungehemmt im Anschaun ewiger Liebe.

Es ist nicht nötig darzutun, daß im Bereich unserer Kenntnis von Kunstwerken einer solchen Komposition nichts an die Seite zu stellen ist. Die schöne allumschließende Abrundung, einfach und groß, unbeengt wie ein majestätischer Strom vor unsern Augen sich ergießend, die nur aus sittlicher Unschuld und Tiefe hervorgehen und nur durch unbefangnes Vertrauen gelingen konnte, beurkundet es hinlänglich. – Allein das ist wohl nötig, was glühender Eifer für einen hohen Zweck erwirbt, auch geltend zu machen, und die Früchte des Fleißes, des Nachdenkens, welche durch die Begünstigung dieses Werks eine herrliche Reife erlangen könnte, nicht zu verlieren. – Jedem der in des Künstlers Bereich kam, hat die Fülle seiner taktvollen Imagination ausgeholfen, gedient, neue Bildungsstufen angedeutet; diese Vorteile, und nicht allein diese, würden durch die Entfaltung jenes Werkes sich über alle verbreiten; es bietet sich dar als Werkzeug, als Mittel und Zweck zugleich, um eine höhere Ausbildung für die Kunst zu erzielen, für welche, soviel Anerkenntnis und Unterstützung sie auch gefunden, sich bis jetzt doch noch nichts Wesentliches ergeben hat. Es ist noch keineswegs dargetan, daß die Anlage individueller Eigenschaften durch Studium der großen Meister früherer Zeit entwickelt und ins Gleichgewicht gebracht werde; die jungen Künstler eilen nach Italien, als ob in Deutschland keine Stufe höherer Ausbildung zu erreichen wäre, ihre Barschaft, ihr Enthusiasmus und ihre Geduld werden durch Zerstreuungen sehr geschwächt oder gar aufgezehrt; sie finden in der Fremde keinen Lehrer, kein neueres Kunstwerk, was nicht durch den Wert früherer vorhandener Meisterwerke übertroffen würde; sie kehren nach schöner, und dennoch meist verlorner Zeit zurück, haben die eigentümlichen Anlagen durch das unverstandene Fremde, mit unreifem Urteil aufgenommen, eingebüßt, und werden durch die Not des Erwerbs gezwungen, studienwürdige Gegenstände aufzugeben. Möchte man daher eine solche Reise in unreifen Jahren nicht eher für einen Verderb als für einen Erwerb erklären, da sie nur in späterer Zeit wichtig und nützlich werden kann. – Die Gabe der Erfindung scheint diesen jungen Leuten das Wesentlichste, sie wollen sie erzwingen und werden dadurch auf Abwege geleitet, die die Kunst gänzlich umgehen und nie zu ihrem wahren Lichte führen; auf der einen Seite verfehlen sie ihr Ziel, welches vielleicht bloß im Erwerb technischer Vorteile, in Erfahrungen, in einfacher Anwendung derselben bestand, auf der andern Seite schwärzen sie Erzeugnisse untüchtiger Imagination ins Gebiet der Kunst ein, die endlich jedes Gemüt über das, was ihr den rechten Wert verleiht, irreführen müssen. Erfindung in unverfälschtem Charakter, die ihren Eingebungen mit Aushalt und aus Liebe nachgeht, ist freilich das Höchste, allein sie ist die Gabe des Genies, deren immer nur einzelne Begünstigte teilhaftig geworden, und die nicht so leicht auf anderm Wege zu erwerben sein möchte. Im Gegenteil beweist die unversiegbare Reichhaltigkeit der Erfindungsgabe, wo sie einmal hervorbricht, daß viele Gesellen zu einem *Meister* gehören, und daß dort eine Quelle für viele sei, die ihre heilsamen Kräfte am besten bewährt, indem sie die unmündigen, von der Kunstreligion abschweifenden, nach notdürftigen Erfindungen umherirrenden, Schüler zusammenhält, und ihnen nicht zu bilden gestattet, ihren Begriffen keinen andern Maßstab gibt, als was einen würdigen, die Seele von dem Gemeinen ablösenden Eindruck macht. – Nie kann das Genie der Erfindung sich zu seiner vollen Freiheit ausbilden, nie kann sein bestes, sich und den Kunstcharakter regenerierendes Werk zutage gefördert werden, wenn nicht Bescheidenheit, Selbstverleugnung, unermüdliche Geduld, unablässiger Fleiß sich darbieten, tausend *Hände* durch einen *Geist* zu beschäftigen. – Eine Kunstschule bildet sich durch das Genie der Erfindung, durch die Fähigkeit, sie dem sittlichen Standpunkte anzupassen, ihn zu höherer Freiheit auszubilden, ohne ihn zu verletzen, durch den glücklichen, unschuldigen Sinn im Naiven, das Göttliche an den Tag zu legen, von Mißgriffen, Verwöhnungen und Verderbnissen des Geschmacks und des Geistes zu reinigen, und mit diesen Beschränkungen gegen das Böse, mit diesen Vorteilen für das Gute der Zeit alle Schüler zusammenzuhalten, damit sie unter der Zucht des Schönen, unter Befreiung von Vorurteilen, die immer eine Folge mangelhafter oder sündlicher Begriffe sind, mündig werden, und so, was den Geist der Vollendung höher zu tragen vermag, ohne Eingriff des Gemeinen sich entwickle. – Diese Vorteile und noch viele andre wären leicht zu erwerben, wenn auch *unserem* Künstler ein guter Stern es fügte, daß seine besten Werke ins öffentliche Leben übertragen werden könnten. Ihre reichhaltige Erfindung, ihr reiner Stil, ihre technischen Erfordernisse würden Unversuchtes und neue Erkenntnis anspinnen, vielseitige Berührung und Aufregung würde daraus hervorgehen, und mancher, der sich früher Meister wähnte, würde sich hier wieder als Schüler empfinden. Endlich ist es, wie jedes echte Kunstwerk, geeignet, um seiner selbst willen ausgeführt zu werden; mit ihm würde sich der Keim einer Kunstschule in Berlin entfalten, der sich keine andere so leicht nachbilden wird. Die Unterstützung für junge Künstler, die sonst wie Spreu im Winde verfliegt, reicht zur Hälfte hin ihre Tüchtigkeit zu wecken, zu bilden, sie von falschen Wegen abzuhalten; der Erwerb des Sommers würde ihnen die Winterzeit zum Studium freihalten. Zum rein Ästhetischen nun angelernt, würden sie zum wenigsten nicht mehr in Ossian, Homer und den Nibelungen nach Helden und Geistergestalten umhersuchen, während sie nicht wagen: schöne einfache Natur als Höchstes in der Kunst darzustellen; sie würden sich gern der gesunden genievollen Erfindung des Einen hingeben, durch welche sie ohne Zeitverlust, in ununterbrochener Reihenfolge, alle Bedürfnisse der Kunst mit den einfachsten Mitteln befriedigen lernten; unserem Künstler aber würde der einzige ihm wesentliche Lohn zuteil: das Höchste, was sein rastloser Eifer unter schweren Bedingungen zu erstreben vermochte, für sich und seine Zeitgenossen nicht zu verlieren.

Die Vorteile für die Kunst selbst sind hier nur im Fluge berührt; möchte man die doch auch nur im Fluge berühren, welche dem Kunstgenuß zugewendet werden würden, wenn dies schöne heitere Werk zu allen Zwecken, in jeder Beleuchtung dem Vorübergehenden sich darböte, welchen neuen einzigen Reiz es unserer Stadt verleihen würde, welchen hohen Rang es ihr als Kunststadt gebe, wie erfreulich, wie lockend es ihren Gästen sein müßte. Wohl dürfte sich leicht der Enthusiasmus dafür dann weiter verbreiten, und der Erwerb großer Vorteile, die einen geringen Aufwand ins Unendliche vergütigten, könnte sich im einfachsten Problem glücklich lösen, und die verheißenden Worte Goethes, daß Liebe und beharrlicher Ernst im Guten immer ihr Ziel erreichen, würden dann auch an uns nicht zuschanden werden.«[133]

So weit mein Freund. Mit Bedauern kehre ich von diesem Fluge zur Sonne wieder zu dem geringfügigen Inhalt meiner eignen Bearbeitung zurück, und fühle ganz das Halsbrechende des Sprunges. Indessen auch das Kleine will getan sein, und wenn jedes redliche Bestreben ohnedies Nachsicht findet, so wechselt ja auch im Leben Großes und Kleines oft recht behaglich miteinander ab, und wer z. B. früh mit Goethes unsterblichen Werken anfing, endigt mittags vielleicht mit dem Berliner Sonntagsgast oder mit dem Küchenzettel.

Wir waren bei der Burg in meinem Parke stehengeblieben. Das Blatt tab. XXIX zeigt sie nebst ihrer Umgebung.

Bei den Erdarbeiten in der Nähe fand man, erst im

tab. XXIX: Die projektierte Burg.

tab. XXX: Ansicht der Mühle von der Doppelbrücke aus.

tab. XXXI: Blauer Blumengarten.

tab. XXXII: Blick vom Dorf Berg auf die Stadt, das Schloß und den Park.

vorigen Jahre, in einem verwachsenen Dickicht, nur 3 Fuß unter der Erde, ein wohl erhaltenes Gerippe, allem Anschein nach das eines schönen jungen Mannes; denn es hatte die besten Proportionen, einen phrenologisch[134] gut organisierten Schädel, und alle Zähne ohne eine einzige Lücke. Was sich im Parke findet, lebendig oder tot, darf meinen Anlagen zugute kommen, und so habe ich auch diesen rätselhaften Fund benutzt. Ein Grab von grünem Rasen mit einem einfachen Steinkreuz ist dem Gerippe hier in der wilden Gegend geworden. Die Inschrift verkündet, daß die Gebeine *des Unbekannten* unter dem Kreuze ruhen, und von der Bank daneben taucht der Blick in eine weite und tiefe Waldschlucht.

Fast der ganze beträchtliche Raum, den die Burggebäude einnehmen, dient für wirtschaftliche Zwecke; nur der freistehende Turm mit der sogenannten alten Burg ist für herrschaftlichen Gebrauch eingerichtet. Ohnfern dem Burgplatz ist eine schmale Ebene, von einer Viertelstunde Umfang, zu einer kleinen Rennbahn »mit Schwierigkeiten« benutzt worden, wobei ich mir erlaubt habe, die *inländischen* nicht zum Muster zu nehmen, sondern mich mehr nach *irländischen* zu richten, die, selbst für die besten Ritter[135] und vortrefflichsten Pferde, *wirkliche* Schwierigkeiten darbieten, als z. B. Lehmwände von 5 Fuß Höhe mit noch einem Graben dahinter; Steinmauern von 5 Fuß Höhe, Holzklaftern und Gräbern von 12-16 Fuß Breite im Lichten u. s. w. Die Bahn ist so schmal gehalten, daß man von dem Amphitheater in der Mitte des Platzes, welches mit drei Reihen Sitze übereinander, in die Wand eines Hügels eingegraben werden soll, alle Evolutionen deutlich sehen kann, und die Pferde während dem ganzen Laufe nie aus den Augen verliert.

Dies ist der äußerste Punkt der heutigen Exkursion, von dem wir auf dem durch den Pfeil bezeichneten Wege, den wir bisher noch nicht kennenlernten, nach dem Schlosse zurückkehren.

Während dieser Fahrt entfaltet sich auf der Doppelbrücke (f f) noch eine vorteilhafte Ansicht der Mühle (g g) s. tab. XXX, und am Ende derselben wirft man im Vorübergleiten einen letzten Blick in die bunten Farben des blauen Blumengartens, s. tab. XXXI, mit welchem man für dieses Mal von allen Park- und Gartenszenen Abschied nimmt.

ZWEITE SPAZIERFAHRT.

Obgleich diese, wie auch die dritte, welche dem Leser noch bevorsteht, ebensoviel Terrain als die vorhergehenden berührt, so kann ich doch im voraus den Trost geben, daß sie, indem sie weniger einzelne Gegenstände umfaßt, auch eine kürzere Beschreibung zuläßt.

Man nimmt zuerst seinen Weg (folge dem blauen Pfeil) in nächster Richtung nach dem herrschaftlichen Gasthofe zu, ein weitläuftiges Etablissement, für die Bequemlichkeit der Fremden bestimmt, das noch nicht vollendet ist. Dieses kurze Stück Weges wurde zwar schon am vorigen Tage zurückgelegt, jedoch von der entgegengesetzten Seite, und die Gegend mit allen ihren Aussichten erscheint daher, wenngleich von demselben Orte gesehen, dennoch, wegen veränderter Direktion, sehr verschieden.

Man betritt indes sehr bald ein neues Gebiet auf den westlichen Hügeln, die sich längs der Stadt hinziehen, während man den hinter ihr liegenden steilen Bergabhang allmählich ersteigt, und dann am Dorfe Berg durch Obstgärten weiterfährt, bis man das wendische Bauernhaus, »Sorgenfrei« genannt (h h) erreicht, welches ganz in dem Geschmack und im Bereich der Mittel eines wohlhabenden bäuerlichen Besitzers im Dorfe erbaut ist. Von diesem Platze sehe ich fast den ganzen Park vor mir ausgebreitet, und unmittelbar zu meinen Füßen kann ich, hoch über die Dächer der Stadt gestellt, im größten Detail ihre Straßen, das Schloß (dessen Türme noch nicht zu mir emporreichen), den Lucie-See, die Blumengärten mit dem pleasureground, alles wie auf einer Karte überblicken, wobei der Himmel durch dichte Laubgewölbe hier völlig verdeckt wird, um nur den Blick in die Tiefe zu gestatten. Ein kleiner Gras- und Obstgarten umgibt das Haus, in dessen Bezirk die Ruine der ältesten Kirche der Oberlausitz steht, für deren Erhaltung noch im vorigen Jahrhundert in Rom gebetet wurde. Sie ist, obgleich klein, doch in architektonischer Hinsicht nicht uninteressant, und sehr malerisch inmitten des alten von hohen Linden beschatteten Kirchhofs gelegen. S. für diese Aussicht tab. XXXII.

Schon zu meiner Großeltern Zeiten stand auf diesem Platz ein alter Baum mit Bänken umgeben, um den angenehmen Punkt zu benutzen, und er dient mir jetzt oft, gern gestehe ich es, als ein zweites Memento[136] – zuerst des Dankes gegen Gott, der mir den Sinn schenkte, mich kindlich seiner erhabenen Werke zu erfreuen, und zweitens der Erkenntnis, daß einfache Beschränktheit, selbst künstliche und nur momentan eingebildete, dennoch *der* Zustand zu sein scheint, dem das friedliche Glück am liebsten lächelt, und dem die bösen *Sorgen* am fernsten bleiben.

Der Weg auf dieser ganzen Tour war sehr schwierig zu führen, da die vielen Schluchten und tiefen Einbuchten größtenteils nur durch Brücken fahrbar gemacht werden konnten. Glücklicherweise ist das Holz hier wohlfeil und im Überfluß, wie an vielen Orten unseres Vaterlandes. Ohne diese Bequemlichkeit wäre die Ausführung vielleicht zu kostspielig für meine Kräfte geworden. Der größte Teil der geschilderten Anlage ist, mit Ausnahme einiger hoher Waldräume, fast nur mit Obstbäumen bepflanzt, eine Idee, die ich dem Herrn Gartendirektor Lené abgeborgt habe, und deren Ausführung gewiß sehr schöne Effekte gibt, sobald nur der Ort dazu passend gewählt wird. Hier, zwischen Dorf und Stadt und zwischen den Gärten beider sich hinziehend und in weiter Ferne vom Tale aus sichtbar, konnte man offenbar nichts Zweckmäßigeres tun, als den schon terrassierten und am Abhang mit Fruchtbäumen besetzten Berg nun auch oben mit soviel Blütenmassen als möglich im Frühjahr sich bedecken, und im Sommer unter den Baumstämmen das lichte Grün eines feinen Rasens hervorschimmern zu lassen. Da indes die Form der meisten Obstbäume dürftig und häßlich ist, so habe ich diesem Übelstand durch die Mischung mit dem schönen wilden Apfelbaum soviel als möglich abzuhelfen gesucht.

Aus der Obstplantage gelangt man, dicht hinter dem Dorfe, an den obern Saum eines engen Tals, dessen steile Wände mit alten Buchen besetzt sind, und wo man schon hie und da Stollen und Schachte des Alaunwerks zutage kommen sieht. Der Weg wendet sich dann wieder abwärts auf die Feldplaine[137] des Bergvorwerks, und kotoyiert einen kleinen bebuschten See in der Nähe des Dorfs, bis man, neben verschiednen zierlichen Wohnungen der Bergleute vorbeifahrend, nach einer Viertelstunde den Weinberg (i i) erreicht, wo sich über den Traubengärten hin eine sehr weite Aussicht auf die Gegenden von Bautzen und Görlitz eröffnet. In der Mitte derselben teilt den Horizont, seltsam isoliert erscheinend, die 6 Meilen entfernte Landskrone, rund umgeben von dem ebnen Waldmeere, das die ganze Gegend bedeckt. Nachdem man sich im Winzerhause gelegentlich erfrischt, folgt man, in fortwährenden Windungen, dem Bergrücken, welcher das Alaunwerk einschließt; durchschneidet die Bohlenbahn, auf der das Erz herbeigeschafft wird, steigt hier wohl auch gelegentlich einmal aus dem Wagen, um in einige Schächte einzufahren, die während der Badezeit an gewissen Tagen illuminiert[138] und mit gefärbten Alaunkristallen ausgeschmückt werden; und besichtigt endlich die Hütten- und übrigen Bergwerke im Detail, soweit man an dergleichen Interesse findet.

Die Natur ist hier wild, und obgleich der Boden nur sandig und größtenteils mit Föhren bedeckt ist, so gewährt er doch durch die häufige Abwechselung von farbigem Kies, zutage gehenden schwarzen Erz- oder Braunkohlenlagern, und durch seine schroffen, wie von einer Erdrevolution durcheinandergeworfenen Formen, manche sehr malerische Punkte. Man findet an einer Stelle sogar eine Art kleinen Vulkan, jedoch keinen künstlich gemachten, sondern einen Erdbrand, der durch fortwährenden Rauch und zuweilen aufsprühende Flämmchen die unterirdische Glut eines Braunkohlenlagers anzeigt, welche den Bergleuten oft viel Not macht.

In auffallendem Kontrast mit diesen chaotisch zerrissenen Erdschichten überraschen, gleich hinter den Siedehütten, ganz unerwartet die freundlichen und blumenreichen Gärten der Badeanstalt.

Ein bequemer Fahrweg führt vom Kurhause (l l) rings um einen weitläuftigen pleasureground, zu den Mineralbädern (m m), dem Moorbade und den Logierhäusern (n n), viele Fußpromenaden aber mannigfaltig auf den nahen Bergen umher; und es ist sorgsam berücksichtigt worden, diesem in allen seinen Zügen wildern Teil des Parks auch durch verschiedene und schroffere Behandlung die möglichste Abwechselung mit den gestern gesehenen Gegenden zu verschaffen, sowie gleichfalls die fernen Aussichtspunkte auf neue Gegenstände, oder wenigstens in ganz andrer Richtung auf die bekannten zu leiten.

Dem Liebhaber freier, völlig ungebundener Natur wird es daher wohl hier am besten gefallen. Es wird ihm leicht sein, in dichtem Wald und Schluchten die tiefste Einsamkeit aufzufinden, wo seine Gedanken nichts stört, als höchstens das monotone Pochen des nahen Eisenhammers zu Keula, oder ein, etwas sanfter hämmernder, Baumspecht, oder auch der unvermutet aus der Erde hervorsteigende Kopf eines schwarzen Bergmanns, der wie ein Geist erscheint und verschwindet.

Der pleasureground ist hier ebenfalls ganz anders behandelt als in der Nähe des Schlosses. Ein Bad, ein öffentlicher Ort, machen ohnedies andere Ansprüche als solche, die nur für den Privatgebrauch bestimmt sind. Schattige Gänge und eine Menge anmutiger und geräumiger Ruhepunkte werden hier hauptsächlich erfordert, sowie eine Wahl der Pflanzen, deren Blütezeit auf die spätere Jahreszeit des Sommers, als der hauptsächlichsten Badesaison berechnet ist. Ein kleiner Blumengarten, rechts des Kurhauses, welcher von hohen und steilen Abhängen eingefaßt ist, bietet schon von Natur so barocke Formen dar, daß ich den Plan gefaßt habe, ihn fast im Geschmack eines orientalischen Gartens, mit verschiedenen bunten Pavillons auf den steilen und abgerissenen Höhen, zu behandeln. Isoliert wie er ist, und, wie gesagt, durch seine natürliche Beschaffenheit gewissermaßen schon darauf hinweisend, soll die Ausführung dieses Gedankens, wie ich hoffe, hier ganz am rechten Orte sein, um so mehr, da, wie schon angedeutet, in einer für das große Publikum bestimmten Anlage jede Art von verschiednem Geschmack weit eher berücksichtigt werden darf, als in Ziergärten, die eine etwas schärfere Sonderung verlangen. Schon jetzt und ohne viele Beihülfe hat dieser Teil des pleasureground etwas Exotisches. Beendigt stellt ihn das Kupfer auf tab. XXXIII dar; tab: XXXIV gibt eine Ansicht der ganzen Badeanstalt; tab. XXXV zeigt die Aussicht von dem Moos-Salon, und XXXVI den Garten der Trinkgalerie, (oo) ein überall verschloßnes Plätzchen, nur mit Körben voll Centifolien und einer großen antiken Zeltbank im Hintergrunde verziert, die reich mit Hortensien besetzt ist.

Hat man alle diese Gegenstände besichtigt, welches wohl einige Stunden hinnimmt, so besteigt man von neuem den Wagen, und folgt dem früheren Fahrwege in eine lange und hohe Bergschlucht, wo man zuerst ein Scheibenschießen, und weiterhin in einem weiten Kessel, den die Berge hier bilden, mehrere Spiele und Buden antrifft (p p), nebst einer offnen Reitbahn und Springmaschine, um die Pferde zu üben.

Man steigt dann wieder bergan, passiert eine Kohlenförderung, wo eine Eisenbahn durch das Innere des Berges nach der Alaunhütte führt, und genießt zuletzt auf der Höhe noch eine weite Fernsicht, als deren Hauptpunkt »die Wussina« hervortritt, ein Rehpark in der Entfernung einer kleinen Meile, dessen ich später noch etwas ausführlicher gedenken werde.

Nach dieser ziemlich vollständigen Umfahrung der zum Bade gehörigen Partien nimmt man seine Direktion wieder abwärts und verläßt die Erzregion, um längs der Neiße, bei mehreren sogenannten Logishäusern von verschiedener Form vorüber, die für Badegäste bestimmt sind, nach dem Schlosse zurückzukehren. Auch hier wird, wie man sieht, nur die kurze Strecke eines gestern schon gefahrnen Wegs benutzt, jedoch ebenfalls von der andern Seite herkommend, und daher andere Bilder zeigend.

tab. XXXIII: Pleasureground am Bad,
fast im Geschmack eines orientalischen Gartens.

tab. XXXIV a: Gegend vor Erbauung des Bades.

tab. XXXIV b: Ansicht der ganzen Badeanstalt.

tab. XXXV: Aussicht vom Moos-Salon.

tab. XXXVI: Garten der Trinkgalerie.

tab. XXXVII: Blick vom Belvedere des Lucknitzer Hügels auf die Stadt und das Schloß.

DRITTE SPAZIERFAHRT.

Es ist unmöglich, immer denselben Stoff zu behandeln, ohne etwas monoton zu werden. Indessen ist ein detaillierter Leitfaden dem Leser unumgänglich nötig, um den Situationsplan der Anlage genau studieren zu können. Alles was ich zu seiner Erleichterung tun konnte, war, eine solche Mittelstraße einzuschlagen, die ihn, ohne zu unerträglich zu langweilen, doch in den Stand setzte, sich durch eignes Nachdenken alles das ferner zu abstrahieren, was die Ansicht des Plans außer dem Gesagten noch stillschweigend lehren kann.

Unsre Tournee beginnt diesmal da, wo die Fahrt des ersten Tages aufhörte, (folge dem gelben Pfeil) und nachdem man daher einen unvermeidlichen kurzen Teil des bekannten Wegs, doch abermals in entgegengesetzter Richtung passiert hat, gelangt man bei der großen Neißbrücke in eine Gegend, die in den vorigen Tagen nur zum Teil von fern gesehen wurde. Längs eines Dammes fährt man geraume Zeit zwischen dem Fluß und hohen Eichen fort, bis man die Lucknitzer Hügel ersteigt, wo ein Belvedere (q q) erbaut ist. S. tab. XXXVII. Die fernere Fahrt längs des Bergrückens umschließt die eigentliche Neißaue mit den Feldern und Wiesen der Stadtbürger, welche sich an die hohen Wände der Alaunberge lehnen, und vom Flusse in jählingen Wendungen durchströmt werden.

Die sechs Türme des Städtchens präsentieren sich von hier scheinbar so hoch und so entfernt voneinander, daß der Unbekannte glauben würde, einer großen Stadt zu nahen. Langsam verschwindet nach und nach dieser

Anblick hinter den Hügeln, und man betritt nun eine junge Laubwaldpflanzung, in der man, ohne fernere Aussicht, eine halbe Stunde einsamen Wegs zurücklegt, bis man das höchste Plateau im Park erreicht, wo bei einer schnellen Biegung des Wegs plötzlich das weite Land und die ganze zusammenhängende Kette des Gebürges, von der Schneekoppe an bis zu den östlichsten der Bautzner Berge ausgebreitet, und den halben Horizont umschließend, vor uns liegt. Den Vordergrund bildet dunkler Tannenwald und die hervorragenden Zinnen der Burg. Hier ist ein Observatorium projektiert. Auf der andern Seite überblickt man allmählich sich abdachende Wiesen mit verschiedenen Koppeln, nebst der großen Bahn, zum Rennen der Landpferde bestimmt, und den altertümlichen Gebäuden der Stuterei (r r). S. tab. XXXVIII.

Über hainartig gruppierte Weideplätze, zum Teil auch in locker zusammenhängendem Gehölze, in welchem die Akazie dominiert, führt der Weg von hier in kurzer Zeit nach dem erwähnten Gestüt, das außer dem Interesse für Pferdeliebhaber kaum ein anderes darbieten möchte. Wir halten uns daher auch nicht länger dabei auf, und führen den Leser schnell auf der Feldflur des Burgvorwerks weiter, mit dem man durchaus keine Musterwirtschaft, sondern nur eine gute Einnahme ambitionierte[139]; denn Musterwirtschaften sind zwar sehr gemeinnützig, aber auch stets nur edle Aufopferungen für andere, deren Natur es mit sich bringt, durch höchst kostspielige Versuche allein ein genügendes Endresultat erzielen zu können, das nachher von den Nachbarn, ohne weitere Probekosten, nachgeahmt wird, und diesen also erst den reellen Vorteil bringt. Da mir nun der künstlerische Zweck meiner Anlagen schon Ausgaben genug veranlaßt, so glaubte ich mich mit der Darstellung eines Muster*parks* begnügen zu müssen, dessen Resultate freilich, wie ich nicht ableugnen kann, keinem so viel *Geld* einbringen werden, als die Lehren einer Muster*ökonomie*.

Unter diesen Betrachtungen sind wir, teurer Leser, glücklich bei der Schäferei (s s) vorbeigekommen, deren veredelte Schafe ich wegen des ungünstigen Wollzeitgeistes schon seit zwei Jahren wieder rückwärts veredeln, d. h. durch gröbere, aber reichlichere Wolle einträglicher zu machen suchen mußte, und erreichen nun die große Rennbahn, welche ich künftig dem vaterländischen Verein für Pferdezucht zur Benutzung anzubieten die Absicht habe (t t). Sie ist eine halbe deutsche Meile lang, 120 Fuß breit, nebst gehörigem Raum für die Zuschauer, und bildet im ganzen ein großes Oval, dessen innerer Raum in 7 verschiedene Felder abgeteilt ist, von denen jedes mit einer andern Frucht bestellt wird. Dies bietet von den Höhen den Anblick eines kolossalen bunten Sterns.

Von den stands[140], die auf einem hohen Punkte stehen, übersieht man das ganze Rennen und eine romantische Gegend, durch einige kleine Seen belebt. Ställe für die Pferde *in training*, und alles übrige zum Zweck Nötige, sollen noch in der Nähe angebracht werden. Einer der erwähnten Seen ist zu einer eigentümlichen Anlage bestimmt. Er soll durchgängig, so wie seine Inseln, mit einer Wildnis von Trauerweiden umpflanzt, und auf verschiednen Stellen abgerissene Felsblöcke umher verteilt werden, welche die Namen teurer Verstorbenen zu stiller Erinnerung tragen (u u). Die Rennbahn führt bei diesem Trauersee an einem Punkte vorbei, wo man in denselben wie in einen Kessel hinabblickt, vom munter vorbeifliegenden Rosse hinab auf die Denkmale derer, die jetzt so fest ruhen, und deren Rennbahn auf dieser Welt schon längst für immer durchlaufen ist.

Die große Baumschule, aus der der größte Teil des Parks bepflanzt wurde, möchte ebenfalls beim Vorbeifahren noch der Aufmerksamkeit des Beobachters wert sein (v v). Der nahe See liefert ihr das nötige Wasser, das aber absichtlich nur wenig zum Begießen benutzt wird, um die jungen Pflanzen von Anfang an hart zu gewöhnen, sowie auch deshalb der Boden nur von geringer Qualität gewählt wurde. Von der Rennbahn wendet sich der Weg nach der Kolonie Gobelin, eine Anzahl einzelner Cottages von verschiednen Formen, deren bereits gedacht wurde (b b). S. tab. XXXIX. Sie sind meistens von Gartenarbeitern bewohnt, und auf einer Höhe zerstreut, die durch alte Eichen hervorgehoben wird, welche schon viele Jahrhunderte zählen mögen. Unter einer derselben fand man vor wenigen Jahren einen kleinen Schatz, wahrscheinlich in der Zeit des Dreißigjährigen Krieges vergraben, von dem ich noch mehrere Münzen aufbewahre. Dies ist indes auch der einzige Schatz, welchen ich bei so vielen Erdumwühlungen gefunden zu haben mich rühmen darf, dagegen aber ist mir derjenige nicht ganz entgangen, den der Vater seinen Söhnen verhieß, als er ihnen auftrug, ihren Weinberg darnach umzugraben, und ich empfehle deshalb auch jedem Grundbesitzer dasselbe Experiment.

Am Dorfe Köbeln vorbei (w w), das ebenfalls nur von Gartenarbeitern bewohnt wird, kehrt man, längs der Neiße, auf einem größtenteils früher nicht befahrnen Wege, nach dem Schlosse zurück. Ich darf es nicht unterlassen, auch hier wiederum darauf aufmerksam zu machen, daß der schon bekannte Teil dieses Wegs abermals in anderer Direktion befahren wird, um dadurch zu belegen, daß man bei den verschiedenen Fahrten und Durchkreuzungen dieser Tage doch *niemals* genau dasselbe Bild sich wiederholen sah, und dennoch alle Hauptgegenstände berührte, und nichts ausließ, als jene zuviel Zeit erfordernden, mannigfachen Details, jene nie endenden Variationen der unerschöpflichen Naturmusik, die in allen schönen Gegenden sich nur dem rüstigen Fußgänger in jeder Nuance genügend enthüllen.*

Obgleich die Beschreibung des Parks hiermit vollendet ist, so bleiben mir doch noch einige Worte über entferntere, mit ihm in Zusammenhang gebrachte Anlagen zu sagen übrig.

Da ich den Vorteil ausgedehnten und zusammenhängenden Gebiets in hohem Grade hier besitze, und man

* Es braucht, nach dem Gesagten, wohl kaum noch erwähnt zu werden, daß man, bei der stattfindenden Disposition der Anlagen, wenn die drei Umfahrungen *sämtlich* in entgegengesetzter als der hier vorgeschriebenen Richtung unternommen werden, fast durchgängig eine größtenteils ganz neue Serie verschiedner Ansichten, wenn auch derselben Gegenstände erhalten muß, so wie man sie ebenfalls durch verschiedene bisher nicht betretne Verbindungswege abkürzen, und ganz anders einteilen kann. Nimmt man die Fußwege noch hinzu, so wird man immer acht Tage brauchen um den Park vollständig kennenzulernen.

nie einen Vorteil unberücksichtigt lassen darf, so habe ich diesen auch hier auf folgende Weise zu benutzen gesucht.

Eine Meile südöstlich von Muskau, dem schlesischen Gebürge zu, ließ ich einen Tierpark für Rehwild mit einer Villa und Jägerhaus anlegen; und nach südöstlicher Richtung[141], in der Entfernung von zwei Meilen, einen größern Park für Hoch- und Schwarzwild. Den Anlaß zu diesem letztern gab ein altes Jagd- und Lustschloß, wo schon seit Jahrhunderten dem edlen Waidwerk fleißige Opfer gebracht wurden. Beide Parks sind durch Doppelwege (nämlich einer hin- der andre zurückführend), welche für die Herrschaft allein reserviert sind, mein Gebiet nie verlassen, und durch die interessantesten Teile der Gegend leiten, mit dem Schloßpark verbunden; so daß man die früher beschriebenen Promenaden desselben auch beliebig, nach dem einen oder andern dieser Orte, für den ganzen Tag verlängern kann. Außerdem ist noch ein fünfter Weg, zur direkten Verbindung zwischen den beiden Tiergärten auf der entgegengesetzten Seite der Herrschaft, projektiert, der mehrere Meilen ununterbrochen durch die Hauptwaldungen derselben geführt werden soll, wo er auch die in der Chronik erwähnten Königsgräber und Swantewits Opferberge berührt, von denen ich einige beim Graben gefundene groteske Steinbildungen, als Opferaltäre wieder herzustellen gesucht habe.

Die erste Anlage, der ich die frühere wendische Benennung »Wussina« (Wildnis) gelassen, besteht größtenteils aus Laubholz, bis auf eine mit hohen Fichten bewachsene, sehr wilde Partie, der man, dem Freischüt-

tab. XXXVIII: Blick über das weite Land auf das Riesengebirge, rechts vorn die Burg.

tab. XXXIX: Cottages der Kolonie Gobelin.

tab. XL: Die Wussina.

zen zu Ehren, den Namen der »Wolfsschlucht« gegeben hat. Zuweilen lassen wir dort um Mitternacht Webers Teufelsmusik erschallen, die in der passenden Umgebung von doppelt schauerlicher Wirkung ist. Ein Waldbach durchfließt die Wussina, und ergießt sich in die Neiße, welche zwei Seiten der Anlage begrenzt. Die dritte Grenze bildet ein breiter Weg und niedriger Zaun, den die Rehe leicht überspringen können, da sie in verschlossenen Räumen sich nicht erhalten, denn, obgleich eins der sanftesten Tiere, kann doch das zarte Reh, wie es scheint, der Freiheit von allen am wenigsten entbehren. Das Terrain ist sehr bergig, und einsame Waldschluchten, tiefe Wiesentäler im Grunde, wie verschiedene Aussichten auf das Riesengebürge von den Höhen, bilden den Hauptcharakter dieser Anlage. S. tab. XL.

Einen ganz andern Charakter zeigt dagegen der große Tiergarten, ein früher durch hohe Wildzäune geschlossener Bezirk, welcher 6-8 Stunden im Umfang hat. Die Vermachung, welche ihn umgab, ist indes kürzlich auf meinen Befehl eingerissen worden, und durch bloße Gräben ersetzt; denn teils verlor ich zuviel bei der hier angehäuften Masse Wild durch Wilddiebe, welche bei der geringen Strafe, die sie im Betretungsfall zu erleiden haben, hier sehr überhand genommen, teils fand ich, daß auch das Hochwild im beengten Raum sehr degenerierte, kleiner, magerer und weniger schmackhaft wurde, und dabei zu zahm, um ferner Wild vorzustellen, fast so wie in England die Dammhirsche, welche dort ganz den Charakter von Schafherden annehmen. Auch ohne Zaun ist das Wild sehr gut durch richtig verteilte Fütterungen und andere zweckmäßige Anstalten auf gewissen Revieren zusammenzuhalten, ohne ihm deshalb anderweitige Weiden hermetisch zu verschließen, und es in herabdrückender Gefangenschaft ausarten und verkümmern zu lassen.

Eine fünfzehnjährige Erfahrung hat mich hierüber vollständig belehrt.

Sonderbar war es, daß zwei meiner opulenten[142] Nachbarn gerade zu derselben Zeit umzäunte Tiergärten anzulegen anfingen, als ich meine Zäune einreißen ließ. Sie hatten fünfzehn Jahre gebraucht, um sich zur Nachahmung zu entschließen. Ich zweifle nicht, daß sie fünfzehn Jahre später mir ebenfalls folgen werden, denn jeder will, wie billig, gern durch *eigne* Erfahrung klug gemacht sein.* Der Park liegt ganz in der Plaine, und bietet nur eine unabsehbare Waldfläche mit geringer Abwechselung von Hügeln dar, zeichnet sich aber durch besonders schönes und altes Holz aus, größtenteils Eichen, Fichten und Kiefern von seltner Größe. Die letztern gleichen hier, mit ihren oft 150 Fuß hohen und glatten Stämmen, mehr den Pinien Italiens als unsern gewöhnlichen, weniger malerischen, Föhren.

Was aber diesen Wald besonders frisch und lieblich macht, und ihm einen eigentümlichen Reiz gibt, ist der fast durchgängig darin verbreitete dichte Teppich von Heidel- und Preiselbeerenkraut, Farrenkräutern und wildem Rosmarin, der seinen Boden auf das üppigste

* Damit wegen dieses Artikels die Liberalen nicht über mich herfallen, so diene diesen zur Nachricht, daß ich aus Rücksicht auf den Landmann dreimal weniger Wild halte, als nach der Größe der Forstfläche, welche 130 000 Morgen beträgt, das Gesetz verstattet, und ihnen überdies freies Holz gewähre, um an den bedenklichen Stellen *ihre* Felder umzäunen zu können.

bedeckt. Das helle Grün und glänzende Blatt der Heidelbeeren, mit der steten Abwechselung des Farrenkrauts, ist im Walde ohne Zweifel dem schönsten Rasen vorzuziehen, und künstlich durchaus nicht so üppig herzustellen, ja selbst wo diese Pflanzen in frühern Zeiten zur Streu weggenommen wurden, wachsen sie im Schatten nie wieder an. Es scheint mehr als ein Menschenalter dazuzugehören, ehe große Strecken sich wieder reich damit bekleiden.

Dieser Tiergarten, dessen Schloß geräumige Wohnungen für viele Jagdgäste enthält, wird als hauptsächliches Rendezvous für Hirsch-, Sau- und Rehjagden benutzt. Die interessanteste Jagd ist aber für viele der immer seltner werdende Auerhahnbalz. Er besteht hier noch in seiner größten Vollkommenheit, so daß man schon vierzig bis fünfzig Auerhähne im Bezirk des Parks auf einmal balzen gehört hat. Da man zu diesem Vergnügen sehr früh aufstehen muß, und Städter dies nicht lieben, so fand meine Einrichtung viel Beifall, um Mitternacht von Muskau aus mit Fackeln durch den Wald dahin zu fahren, eine der wohlfeilsten und angenehmsten Illuminationen, dann mit einem Reveillon[143] die noch übrige Zeit auf dem Jagdschloß hinzubringen, und immediat[144] darauf den Auerhahn »anzuspringen«, wie es die Jägersprache nennt. Auf diese Art konnten selbst Damen mehrmals daran Anteil nehmen, und ihretwegen sei mir die Erwähnung dieser kaum hierher gehörigen Details verziehen.

Für das Beschleichen des andern Wildes sind zehn bis zwölf verschiedene Pürschwege angelegt, die zugleich nach den schönsten Partien des Waldes führen. Diese

tab. XLI: Freistehende Fichte von 100 Fuß Höhe im Tiergarten.

werden unter die Jagdgäste förmlich als einstweiliges Eigentum verteilt, so daß jeder nur den ihm angewiesenen benutzen darf, und sicher ist, auf demselben alle Kollisionen[145] zu vermeiden. Es würde von den Jägern als ein sehr unschicklicher Eingriff in die Rechte des andern angesehen werden, wenn jemand gegen dieses Gesetz verstoßen wollte. Tag und Nacht ist daher der Besitzer gewiß, hier ungestört seinem Vergnügen nachgehen zu können, comme il l'entend.[146] Ich verdanke diese ebenso zweckmäßige als angenehme Einrichtung der gütigen Angabe des Herrn Oberforstmeisters und Professors Pfeil in Berlin, nach welchem noch jetzt eine jener labyrintischen Schlangenwindungen die »Pfeilstraße« genannt wird.

Es gibt hier eine so große Menge ausgezeichneter Bäume, daß ich mir nicht versagen konnte, zwei davon portraitieren zu lassen. Tafel XLI stellt eine freistehende Fichte dar, zwar nur von 100 Fuß Höhe, deren Nadelgehänge aber an den untern Ästen bis 7 Fuß Länge erreichen. Sie wurde einmal mit Papierlaternen, in Form kolossaler Früchte, als Christbaum illuminiert, eine Bescherung, wie sie vielleicht noch niemals irgendwo anders stattgefunden hat. Tafel XLII zeigt eine seltsam geformte Eiche von 85 Fuß Höhe, und einem Umfang von 24 Fuß eine Elle über der Erde. Die stärksten Äste haben 9 Fuß im Umfang.

Die letzte Tafel XLIII gibt die Ansicht meiner Cottage im Garten des Jagdschlosses, ein stiller einsamer Ort, von wo aus ich jetzt dem freundlichen Leser, wenn er so weit bei der trocknen Materie ausgehalten hat, den herzlichsten Abschied zurufe, nochmals aufrichtig wünschend, daß meine geringe Mühe denjenigen, welche sich demselben Fache widmen, einigen Nutzen gewähren, und auch manches andern Aufmerksamkeit mehr auf einen Gegenstand hinziehen möge, der ihm bisher vielleicht in einem zu untergeordneten Lichte erschienen ist. Denn hat der Landbesitzer nur erst einmal angefangen, sein Eigentum zu idealisieren, so wird er bald gewahr werden, wie Kultur des Bodens nicht bloß pekuniären Nutzen, sondern auch einen wahren Kunstgenuß zu verschaffen imstande ist, und wie dankbar die Natur in jeder Beziehung dem vergilt, der seine Kräfte ihr mit *Liebe* weiht. So nur, wenn jeder in dem Seinigen auch all das Seinige rastlos und vollständig tut, und die tausend Facetten sich dann zu *einem* Ringe leicht und schön verbinden, könnte jener liebliche Traum der St. Simonisten:[147] einer allgemeinen Verschönerung unserer Mutter Erde, einst verwirklicht werden. Gut möchte es aber zu diesem Zwecke sein, uns einmal wieder von der traurigen Politik, die alles absorbiert und nicht viel dafür herausgibt, ein wenig ab, dagegen der heitern Kunst, deren Dienst schon an sich Belohnung ist, ein wenig mehr zuzuwenden. Für die Regierung des Staats können wir doch in der Tat alle nicht sorgen, sich aber und sein Eigentum auf alle Weise zu veredeln suchen, das kann ein jeder – und es ist sogar die Frage, ob auf solchem einfachen Wege, mit redlicher und schlichter Gesinnung, nicht selbst die so gewünschte Freiheit ruhiger und sicherer erreicht werden möchte, als durch noch soviel neue Proben äußerer theoretischer Staatsformen. Denn frei kann nur sein, wer sich selbst beschränkt.

tab. XLII: Seltsam geformte Eiche von 85 Fuß Höhe und 24 Fuß Umfang im großen Tiergarten.

tab. XLIII: Cottage im Garten des Jagdschlosses im großen Tiergarten.

FARBTAFELN

Die folgenden Farbtafeln wurden der kolorierten Ausgabe des Atlas zum Textband entnommen. Die kolorierte Ausgabe ist wahrscheinlich erst in einer Auflage von 1000 Stück 1835 ausgeliefert worden.

Die Tafeln tragen das Signum: »Aufg. v. W. Schirmer (. . .) Lith. Inst. v. L. Sachse & Co., Berlin«. Hinzu kommt der jeweilige Name des Lithographen. Auf einigen Tafeln erkennt man in der Mitte unterhalb der Abbildungen einen kleinen Stempel:

»Colorirt v. J. Renz in Stuttgart«.

tab. VIII: Gestaltung von Wehren.

tab. XV: Schloß und Rampe vom bowling green aus gesehen.

tab. XVI: Aussicht vom Herrengarten.

tab. XIX: Blick von der Gloriette auf das Schloß, die Stadt und, in weiter Entfernung, das Dorf Lucknitz.

tab. XXVII: Aussicht vom Englischen Haus.

tab. XXVIII: Begräbniskapelle.

tab. XXXVIII: Blick über das weite Land auf das Riesengebirge, rechts vorn die Burg.

REGISTER.

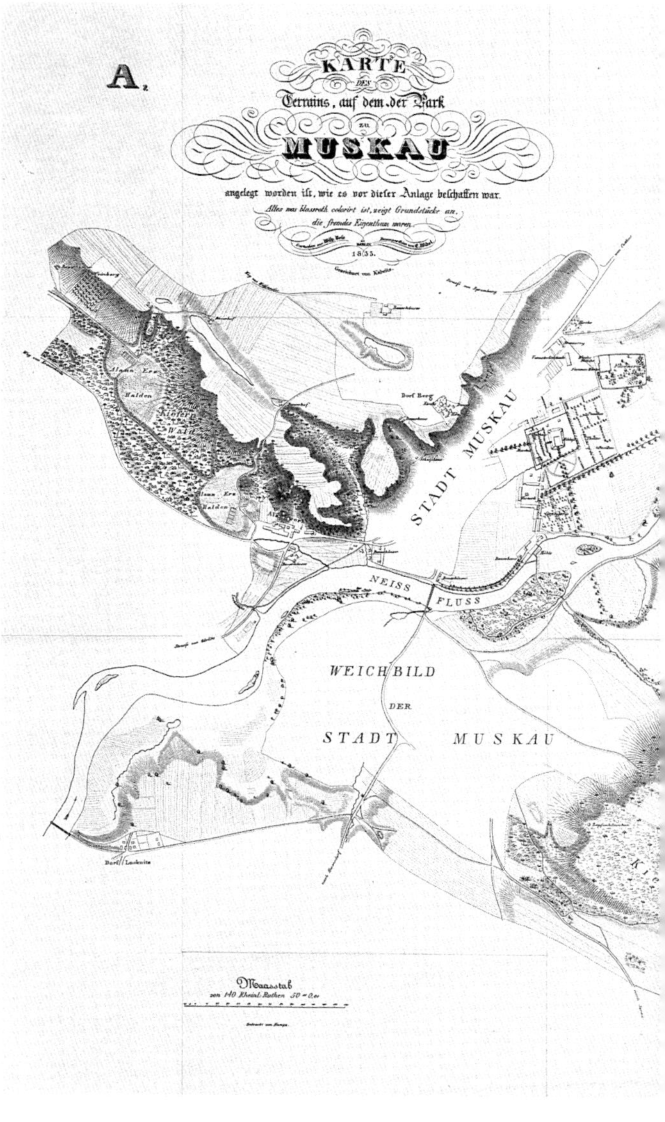
A.
KARTE
DES
Terrains, auf dem der Park
zu
MUSKAU
angelegt worden ist, wie es vor dieser Anlage beschaffen war.
Alles was blassroth colorirt ist, zeigt Grundstücke an,
die fremdes Eigenthum waren.
1833.
Alaun Erz Halden
Kiefern Wald
Dorf Berg
STADT MUSKAU
NEISS FLUSS
WEICHBILD DER STADT MUSKAU
Maasstab
von 140 Rheinl. Ruthen

Dorf
Kiefern
Dorf
Braunsdorf
Vorwerk
Braunsdorf
Wald

B,

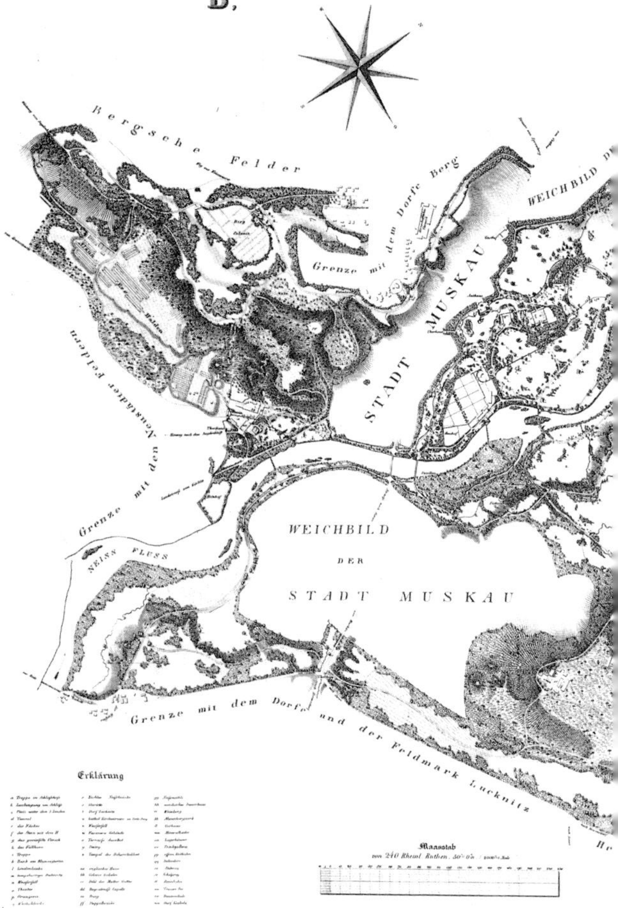
Bergsche Felder
Grenze mit dem Dorfe Berg
WEICHBILD D
STADT MUSKAU
Grenze mit den Neustädter Feldern
NEISS FLUSS
WEICHBILD
DER
STADT MUSKAU
Grenze mit dem Dorfe und der Feldmark Lucknitz
Erklärung
Maasstab

KARTE
von dem fürstlichen
Park zu Muskau
wie er jetzt theils ist, theils werden soll.
Flächeninhalt 3508 Magd: Morgen.
MUSKAU
NEISS FLUSS
Koebelnsche Felder
Herrschaftlicher Kiefern Wald
Grenze mit dem Dorfe und der Feldmark Braunsdorf
Waldung

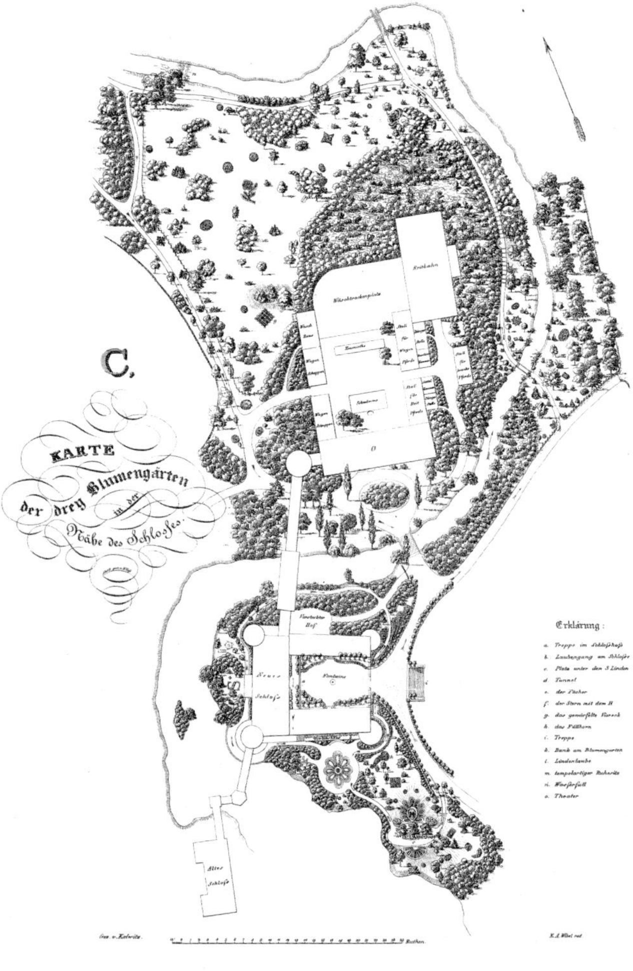

C.
KARTE
der drey Blumengärten
in der
Nähe des Schlosses.
Reitbahn
Wäschtrockenplatz
Vorsteckter Hof
Neues Schloss
Fontaine
Altes Schloss
Erklärung:
a. Treppe im Schlosshofe
b. Laubengang am Schlosse
c. Platz unter den 3 Linden
d. Tunnel
e. der Fächer
f. der Stern mit dem H
g. das gewürfelte Viereck
h. das Füllhorn
i. Treppe
k. Bank am Blumengarten
l. Lindenlaube
m. tempelartiger Ruhesitz
n. Wasserfall
o. Theater
Ruthen.
K. A. Wibel rad.

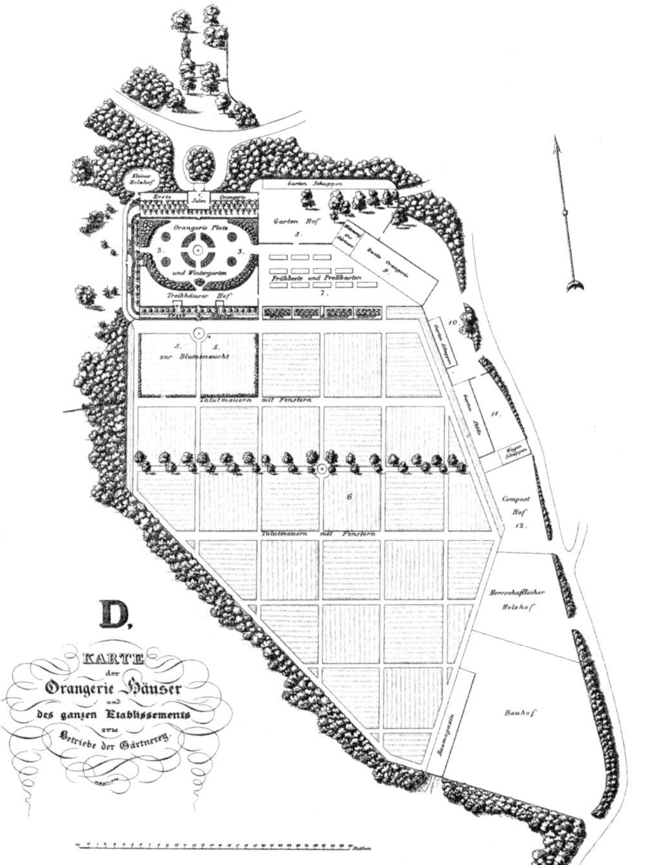

Gedr. v. Hampe

gez. v. Kolwitz

E. Wikel gest.

Anhang

ANMERKUNGEN ZUM TEXT.

In einem Schreiben an die Bürgerschaft von Muskau kündigt Pückler seinen Plan an, einen Park anlegen zu wollen:

An die Bewohner Muskaus.

Da Ich von nun an entschlossen bin, für Mein ganzes zukünftiges Leben, Meinen festen Wohnsitz in Muskau zu nehmen, um Selbst für die Wohlfahrt Meiner guten Bürger und Untertanen mit väterlicher Obhut wachen zu können, und Meine Einkünfte lieber ihnen als fremden Menschen zufließen zu lassen, so zweifle Ich nicht, daß jeder Einwohner dieser Stadt es Mir gern gönnen wird, bei ernster Beschäftigung, auch eine Lieblingsneigung zu befriedigen, deren Ausführung jedem von ihnen gleichfalls zum Vergnügen, und itzt sowohl, als noch mehr in der Folge, zum wahren Nutzen gereichen muß. Ich meine die Anlegung Meines Parks zu dem Ich notwendig, wenn etwas Ganzes daraus entstehen soll, den ganzen Distrikt zwischen der Straße nach Sorau und dem Dorfe Koebeln, der Neiße auf der einen und den Braunsdorfer Feldern auf der andern Seite, eigentümlich besitzen muß.

Ich bitte daher hiermit sämtliche Bürger und Bewohner der Stadt und Schmelze, welche einzelne Felder, oder Wiesen, oder Holz in dem genannten Bezirke haben, Mir dieselben gegen vernünftige Bedingungen abzulassen. Um hierbei so billig als möglich zu verfahren, schlage Ich der Bürgerschaft vor, in Fällen wo Ich Mich mit Einzelnen nicht vergleichen sollte können, zwei Mitglieder aus sich selbst zu erwählen, welche in Verbindung mit zwei Andern, die Ich ernennen werde, besagte Grundstücke nach Recht und Gewissen taxieren sollen. Nach dieser Taxation erbiete Ich Mich, jedem, nach seinem Belieben, den Wert auf Meine Herrschaft einschreiben und bis zur etwannigen Kündigung des Kapitals mit 5 Prozent verzinsen zu lassen, oder das Grundstück zu vertauschen, und dies zwar auf den Ruten gegen gleichen Wert, auf den entfernteren Braunsdorfer oder Bergschen Feldern aber gegen halbfach größeren, auch wohl, nach Befinden der Umstände, doppelten Wert.

Erfüllt die Bürgerschaft hierin Meine Wünsche, so mache Ich Mich noch außerdem anheischig, von dem Augenblick an gerechnet, so Ich

Mich im völligen Besitz sämtlicher Grundstücke befinde, binnen sechs Jahren das Rathaus, das Koebler Tor und das Schießhaus auf Meine Kosten für die Stadt zu bauen. Im Fall aber binnen einem Jahr von dato der Ankauf dieser Grundstücke nicht zu Stande gekommen ist, gebe Ich auch hiermit den Einwohnern Muskaus Mein Wort, daß Ich unabänderlich entschlossen bin, dann Muskau, weil es Meinen guten Willen nicht hat annehmen noch erkennen wollen, auf immer zu verlassen, und Alles und Jedes daselbst Mir Zugehörige, bis auf Mein Schloß selbst zu verpachten.

Ich überlasse es nun Muskaus Bewohnern selbst zu ermessen, ob es wünschenswerter für sie sei, ihre öffentlichen Gebäude, die so lange in Ruinen liegen, wieder aufgebaut, ihre Stadt durch einen herrlichen und großen Garten verschönert, und Meine sämtlichen Einkünfte ihr wieder zufließen zu sehen, oder auf der andern Seite jeden dieser Vorteile zu entbehren, und Mich und Mein Vermögen für immer aus den Augen zu verlieren.

Da Ich keine Opfer von der Stadt verlange, sondern im Gegenteil Alles gern für den höchsten Wert bezahlen will, und also höchstens nur um eine Gefälligkeit bitte, so hoffe ich mit Zuversicht, daß Meine guten Muskauer Bürger, schon aus der alten Mir stets gezeigten Liebe und treuen Anhänglichkeit, Meinen Wunsch und Meine Bitte ohne Anstand erfüllen und Mich nicht zwingen werden, sie, deren Liebe Ich so herzlich erwidere, auf immer zu verlassen.

Schloß Muskau, den 1. Mai 1815

Hermann Graf von Pückler-Muskau.

1 Nach der Vorlage von Guillen de Castro verfaßte Pierre Corneille (1606-1684) die Tragikomödie ›Le Cid‹. Sie umschreibt zwei Wertbezirke von anfangs gleichen Ansprüchen. Die künstlerische Ordnung siegt letztlich über die einfach-naive.

Zitat: Seinesgleichen werden nicht zweimal bekannt. Und ihre Vorlagen verlangen Meisterwerke.

2 König Friedrich Wilhelm III. (1770-1840) regierte bis zu seinem Tod. Ab 1840 übernahm die Regierungsgeschäfte der (erstg.) Kronprinz Friedrich Wilhelm IV. (1795-1861). Im Anschluß daran: Wilhelm I. (1797-1888), ab 1871 Deutscher Kaiser.

Pückler widmete das Buch dem Prinzen Carl von Preußen (1801-1883). Der Hintergrund für diese Widmung ist das Interesse Carls an den Anlagen in Muskau und ein Briefwechsel in den Jahren 1831-1832, in dem die von Carl geplante Erweiterung des Glienicker Parks diskutiert wird. (s. Assing, Bd. 7; u. Anm. 8, sowie Chronik: 1831, 1834, 1864.)

3 Deutsche Denkwürdigkeiten aus alten Papieren. (Hg.) C. Fr. v. Rumohr. Berlin 1832.

4 in dubio: lat. im Zweifelsfall.

5 Im Originaltext durchgehend gedruckt: Lerchenbäume.

6 verbuttet: verwilderte, nicht kultivierte Pflanzen.

7 prätendiert: aus Pücklers Sicht eine anmaßende, den Dingen nicht gerecht werdende Gestaltungsweise.

8 Lené: Peter Joseph Lenné (1789-1866).

Bereits unter den Vorfahren Lennés, die aus dem Gebiet um Lüttich stammen, befanden sich mehrere Gärtner. Der ursprüngliche Name der Familie war le Nain (franz. der Kleine). Wahrscheinlich wurde dieser Name nach der Übersiedelung nach Poppelsdorf bei Bonn im Jahre 1665 geändert. Der Vater von Lenné, Peter Joseph Lenné d. Ä. (1756-1821), war ab 1784 als Hofgärtner in Brühl tätig und wurde ab 1811 Direktor der Landesbaumschule in Koblenz.

1789 ›Am alten Zoll‹ in Bonn geboren, erlernte Lenné, dessen Vorliebe eigentlich die wissenschaftliche Botanik war, zwischen 1805 und 1808 den Beruf des Gärtners. In den folgenden drei Jahren vertiefte er sein Wissen durch Studienreisen. Den wohl nachhaltigsten Einfluß auf seine spätere Gartengestaltung hatte Lennés Aufenthalt in Paris. Im Herbst 1812 reiste er nach Wien, wo er sich auf eine Professur vorbereitete. Zwei Jahre darauf bot man ihm die Umgestaltung des Laxenburger Parks an und verlieh ihm den Titel eines ›Kaiserlichen Garteningenieurs‹. Ab 1816, zunächst in untergeordneter Stellung, arbeitete Lenné in Potsdam. Diese Arbeiten konzentrierten sich auf die teilweise Neugestaltung des Neuen Gartens, den Pleasureground in Klein-Glienicke und auf die Umgestaltung des Sanssouci-Parks. 1828 wurde Lenné alleiniger Gartendirektor der umfangreichen Potsdamer Anlagen. Sein Œuvre umfaßt an die hundert Parkanlagen; Potsdam jedoch blieb, bis zu seinem Tod, sein Hauptwerk.

Lennés Verbindungen zu Pückler waren zwiespältig. Pückler war Autodidakt und freier Standesherr auf Muskau; Lenné gelernter Gärtner, Botaniker und in Staatsdiensten. Einerseits respektierte Pückler das enorme Vorhaben Lennés in Potsdam, andererseits kritisierte er aber auch dessen Orientierung an französischen Vorbildern. Vergeblich bemühte sich Pückler nach der Heirat mit Lucie von Hardenberg (1817) um eine Stellung im preußischen Staatsdienst. Er schrieb später jedoch über den großen Vorteil, nicht in Abhängigkeit von der Bürokratie arbeiten zu können. Lenné mußte, bevor er seine Gestaltungsideen in die Praxis umsetzen konnte, Kostenvoranschläge ausarbeiten und auf deren Genehmigung warten. Änderungen im Verlauf der Gestaltungsarbeiten, so wie Pückler sie praktizierte, waren für Lenné immer mit großen Umständen verbunden. Generelle Unstimmigkeiten herrschten zwischen den fast gleichaltrigen Gartenkünstlern in der Behandlung des Pleasuregrounds. Darüber hinaus hielt Pückler an seiner Grundidee fest, daß Planung und Ausführung in einer Hand liegen sollten.

Friedrich Wilhelm III. schenkte 1814 Quilitz (Neu-Hardenberg) dem Staatskanzler und Schwiegervater Pücklers, Hardenberg (1750-1822). Neu-Hardenberg war der erste Park außerhalb Muskaus, den Pückler gestaltete.

In Glienicke arbeitete Lenné unter Staatskanzler Hardenberg. Hier kann nicht nachgewiesen werden, daß Pückler in die Gestaltungsarbeiten aktiv eingegriffen hat. Auch nach dem Erwerb Glienickes durch Prinz Carl von Preußen (1824) blieb Lenné der Ausführende.

9 Dilettant: Pückler benutzt dieses Wort in seiner ursprünglichen Bedeutung: Liebhaber einer Sache.

10 Schädellehre (Phrenologie): Begründet von Franz Josef Gall (1758-1828). Pückler erwähnt auch in seinen literarischen Schriften verschiedene Phrenologen und besuchte u. a. Gall in Paris. (Briefe eines Verstorbenen: 16.17.24. Brief u. a.) Diese Texte werden bearbeitet in: Oehler-Klein, Sigrid: Die Schädellehre F. J. Galls in der Literatur und Kritik des 19. Jhrds. Zur Rezeptionsgeschichte einer medizinisch-biologisch begründeten Theorie der Physiognomik und Psychologie. Diss. Phil., Gießen 1987.

11 retouschiert: überarbeitet.

12 nonum prematur in annum: lat. Neun Jahre lang wird gepflanzt.

13 hors d'œuvre: franz. (nur eine) Vorspeise.

14 Claude Lorrain: Claude Gellée, genannt C. Lorrain (1600-1682). Bedeutender franz. Landschaftsmaler. Pückler lernte einige Bilder Lorrains auf seinen Reisen kennen.

15 »Ayez une carpe, (...): franz. »Man nehme einen Karpfen, man nehme ein junges Rebhuhn usw.«

16 Aha: Senke am Rand eines Parkteils. Man kann darüber hinwegsehen, ohne daß das Auge die Unterbrechung der Landschaft wahrnimmt. Ähnlich dem Blick über die Ufer eines Flusses, wobei das Flußbett nicht sichtbar wird. Pückler legte ein Aha auch dort an, wo Wild von außen nicht in den Park eindringen sollte. Das Wort erklärt sich durch den überraschenden Ausruf ›Aha!‹ bei der Entdeckung dieses Gestaltungstricks unmittelbar vor der Senke.

17 rigolen: pflügen oder umgraben des Bodens bis in eine Tiefe von ca. 60 cm. Dabei Austausch der Bodenschichten.

18 Brown: Lancelot Brown, genannt Capability, d. h. Fähigkeit (1716-1783). Bedeutender engl. Landschaftsgärtner. Er leitete u. a. die Parkanlagen in Chilham/Kent, Blenheim/Oxfordshire und Hampton Court. Pückler besuchte die Parkanlagen während seiner Englandreise. (Briefe eines Verstorbenen: 3. Brief Okt. 1826)

19 Ostentation: Prahlerei.

20 Focus: Brennpunkt.

21 menagiert: eingerichtet.

22 kondemniert: verurteilt.

23 parterre: Flachbeet (»flaches Blumenbeet«).

24 chetiv: chétif, franz. schwach.

25 Cottage: franz. u. engl. Hütte.

26 kreneliert: (eine Burg) mit Zinnen versehen.

27 Dessauer Fürst: Fürst Leopold Friedrich Franz von Anhalt-Dessau (1740-1817) ließ 1764 in Wörlitz einen barocken Landschaftsgarten anlegen. Durch einen Dammbruch 1771 zerstört. Kurz darauf im englischen Stil neu aufgebaut.

28 der pekuniäre Erfolg der Entreprise: der finanzielle Erfolg des Unternehmens.

29 der ältere Repton: Humphrey Repton (1752-1818). Schüler Browns und Verfasser der Roten Bücher, die ca. 3000 Skizzen zur Gartenge-

staltung enthalten. Alte und neue Ansichten wurden durch aufklappbare Deckblätter verglichen. (s. hierzu: Kommentiertes Tafelverzeichnis tab. II u. XI.)

Parkanlagen: Welbeck (1790); Corsham (1797); Attingham (1797); Uppark (1805). S. a. Anm. 18 u. Chronik 1822.

30 Boiserien: Holzvertäfelung.

31 Ameublement: Möblierung.

32 Warwik Castle: Warwick Castle, mittelalterliche Burg im Südosten von Birmingham. (Briefe eines Verstorbenen: 9. Brief Dez. 1829)

33 Créneaux: franz. Schießscharten.

34 Don Quixotte: Don Quijote de la Mancha. Berühmte span. Romanfigur von Miguel Cervantes (1547-1616). Gilt als Sinnbild eines Idealisten, der mit der Wirklichkeit in Konflikt gerät und dadurch zum Gespött wird.

35 um mit Müllnern zu reden: Adolf Müllner (1774-1829), bekannter Publizist und Theaterkritiker des Vormärz (Junges Deutschland).

36 Jean Jacques Rousseau (1712-1778). Berühmter franz. Schriftsteller und Philosoph.

37 Salmagundi: gr.-lat. Salm, ugs. für: langweiliges Gerede.

38 Indigestion: Verdauungsstörung.

39 Impertinenzen: Ungehörigkeiten.

40 Treillagengänge: franz. treille, Gitterwerk.

41 »qu'en Angleterre (. . .)«: franz. daß es in England nichts Blankes außer Stahl, und keine reifen Früchte außer Bratäpfeln gibt.

42 Im Originaltext durchgängig gedruckt: Haide.

43 Huthung: Hutung, Magerweide.

44 perennierend: winterhart, mehrjährig.

45 recherche: franz. Nachforschung, hier: Bedarf haben an.

46 Rehder: s. Chronik 1790, 1817, 1852. Vermutlich die einzige schriftliche Äußerung von Rehder.

47 mal à propos: franz. ugs. für: mal eben nebenbei.

48 Sir Henry Steuart (1759-1836). In der Pückler-Literatur bisher noch nicht vollständig erwähnte Quellenangabe:
The planter's guide; or, A practical essay on the best method of giving immediate effect to wood, by the removal of large trees and underwood; being an attempt to place the art, and that of general arboriculture, on phytological and fixed principles; interspersed with

observations on general planting, and the improvement of real landscape; originally intended for the climate of Scotland. By Sir Henry Steuart, bart. . . . 2d ed. greatly improved and enl. Edinburgh (etc.) J. Murray, 1828.

4 p. 1, XXXVII, 527 p. VI pl. (incl. front) 22 cm

1. Forests and forestry. 2. Tree planting. 1. Titel.

Andere Ausgaben mit leicht gekürztem Titel:

– Edinburgh, W. Blackwood; London, T. Cadell, 1828.
  4 p. 1. XXII, 473 p. V pl. (incl. double front) 23,5 cm
– 1st American, from the 2d London and Edinburgh ed. New-York, G. Thorburn and sons, 1832.
  2 p. (III)-XXXIX, 422 p. front, plates. 24 cm
– 3d ed. With memoir of the auther, and his last additions and improvements. Edinburgh and London, W. Blackwood and sons, 1848.
  VIII, XXI, (1) p. 1 l. X/VIII, 518 p. incl. front(port.) VI pl. 22 cm.
  Pückler wohnte während seines Aufenthaltes in London in der Albemarlestreet. (Briefe eines Verstorbenen: 20. Brief u. a.)

49 supponieren: unterstellen

50 Gärten der Armida: Zauberin aus: Torquato Tasso (1544-1595), ital. Dichter: ›Das befreite Jerusalem‹.

51 Birnamswald, Dunsinan: William Shakespeare (1564-1616), engl. Dramatiker. Das Bild, das Pückler hier verwendet, stammt aus ›Macbeth‹ (ca. 1606). Im deutschen Sprachraum nach der ersten Übersetzung von Ch. M. Wieland zwischen 1771 und 1779 in Biberach, Wien, Leipzig u. a. aufgeführt. 1831 Übersetzung von Dorothea Tieck.

Macbeth läßt Banquo ermorden (III,3). Ein blutiges, gekröntes Kind mit einem Baum in der Hand prophezeit: »Macbeth wird nie besiegt, bis einst hinan / Der große Birnams-Wald zum Dunsinan / Feindlich emporsteigt« (IV,1). Malcolm greift mit seinem Heer die Festung Macbeths, ›Dunsinan‹, an. In dem vor Dunsinan gelegenen Birnams-Wald läßt Malcolm Zweige abschlagen, die zur Tarnung dienen. Ein Bote Macbeths: »Ich schau' nach Birnam zu, und, sieh, mir deucht, / Der Wald fängt an zu gehn. (. . .) Ein gehnder Wald, – wahrhaftig« (V,5). Pückler sah ›Macbeth‹ am 28. Nov. 1827 in London. In der Rolle v. Macbeth: Macready. Ausführliche Theaterkritiken zu Shakespeare in: Briefe eines Verstorbenen: 20.22.23. Brief.

52 Modifikationen: durch äußere Faktoren bedingte, nichterbliche Veränderungen bei Pflanzen.

53 Contagion: Ansteckung.

54 gradatim: nach und nach.

55 Cobham: südl. v. London in der Grafschaft Surrey. (Briefe eines Verstorbenen: 24. Brief)

56 John Nash (1752-1835). (Briefe eines Verstorbenen 3. u. 16. Brief)

57 Zu Windsor-Park u. Virginiawater: Briefe eines Verstorbenen: 16. u. 17. Brief.

58 Access: lat. Zutritt.

59 Connexionen: einflußreiche Bekanntschaften, Beziehungen.

60 Shrubberies: engl. Strauchpflanzungen.

61 Chiswich: Chiswick, Park in einem Vorort südöstlich von London. (Briefe eines Verstorbenen: 25. Brief)

62 Nulla regula sine exceptione: lat. Keine Regel ohne Ausnahme.

63 detachiert: vereinzelt.

64 Vignette: s. Farbtafel 332.

65 Cheltenham: seit 1715 engl. Badeort am Ostrand der Cotswold Hills. (Briefe eines Verstorbenen: 25. Brief)

66 approach: engl. Zufahrt.

67 Belt: engl. Gurt.

68 macadamisiert: Diese Art des Straßenbaus wurde nach dem Erfinder John MacAdam (1756-1836) benannt. Pückler beobachtete den engl. Wegebau bereits im August 1828 in Holyhead. (Briefe eines Verstorbenen: 28. Brief)

69 Gravel: engl. Kies.

70 terrain: franz. Gebiet.

71 supponiert: hier eine gedachte Situation.

72 parties honteuses: franz. schändliche Partien.

73 je ne sais quoi: franz. je ne sais pas quoi, ich weiß nicht was.

74 Le vrai souvent n'est pas vraisemblable: franz. Das Wahre ist oft nicht glaubhaft.

75 in petto: lat.-ital. etwas im Sinn haben, eigentlich: in der Brust, im Herzen haben.

76 genre: franz. Wesen, Art, Gattung.

77 Geschiebe: von Gletschern im Inland geschobene Stein- und Geröllmassen, die in sog. Endmoränen zur Ruhe kommen. Der Muskauer Park grenzt direkt an eine solche Endstaumoräne (Muskauer Faltenbogen mit Durchbruch des Urstromtals der Neiße)

78 Planaden: Gestaltung von flachen, feinwürfigen Parkteilen.

79 Es ist also eine leitende, geschickte Hand (bei) Werken dieser Art fortwährend nötig.

80 didaktisch: lehrend.

81 akquirieren: erwerben.

82 Affinität: Ähnlichkeit.

83 prekair: prekär; heikel, widerruflich.

84 Pückler versucht hier auch anzudeuten, in welcher Gemütsverfassung (Adagio: langsam, gelassen; Allegro: rasch, lebhaft) sich der Ausführende von Kunst befindet, wenn er vor Ort die Gestaltungsarbeiten der Komposition bestimmt.

85 Pücklers Begriff der Vorfahren beschränkt sich nicht auf seine leiblichen, sondern umschreibt eine lokal gebundene Verantwortungsposition.

86 Standesherrschaft: Im Verlauf des Mittelalters sich aufbauendes u. erweiterndes, feudalistisches Wirtschafts- u. Regierungssystem, das in den Hauptpunkten eine geordnete Gerichtsbarkeit, einen bestimmten Personenkreis u. ein definiertes Herrschaftsgebiet beinhaltet. Nach der Gründung des Kreises Rothenburg u. der Angliederung Muskaus an Preußen, veränderten sich die verwaltungstechnischen Einrichtungen. (S. a. Chronik: 1807, 1815)

87 kontribuabler: abgabenfähiger.

88 Sinecure: lat. ohne Sorge-(Einkommen). Erträge (Pfründe), die im Mittelalter hauptsächlich den Kirchen zugute kamen und für die der Empfänger keinen Arbeits- oder Verwaltungsaufwand zu leisten hatte.

89 Akquisition: Ankauf. Pückler bezahlte für die von ihm angekauften Gebiete den bis zu sechsfachen Preis.

90 Enklaven: die durch Kauf (o. ä.) in das eigene Gebiet eingebrachten fremden Gebiete.

91 Cannevas: Kanevas, Einteilung des Stoffes in Akte und Szenenbilder in der ital. Stegreifkomödie.

92 Mediatstadt Muskau: Aufgrund des Reichsdeputationshauptschlus-

ses von 1803 u. 1806 durchgeführte Veränderung der bisherigen Reichsunmittelbarkeit. (s. a. Anm. 86)

93 Alaunbergwerk: Die Alaunerde wird gewaschen, ausgelaugt und über ein Gradierwerk filtriert, die dabei entstehende ca. 15%ige Lösung in einer Siederei um fast zwei Drittel eingedampft. Die restliche Lauge läuft durch Kühlkästen, in denen sich das Alaun abschlägt. Es dient zur Verarbeitung in Färbereien und Gerbereien. Nebenprodukt: Glaubersalz. (s. a. Chronik: 1573, 1673, 1782)

94 Pavillon: s. Chronik: 1773, 1781.

95 Rudera: lat. Trümmer, Überreste.

96 Campagne: Feldzug.

97 Data: lat. Tatsachen.

98 projektiert: geplant.

99 Suum cuique: lat. Jedem das Seine.

100 Seni: Giovanni Baptista Seni (um 1600-1656), ital. Sterndeuter und Astrologe Wallensteins. (s. a. Chronik: 1633)

101 allegorisch: sinnbildhaft.

102 analoge: gleichartige.

103 Pückler gab diesen Plan später auf, da sich diese Herkunft nicht sicher nachweisen ließ.

104 point de vue: franz. Aussichtspunkt.

105 Debit: Warenverkauf.

106 Cottage ornée: franz. orné, geschmückt. (s. a. Chronik: 1820, 1945)

107 Ariadne: gr. Sagengestalt. Half Theseus durch ein Garnknäuel, den sog. Ariadnefaden, aus dem Labyrinth des Minotauros herauszufinden.

108 inkommodieren: belästigen.

109 Quarré: Karree.

110 portative Häuser: tragbare Schutzkonstruktionen.

111 Dessein: Dessin (Muster).

112 Contoure: Kontur (Umrisse).

113 Schrubbs: engl. shrubs (Stauden).

114 rekommandiert: empfohlen.

115 en quinquonce: franz. (auf die Spitze gestellte) Schachbrettform. Kreuzpflanzung.

116 festons: Bogenförmig durchhängende Blumen-Schmuckmotive.

117 Remisen: Geräte- u. Wagenschuppen.

118 kotoyieren: folgen, begleiten.

119 Coteau: franz. Anhöhe.

120 ressortieren: hervortreten.

121 Staket: Zaun.

122 Tableau: hier: Schauplatz.

123 Marten van Heemskerck (1498-1574). Holländischer Maler. Schuf große Altarbilder und Flügelaltäre.

124 Memento mori: lat. hier: ein Gedenken an den Augenblick des Todes. Zum Bau des Mausoleums (Begräbniskirche) s. Chronik 1888, 1945.

125 Berceaux: franz. Gewölbebogen, Laubengang.

126 Leopold Schefer (1784-1862). Ausführlichste wissenschaftliche Lit.: Bettina Clausen/Lars Clausen: Zu allem fähig. Versuch einer Sozio-Biographie zum Verständnis des Dichters Leopold Schefer. Ffm. 1985. 2 Bde u. 1 Bd. Bibliographie. Zahlreiche Abb. und ein Plan von Muskau um 1800.

127 Hautrelief: Im Gegensatz zum Basrelief mit starker Hervorhebung der Form.

128 Mammon: (abwertend für) Geld, Reichtum.

129 Raffaello Santi (1483-1520), genannt Raphael. Pückler kannte die Bilder Rs. von seinen Reisen. Die Schreibweise des Namens übernahm er von den Signaturen.

130 Munifizenz: Freigiebigkeit.

131 profan: nicht-kirchlich.

132 Gaze: schleierartiger Stoff aus Baumwolle.

133 N. N., Zitat vermutlich aus dem Varnhagen-Kreis.

134 phrenologisch: s. Anm. 10.

135 Ritter: (Reiter).

136 ein zweites Memento: s. Anm. 124.

137 Feldplaine: Feldebene.

138 illuminiert: beleuchtet.

139 ambitioniert: anstrebt.

140 stands: engl. Kurzform für Standpunkte (Tribünen).

141 offensichtlich ist hier der Tierpark bei Weißwasser gemeint. Bei dieser zweiten Anlage müßte es heißen: südwestlicher Richtung.

142 opulent: lat. reichlich, üppig.

143 Reveillon: franz. Nachtschmaus.

144 immediat: lat. unmittelbar.

145 Kollisionen: Zusammenstöße, Treffen.

146 comme il l'entend: franz. so wie er es versteht.

147 St. Simonisten: Claude-Henry Comte de Saint-Simon (1760-1825) setzte die Philosophie Voltaires und Rousseaus fort. Individual- und Sozialethik, auf Vernunft u. Natur gegründet. Die St. Simonisten werden als Schüler Ss. angesehen und verbreiteten ihre Ideen besonders stark in der Zeit des Vormärz. Die Gegensätze zwischen Arbeitnehmer u. Arbeitgeber wurden verdeutlicht im Zusammenhang mit der Ausnutzung des Menschen durch den Menschen. Obwohl Pückler selbst dem Adel angehörte, verstand er sich als St. Simonist. Die liberale Haltung Pücklers bestätigt sein literarisches und gartengestalterisches Gesamtwerk.

VERZEICHNIS DER IM TEXT GENANNTEN PFLANZENNAMEN.

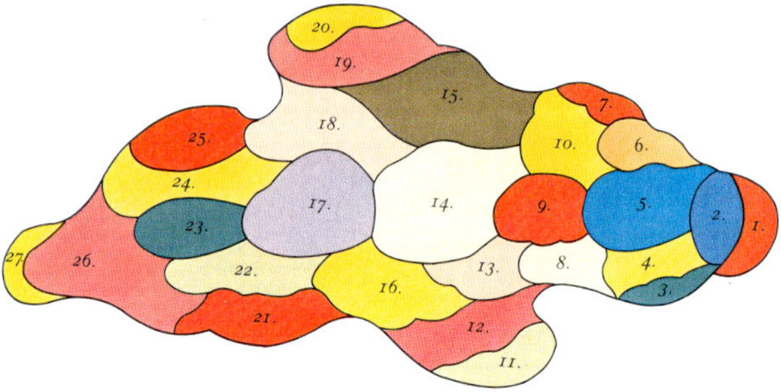

PFLANZENVERZEICHNIS DER VIGNETTE.

1	Steinkraut-Lichtnelke (Gemeine Pechnelke) Lychnis vesicaria fl. pleon	rot	spät
2	Persischer Flieder Syringa persica	lila	früh
3	Mittelgroße Glockenblume Campanula medium	dunkelblau	spät
4	Gestreckter Geißklee Cytisus elongatus	gelb	früh
5	Gemeiner Flieder Syringa vulgaris fl. coeruleo	hellblau	früh
6	Feuerlilie Lilium bulbiferum	orange	früh
7	Wohlriechende Himbeere Rubus odoratus	rot	spät
8	Johanneskrautblättriger Spierstrauch Spiraea hypericifolia	weiß	früh
9	Tartaren-Heckenkirsche Lonicera tartarica fl. rubro	rot	früh
10	Goldene Johannisbeere Ribus aureum	gelb	früh
11	Spitzes Silberblatt Lunaria rediviva	—	früh

12	Vielblättrige Rose (Gartenrose)		
	Rosa centifolia	rosa	spät
13	Chinesischer Flieder		
	Syringa chinensis	blaßrot	früh
14	Gemeiner Flieder		
	Syringa vulgaris fl. albo	weiß	früh
15	Perückenstrauch		
	Rhus cotinus	braun	spät
16	Fingerstrauch (Strauchfingerkraut)		
	Potentilla fruticosa	gelb	spät
17	Gemeiner Flieder		
	Syringa vulgaris fl. rubro	blaurot	früh
18	Weidenblättriger Spierstrauch		
	Spiraea salicifolia fl. rubro	blaßrot	spät
19	Verschiedene Rosen	rosa	spät
20	Gelbe und rote gefüllte Tulpen	früh und spät	
21	Deckblättriger Mohn		
	Papaver bracteata	hochrot	früh
22	Blasser Pfeifenstrauch		
	(Falscher Jasmin)		
	Philadelphus coronarius	weiß	spät
23	Zweigriffliger Weißdorn		
	Crataegus oxya cantha fl. pleon		
	rubro	dunkelblau	spät
24	Baumartiger Blasenstrauch		
	Colutea arborescens	gelb	spät
25	Deckblättriger Mohn		
	Papaver bracteata	hochrot	früh
26	Verschiedene Rosen	rosa	spät
27	Gefüllte Tulpen	gelb u. rot	früh
	die nachher durch andere Sommer-		
	blumen ersetzt werden	bunt	spät

fl. = Blüte; pleon = voll; coeruleo = blau, zusammengesetzt; rubro = rot; albo = weiß. Die lateinischen Bezeichnungen wurden hier übersetzt und Druckfehler beseitigt.

MASSE UND ORTSNAMEN.

Der polnische Teil des Muskauer Parks gehört zum Verwaltungsgebiet der Wojwodschaft Zielona Góra (Grünberg).

Braunsdorf =	Bronowice
Groß Särchen =	Żarki Wlk.
Lucknitz =	Łęknica
Sagan =	Żagań
Sorau =	Żary
Triebel =	Trzebiel

Die Tabelle bezeichnet die Maßanwendung zwischen 1816 und 1869.

	Sachsen	Preußen
1 Linie	1,9666 mm	2,1795 mm
1 Zoll	2,3599 cm	2,615 cm
1 Fuß	28,319 cm	31,385 cm
1 Elle	56,638 cm	66,693 cm
1 Rute	4,548 mtr	3,766 mtr
1 Meile	7,50 km	7,532 km

KOMMENTIERTES VERZEICHNIS DER ABBILDUNGEN AUS DEM ATLAS DER ›ANDEUTUNGEN ÜBER LANDSCHAFTSGÄRTNEREI‹.

Der Atlas zum Textband der Andeutungen über Landschaftsgärtnerei ist in Querfolio mit 44 Tafeln und 4 Plänen unkoloriert zum erstenmal 1834 in Stuttgart in der Hallberger'schen Verlagsanstalt erschienen (o. J.). Sämtliche Tafeln tragen das Signum: »Aufg. v. W. Schirmer (. . .) Lith. Inst. v. L. Sachse & Co., Berlin«. Hinzu kommt der jeweilige Name des Lithographen. Dort, wo dieser Name fehlt, zeichnet Schirmer selbst für die Ausführung. Auf einigen Tafeln erkennt man in der Mitte unterhalb der Abbildungen einen kleinen Stempel: »Colorirt v. J. Renz in Stuttgart«.

Die kolorierte Ausgabe des Atlas ist wahrscheinlich erst in einer Auflage von 1000 Stück 1835 ausgeliefert worden. Die ersten Ausgaben haben kein Verzeichnis der Tafeln in bezug auf die entsprechenden Stellen im Textband. Die angegebene Anzahl der Tafeln in den kolorierten und unkolorierten Ausgaben, aber auch innerhalb der einzelnen Auflagen, schwankt zwischen 44 und 48. Die Gründe hierfür liegen offensichtlich an den teilweise ungenauen Markierungen der Tafeln.

In der DDR existieren zwei vollständige, kolorierte Ausgaben in den Bibliotheken von Branitz/Cottbus und Pillnitz, sowie eine kolorierte Ausgabe in Privatbesitz. Hinzu kommen noch einzelne verstreute Tafeln der kolorierten Ausgabe, ebenfalls in Privatbesitz. Unkolorierte Ausgaben sind in verschiedenen großen Bibliotheken vorhanden. Desgleichen frühe Nachdrucke der s/w-Ausgabe.

Bekannt in der BRD ist von der kolorierten Ausgabe nur ein Exemplar in der Kunstbibliothek der Staatlichen Museen Preussischer Kulturbesitz, Berlin. Graf Arnim berichtet in »Ein Fürst unter den Gärtnern«. Ffm, Berlin, Wien; 1981, S. 201, es sei kürzlich auf einer Auktion ein Exemplar für 29 000,– DM angekauft worden.

Ein kolorierter Atlas zur französischen Ausgabe von 1847 (37 x 50 cm), die H. Heine und H. Laube besorgten, befindet sich in der Cornell University, Ithaca; USA.

Unkolorierte Ausgaben bzw. teilweise kolorierte Ausgaben: Berlin-Karlshorst, H. Friedrich, (1903)–1904; in der John Crerar Library, Chicago.

Leipzig, H. Friedrich (1911); in der U.S. National Agricultural Library, Distr. of Columbia.

Die s/w-Ausgaben von Berlin, 1933, und Stuttgart, 1977, sind relativ weit verbreitet. Bei der Bearbeitung dieser Ausgabe lag noch nicht vor: Edition Leipzig, 1987, Faksimile kol.

Vermutlich erhielt Pückler eine kolorierte Ausgabe des Atlas erst während seiner Orientreise in Athen und konnte wohl aus diesem Grund einige Unstimmigkeiten zwischen Textband und Tafeln nicht mehr korrigieren. (s. Südöstlicher Bildersaal, Athen, 5. Mai 1836.) Die Kontakte Pücklers zu Schinkel, der die Ansichten projektierte, und dessen Schüler W. Schirmer gehen auf das Jahr 1819 zurück. Es läßt sich jedoch nur vermuten, daß der junge Schirmer schon damals Probezeichnungen anfertigte. Neueste Funde in polnischen Archiven belegen, daß sich seit 1819 mehrere Maler mit Ansichten des Muskauer Parks beschäftigt haben. Erst 1831 entschieden sich Pückler und Schinkel, nach Klärung der Honorarfrage, definitiv für Schirmer. (s. Assing, Bd. 7).

Unstimmigkeiten: Über den Tafeln II, XI und XXXIV liegen Vergleichsansichten. Die Tafel XXXIV (vor der Erbauung) taucht in den ersten Ausgaben zweimal auf, und zwar einmal als Ansicht des Bades, wie in dieser Ausgabe abgebildet, und zum zweiten als Ansicht des Alaunwerkes. Letztere wird im Textband nicht direkt erwähnt. Zählt man diese Abbildung des Alaunwerkes und die drei Deckblätter als eigenständige Tafeln, ergibt sich eine Gesamtzahl von 48 Tafeln.

Die Tafel XLIV, die in einigen Ausgaben auch mit XXXXIV gekennzeichnet ist, wird im Textband unter XLIII besprochen. Die Numerierung wurde in dieser Ausgabe entsprechend geändert. Die mit XLIII in der Erstausgabe bezeichnete Tafel wird im Textband nicht direkt genannt, gehört aber zu dem Hinweis auf Seite 101 (Blumenbeet bzw. Vignette). Sie ist in dieser Ausgabe als Tab. XLIV ausgewiesen, so daß die Gesamtanzahl der Tafeln mit der im Titel genannten übereinstimmt. Die 45ste Ansicht (Tafel XXXIV, Alaunwerk) ist in dieser Ausgabe nicht abgebildet.

Zu den motivischen Unstimmigkeiten innerhalb der Ansichten, siehe im folgenden den Kommentar zu den Tafeln.

ÜBERBLICK ZUR HISTORISCHEN UND PARKGESCHICHTLICHEN ENTWICKLUNG DER BURG UND STANDESHERRSCHAFT MUSKAU

600 Die Gegend um Muskau wird Siedlungsgebiet der Sorben. Muskau besteht aus einer Veste, dem Burglehen und dem kleinen Dorf auf dem Berg.

1075 Heinrich IV. übergibt das Markgrafentum Meißen mit der gesamten Lausitz als Lehen an Vratislav II., den späteren (1085) König von Böhmen.

Muskaus Bedeutung als Brückenort wächst. Neben dem Neiße-übergang kreuzen sich hier die Handelsstraßen Leipzig–Muskau–Breslau (West-Ost) und Görlitz–Muskau–Frankfurt/O. (Süd-Nord).

1251 Markgraf Heinrich der Erlauchte von Meißen: Besitzer des Muskauer Zolls.

1309 Markgraf Johann V. von Brandenburg wird als Burgherr erwähnt.

1316 Markgraf Waldemar von Brandenburg wird als Burgherr erwähnt.

1325 (ca.) Das Alte Schloß wird massiv gebaut.

1338 Thyczco (Ditericus) de Muscove wird als Burgherr erwähnt.

1346 Urkundliche Erwähnung der Kirche auf dem Berg.

1360 Boto IV. von Ilenburg (Eilenburg): Besitzer des Guts Muskau.

1361 Heinrich von Kittlitz heiratet die Tochter Botos IV. von Ilenburg und übernimmt das Gut.

1366 Johann von Penzig: Besitzer des Guts Muskau.

1398 Hans III. von Penzig: Besitzer des Guts Muskau.

1432 Hussiten plündern die Stadt.

1437 Christoph und Nickel von Penzig: Besitzer des Guts Muskau.

1441 Nickel von Gersdorf: Besitzer der Herrschaft Muskau (bis 1444).

1447 Wenzel II. von Biberstein: Besitzer der Herrschaft Muskau. Er residiert jedoch in Sorau.

1450 Bau der Wendischen Kirche (Andreas-Kirche).

1442 Muskau erhält das Stadtprivileg durch Wenzel II.

1465 Johann von Biberstein: Besitzer der Standesherrschaft.

1497 Ulrich von Biberstein: Besitzer der Standesherrschaft.
1519 Sigmund von Biberstein: Besitzer der Standesherrschaft.
1525 Bau des Neuen Schlosses (bis ca. 1530) unter der Leitung eines italienischen Architekten.
1532 Der größte Teil der Stadt Muskau wird durch Feuer zerstört.
1545 Hieronymus und Christoph von Biberstein: Besitzer der Standesherrschaft.
1549 Johann VI. und Christoph von Biberstein: Besitzer der Standesherrschaft. Letzterer stirbt kinderlos 1551.
1552 König Ferdinand I. verpfändet die konfiszierte Bibersteinische Erbmasse an Georg Markgraf Friedrich zu Brandenburg-Anspach. (1552-1554 u. 1556-1558)
1555 Renovierung der Kirche auf dem Berg.
1556 Erbauung des Rathauses.
1558 König Ferdinand I. verkauft die Standesherrschaft an Fabian von Schönaich.
1564 Errichtung der Kapelle auf dem Alten Friedhof.
1573 Erste Belege für den Alaunabbau in Muskau.
Hans Georg von Schönaich: Lehnsherr auf Muskau. Er stirbt 1587 im Muskauer Schloß.
1583 Großes Hochwasser in Muskau.
1587 Fabian von Schönaich: Besitzer der Standesherrschaft.
1589 Muskau wird Krondomäne (Kaiser Rudolf II.).
1593 Großes Hochwasser in Muskau.
1595 Wilhelm Burggraf zu Dohna erhält den Pfandbesitz an Muskau. Großes Hochwasser.
1597 Wilhelm Burggraf zu Dohna kauft die Standesherrschaft Muskau (27 000 ha. u. 37 Dörfer) von Rudolf II. Der Erblehnbrief Rudolfs II. verpflichtet die Muskauer Untertanen an den Burggrafen.
1598 Ein Großbrand vernichtet 16 Scheunen in der Nähe des Friedhofs.
1605 Die Deutsche Kirche (Ev. Stadtkirche) wird im gotischen Stil von dem ital. Baumeister Bevilaqua errichtet.
1606 Carl Christoph Burggraf zu Dohna: Besitzer der Standesherrschaft (unter Vormundschaft).
1611 Großes Hochwasser in Muskau.
1612 Bau der Papiermühle bei Podrosche.
1613 Großes Hochwasser in Muskau.

1618 Im Verlauf des Dreißigjährigen Krieges wird Muskau von verschiedenen Truppen besetzt, geplündert und gebrandschatzt.

1622 Die Deutsche Kirche (Ev. Stadtkirche) wird eingeweiht.

1625 Ursula Catharina Burggräfin zu Dohna: Besitzerin der Standesherrschaft Muskau (unter Vormundschaft).

1632 Die Pest fordert 367 Opfer.

1633 Kroatenregimenter plündern die Standesherrschaft.
Albrecht von Wallenstein, Herzog von Friedland (1583-1634), bezieht im Muskauer Schloß Quartier.

1634 Soldaten zünden ein Gehöft an. Der übergreifende Brand vernichtet die Wendische Kirche, das Pfarramt, das Schulgebäude und viele wichtige Urkunden. Die Bevölkerung flüchtet in die unzugänglichen Wälder. Fast die Hälfte der Muskauer Stadthäuser sind zerstört.

1635 Prager Frieden. Die Oberlausitz fällt als Kriegsentschädigung an Kursachsen. Der Kaiser behält die Oberlehnsherrlichkeit, der Kurfürst alle landesherrlichen Rechte.

1639 In Muskau tritt eine große Teuerung ein.
Unter General Torstenson rücken schwedische Truppen in die Oberlausitz ein.

1643 Soldaten des schwedischen Obersts Wanke zerstören die Stadtkirche und das Muskauer Schloß, bevor sie von den kaiserlichen und sächsischen Truppen vertrieben werden.

1644 Noch während er gegen die Schwedentruppen kämpft, heiratet Curt Reinicke I. von Callenberg die Burggräfin Ursula Catharina zu Dohna und wird dadurch Standesherr auf Muskau.

1645 Kurfürst Johann Georg I. von Sachsen ernennt Curt Reinicke I. von Callenberg zum Landvogt der Oberlausitz. Callenberg I. läßt (u. a.) die Stadtkirche, die Schule und das Hospital wieder aufbauen.

1647 Zum Antritt der Herrschaft ist auch das Schloß wieder neu errichtet (im alten Stil und auf den Grundmauern der alten Wasserburg).

1649 (bis 1667) kauft Callenberg I. ca. 16 Dörfer und Vorwerke zur Standesherrschaft.

1650 In Muskau werden Töpfe, Krüge, Flaschen und Ofenkacheln hergestellt, die man z. T. auch in andere Länder exportiert.

1656 Die italienischen Stukkateure Julio Vinetti und Johann Cometen schmücken die Herrschaftsloge der Stadtkirche aus.

1664 Callenberg I. läßt alle Urkunden über die Privilegien der Stadt neu anfertigen, da die alten im Krieg verbrannt sind.

1666 Ein Orkan reißt das Dach der Bergkirche ab.

1672 Curt Reinicke II. von Callenberg: Besitzer der Standesherrschaft.

1673 Stillegung des Alaunbergwerks.

1680 Schwere Hagelschäden.

1683 Raupenfraß zerstört große Teile der Wälder Muskaus.

1686 Ein Brand vernichtet 27 Häuser, die Wendische Kirche und die Schule.

1703 Großes Hochwasser in Muskau.

1709 Johann Alexander Reichsgraf von Callenberg (III.): Besitzer der Standesherrschaft (bis 1714 unter Vormundschaft).

1726 Erneuerung der Muskauer Töpfer-Privilegien.

1730 Die Muskauer Papiermühle wird an den Bautzener Gottfried Fischer verkauft.

1750 wird eine 50 §§ umfassende Kommunalordnung für die Muskauer Herrschaftsdörfer herausgegeben.

1755 Erste Muskauer Forstordnung.

1757 Preußische Truppen plündern während des Siebenjährigen Kriegs die Stadt Muskau.

1760 Die Waldbienenzucht betreibende Zeidler-Innung der Stadt hat 170 Mitglieder und ca. 7000 Waldbienenstöcke.
Der Hochofen in Keula wird in Betrieb genommen.

1762 Ankauf der Wassenaarschen Bibliothek für die Schloßbibliothek.
Hochwasser und Mißernten im Gebiet der Herrschaft.

1766 Durch einen Großbrand wird die ganze Stadt Muskau ein Raub der Flammen.

1772 In Muskau setzt die zweite große Teuerung ein.

1773 Auf einer Anhöhe bei Braunsdorf läßt die Gräfin zur Lippe, Schwester des Grafen Hermann von Callenberg (IV.), ein Häuschen errichten, das ganz mit Tannenzapfen verkleidet ist.

1774 Georg Alexander Heinrich Hermann Reichsgraf von Callenberg (IV.): Besitzer der Standesherrschaft. Er verfügt, daß in Muskau nur noch massiv gebaut werden darf.
Beginn der Wiederherstellung des Schlosses und der Stadtkirche.
Das Jagdschloß bei Weißwasser wird umgebaut und erweitert. Es erhält den Namen ›Hermannsruh‹ nach Callenberg IV.

1775 In Muskau besitzen 92 Bürger die Brauberechtigung zur Herstellung weißen Weizenbieres.

1778 Auf dem Kirchplatz wird das sogenannte Hungerdenkmal aufgestellt, das an die letzte große Teuerung erinnern soll. In den Sockel mit eingemauert wird eine Chronik der Stadt.

1781 wird der Grundstein zur neuen Wendischen Kirche gesetzt. Das Zapfenhäuschen wird massiv gebaut und erhält den Namen ›Bellevue‹.

1782 Johann Bernoulli und Nathanael Gotfried Leske reisen, getrennt und unabhängig voneinander, durch die Standesherrschaft. Ihre umfangreichen wissenschaftlichen Aufzeichnungen werden 1784 in Berlin bzw. 1785 in Leipzig publiziert.

1784 Callenberg IV. läßt Promenaden an den Bergen anlegen. Der Clementinengang entsteht, und es werden Alleen errichtet. Das Alaunbergwerk meldet wieder einen rentablen Abbau.

Leopold Schefer, Jugendfreund und Berater des Fürsten Pückler, wird in Muskau geboren.

Clementine Cunigunde Reichsgräfin von Callenberg, Erbtochter des letzten Grafen Callenberg, heiratet den Reichsgrafen Ludwig Karl Johann Erdmann Pückler, Sohn des Grafen August Heinrich von Pückler auf Branitz (bei Cottbus).

1785 Am 30. Oktober wird Heinrich Ludwig Hermann Graf von Pückler (ab 1822 Fürst) in Muskau geboren.

Clementine Reichsgräfin von Pückler: Besitzerin der Standesherrschaft Muskau (unter der Administration von August Heinrich Graf von Pückler).

Muskau hat 1200 Einwohner, davon 42 Schuhmachermeister. Die Kapelle auf dem Berg wird nicht mehr zu Gottesdiensten genutzt.

1788 Die neue Wendische Kirche wird eingeweiht.

1790 Jacob Heinrich Rehder wird in Eutin geboren.

1798 Ludwig Erdmann von Pückler: Besitzer der Standesherrschaft Muskau. Erbherr auf Branitz.

1799 Muskau hat 1330 Einwohner und 191 Häuser.

1804 Hochwasser in Muskau. Mißernten.

1807 Aufhebung der Leibeigenschaft für Preußen, die jedoch sehr langsam realisiert wird.

1811 Hermann Graf von Pückler: Besitzer der Standesherrschaft.

Muskau leidet unter den napoleonischen Kriegen. Über 40 000 Soldaten aller Nationen – Franzosen, Kosaken und Preußen – marschieren durch die Stadt. Zwangsabgaben und Typhus belasten die Standesherrschaft. Pückler entgeht nur knapp der Exekution und steht zeitweise unter Hausarrest.

1812 Pflanzungen östlich der Neiße. Abbruch des Orangeriegebäudes auf der Tränenwiese (Hirschwiese) und Neuaufbau auf der Schloßwiese. Abbruch des Fasanenhauses.

1813 Pückler nimmt an der Völkerschlacht bei Leipzig teil.

1815 1. Mai: Schreiben an die Bürgerschaft Muskaus, in dem Pückler ankündigt, einen Park anlegen zu wollen. Aufgrund der Beschlüsse des Wiener Kongresses wird die Oberlausitz aufgeteilt. Muskau fällt an Preußen.

Eduard Petzold in Königswalde geboren.

1816 Mißernten in Muskau. Pückler beschäftigt ca. 200 Arbeiter zur Durchführung seiner Idee.

1817 Jacob Heinrich Rehder wird Obergärtner in Muskau. Pückler heiratet Lucie Gräfin von Hardenberg (1776-1854).

1819 Erste Kontakte Pücklers zu Karl Friedrich Schinkel (1781-1841), der in den folgenden Jahren drei Entwürfe zum Umbau des Schloßkomplexes vorlegt. Der dritte Entwurf wird von Pückler akzeptiert, ausgeführt jedoch lediglich die Schloßrampe mit der Freitreppe.

Wilhelm August Schirmer (1802-1866) zeichnet projektierte Ansichten des Parks nach Pücklers Standortbestimmungen. Es befand sich an der Stelle, an der die Hermannsneiße abgeleitet wird, eine Hopfenanlage.

Deckpflanzungen gegen die Stadt, zwischen der Postbrücke und dem Kirchdammtor, werden angelegt.

1820 Erste Analysen der Badequelle, Trinkquelle und des Moores. Pflanzungen: Tränenwiese, Bergwiese. Die Deckpflanzungen gegen die Stadt werden verändert. Bau des Englischen Hauses.

1821 Es wird begonnen, das Bett der Hermannsneiße von Norden nach Süden hin, also von ihrer Einmündung in die Neiße zu ihrem Abzweig von der Neiße her, auszugraben. Rigolarbeiten um die Schilfwiese. Gestaltung der Gegend um das Englische Haus.

1822 Pückler erhält den Fürstentitel.

Die alte Lindenallee muß der Aussicht auf die Höhen jenseits der

Neiße weichen. Die Brücke zum Englischen Haus und die Doppelbrücke werden errichtet.
John Adey Repton (Sohn des Humphry Repton) und sein Gehilfe Vernal in Muskau.
Es werden Wannen für Mineralbäder aufgestellt.

1823 Im Dezember 1822/Januar 1823 werden bei großer Kälte Bäume gepflanzt.
Die Schloßwiese wird angesät und Fahrwege um das Englische Haus angelegt. Eröffnung des Hermannsbades unter der Leitung der Fürstin Pückler.

1824 Beginn der Gestaltungsarbeiten im Badepark. Entwässerungsarbeiten an der Schilfwiese. Sprengen der Umfassungsmauern des alten Schloßgrabens. Ausschachtungsarbeiten für den Schloßsee (Lucie-See). Weitere Arbeiten an der Hermannsneiße vom Schloßsee bis zur Postbrücke. Abbruch des alten Marstallgebäudes.

1825 Bau der Schloßrampe. Abbruch der Orangerie.

1826 Errichtung der Karpfenbrücke (weiße Brücke) aus Holz, der Fuchsienbrücke und des Viadukts. Bau des Wehres an der Karpfenbrücke. Pflanzung einer ca. 40 Jahre alten Blutbuche an der Schloßrampe.
Pückler reist nach der Scheidung von seiner Frau für drei Jahre nach England. Er läßt Rehder nachkommen, um mit ihm die englischen Parkanlagen zu studieren.

1827 Schloßrampe und Freitreppe werden mit großen Granit-Steinplatten an den Rändern belegt. Bau des Helminenwegs.

1828 Entwässerungsarbeiten im Park. Bau des großen Wegs über die Höhe nach Braunsdorf.
Karl August und Rahel Varnhagen von Ense in Muskau zu Gast bei der Fürstin Pückler.
Es werden nur noch Bäume aus der eigenen Baumschule verwendet.

1829 Pflanzungen im Badepark und Anlegung von Wiesen im Schloßpark. Gestaltung der Quellwiese beim Englischen Haus. Pflanzungen auf dem Kapellenberg.
Mittels Faschinen werden die sandigen Berglehnen im Badepark befestigt. Erste Durchforstungsarbeiten im Park. Die Bautzener Straße wird zugunsten des Badeparkterrains verlegt.

1830 Drei große, etwa zwanzig Jahre alte kanadische Pappeln werden im Pleasureground (Schloßwiese) gepflanzt. Diese Bäume standen auf einer Neißeinsel und mußten mit starken Verpflanzungsmaschinen an ihren neuen Standpunkt gebracht werden. Bau der Eichsee-Brücke und der Brücke über Sara's Walk. Anlage der Inseln im Lucie-See.

1831 Prinz Carl von Preußen (1801-1883) und Friedrich Wilhelm IV. (1795-1861) in Muskau, treffen jedoch Pückler nicht an.
Rigolarbeiten im Park. Gestaltungsarbeiten an der Kesselwiese. Bis 1835 lernt Eduard Petzold in Muskau.
Pückler verhandelt brieflich mit dem Dramatiker Ernst Houwald (1778-1845) um eine in dessen Garten stehende Blutbuche. Houwald gibt schließlich sein Einverständnis zum Abtransport des Baumes nach Muskau.

1832 Karl Friedrich Schinkel und Peter Josef Lenné in Muskau. Ausgrabung des Eichsees. Umgestaltung des Herrengartens. Pflanzarbeiten im Bergpark, Badepark und im Weinberg. Fund des Skeletts (Grab des Unbekannten).

1833 Weitere Arbeiten am Eichsee.

1834 Prinz Carl von Preußen schreibt an einer wissenschaftlichen Abhandlung über den Goslarer Kaiserstuhl.

1835 Bau des Eichsee-Wehres. Heinrich Laube mit seiner Frau Iduna in Muskau. Aufgrund des liberalen Einsatzes der Fürstin Pückler konnte Laube eine wegen eines Pressevergehens ausgesprochene Festungshaft in Muskau verbringen.

1836 Rigol- und Entwässerungsarbeiten im Bergpark.
Die Rote Brücke im Bergpark wird massiv gebaut.

1837 Wegebau im Badepark.

1838 Transport des großen Findlings von den Braunsdorfer Feldern zum Eichsee-Wehr.
Neuanlage von Wiesen im Bergpark.

1840 Bau des ›Tor terrible‹. Verschiebung der Parkgrenze beim Englischen Haus um ca. 500 m nach Norden. Bau der Schloßgärtnerei. Pückler läßt das Dorf Gobelin, rechts der Neiße, abreißen und links der Neiße neu aufbauen.
Machbuba stirbt am 27. Oktober in Muskau.
Der Hauptpark ist 168 ha und der Bade- und Bergpark 89 ha groß.

1841 Die Neißebrücke bei Köbeln wird abgerissen und stromabwärts, außerhalb des Parks, wieder aufgebaut.

1842 Die Köbelner und Braunsdorfer Felder werden in das Areal des Parks mit einbezogen. Die Baumschule wird vergrößert. Bau der Muskauer Schloßbrauerei.

Die Orangerie wird (bis 1846) nach Plänen von Gottfried Semper neu gebaut.

Gestaltungsarbeiten an den Braunsdorfer Feldern. Mergelgruben werden zu kleinen Teichen ausgebaut. Der Glimmerglas-See erhält den Namen Reuter-See, nach dem zu einer Festungshaft verurteilten Dichter Fritz Reuter (1810-1874).

1843 Im Bereich der Braunsdorfer Felder werden neue Fahrwege angelegt. Entwässerungsarbeiten und Rigolen im Schloßpark.

1844 Eduard Petzold wird Hofgärtner in Ettersburg bei Weimar. Beginn des Straßenbaus von Muskau nach Sorau, Spremberg, Görlitz und Bautzen. Gestaltungsarbeiten im Bereich des Keulaer Hammerwerks. Der Park ist ca. 257 ha groß.

1845 Pückler verkauft die Standesherrschaft mit dem Park an den Grafen von Nostitz und die Grafen von Hatzfeld. Er zieht sich mit seiner geschiedenen Frau Lucie zurück auf das väterliche Erbgut Branitz bei Cottbus. Dort beginnt er im folgenden Jahr erneut einen Park zu schaffen.

1846 Prinz Friedrich der Niederlande: Besitzer der Standesherrschaft Muskau.

Pflege, Erhaltung und der Ausbau der Parkanlage unterliegen dem Parkinspektor Jacob Heinrich Rehder.

1852 Jacob Heinrich Rehder stirbt in Muskau. Sein Nachfolger wird Eduard Petzold.

Durchforstungsarbeiten, vom Schloß ausgehend, im gesamten Park.

1853 Bau eines Verbindungsweges zwischen dem Schloßpark und dem Bergpark. Umgestaltung der zu groß gewordenen Anlagen beim Englischen Haus, im Badepark und im Herrengarten. Promenaden durch die große und kleine Schlucht im Bergpark. Die Brücke über Sara's Walk wird massiv gebaut.

1854 Neubau der Königsbrücke (Prinzen-Brücke). Anlage eines Weges von der Kesselwiese zur Baumschule.

1855 Veränderungen der Fußwege von der Doppelbrücke abwärts bis zum Herrengarten. Renovierung der Kapelle auf dem städtischen Friedhof.

1856 Gestaltungsarbeiten unterhalb des Englischen Hauses (Heidental) bis zur Hermannseiche.

Muskau hat 2300 Einwohner und 248 Häuser.

1857 Beginn der Arbeiten am Arboretum.

Das Badehaus wird neu gebaut. Fahrwege von der Neißebrücke beim Englischen Haus entlang der Neiße bis zum ›Tor terrible‹ werden angelegt. Die neue Straße von Sorau nach Muskau erhält eine Allee aus Scharlach-Eichen. In der Umgebung des Schlosses werden Bäume und Sträucher entfernt.

An die Stellen links und rechts der Freitreppe, wo Pückler einst Pferdeplastiken aufstellen wollte, werden zwei Löwen (aus vergoldetem Zinkguß), die Wappentiere des Prinzen der Niederlande, aufgestellt.

1859 Die Englische Brücke (Gitterbrücke) wird massiv gebaut.

1861 Der Viadukt wird massiv gebaut. Der Park hat eine Ausdehnung von ca. 500 ha.

1862 Leopold Schefer stirbt in Muskau am 13. Februar.

1863 Erweiterung des Fußweges unterhalb des Weinbergs nach Krauschwitz.

1864 Prinz Carl besucht Pückler in Branitz.

Die Arbeiten im Alaunbergwerk werden eingestellt.

Das Neue Schloß (bis 1866) wird umgebaut, die Schloßgärtnerei erweitert.

1867 Das Arboretum ist im wesentlichen fertiggestellt (54 ha). Bau der Eisenbahnstrecke Muskau-Weißwasser.

Das Gebiet um den Bahnhof wird durch einen Verbindungsweg vom Badepark aus erschlossen.

1869 Ein großer Sturm entwurzelt viele alte Bäume.

1870 Die Katholische Kirche wird gebaut.

1871 Am 4. Februar stirbt Hermann Fürst von Pückler-Muskau in Branitz.

Muskau hat 3045 Einwohner.

1872 Verbindung der Eisenbahnstrecke Weißwasser–Muskau mit der Hauptlinie Görlitz–Cottbus–Berlin.

1878 Eduard Petzold tritt in den Ruhestand.
Parkinspektor: Roth. Baumschule: Gustav Schrefeld (1831-1891).

1880 Bau des Krankenhauses (bis 1882).

1881 Marie Fürstin zu Wied, geb. Prinzessin der Niederlande: Besitzerin der Standesherrschaft.

1883 Traugott Hermann Graf von Arnim: Besitzer der Standesherrschaft Muskau.

1888 Bau des Mausoleums. Muskau hat 3300 Einwohner.

1891 Eduard Petzold stirbt in Blasewitz bei Dresden.
Rudolf Lauche (1859-1940) wird Parkinspektor.

1897 Großes Hochwasser in Muskau.

1900 Muskau hat 3500 Einwohner.

1902 Ein hölzerner Feuerwachturm wird aufgestellt.

1905 Bau der Eisenbahnbrücke über die Neiße.

1908 Aufstellung des Pückler-Steins östlich der Neiße, an dem von Pückler für den ›Tempel der Beharrlichkeit‹ projektierten Platz.

1913 Bau des Sanatoriums (Dr. Halter) im Bergpark.

1919 Adolf Graf von Arnim: Besitzer der Standesherrschaft.

1920 Durchforstungsarbeiten am Vogelherd.

1922 Die Reithalle im Schloßpark wird gebaut (heute Sporthalle).

1924 Beginn der Umgestaltung des Arboretums.
Zum Schutz des Parks wird eine Polizeiverordnung vom Landrat zu Rothenburg erlassen. Das Neue Schloß wird neu verputzt. Es erhält eine rötliche Farbe.

1928 Rudolf Lauche tritt in den Ruhestand. Eine nach ihm benannte Eiche wird bei der Goldenen Höhe gepflanzt.

1929 Oberforstmeister Walter Bruhm (1877-1952) wird Leiter des Parks. Er wird unterstützt von Georg Potente (Potsdam). Es entsteht eine sehr umstrittene, bis heute vorhandene Rhododendron-Anlage an der Hermannsneiße im Herrengarten. Pückler pflanzte dort überwiegend Koniferen (Tannenreich), die im Verlauf der Zeit einen Mißwuchs infolge von zu dichtem Bestand aufwiesen. Der nach einem Kälteschaden gelichtete Bestand zeigte einseitigen Wuchs und kleine Kronenbildung, so daß alle Bäume entfernt wurden und an ihrer Stelle die Rhododendron gepflanzt worden sind.
Hermann Schüttauf (1890-1967) wird Direktor der Staatlichen Gartenverwaltung des Landes Sachsen.

1930 Der Kurbetrieb wird eingestellt.

1931 Hermann Graf von Arnim: Besitzer der Standesherrschaft. 241 ha des Parks werden zum Naturschutzgebiet. In den folgenden Jahren werden, als Pflegemaßnahme, 7444 Festmeter Holz eingeschlagen. Die Durchblicke vom Schloß und dem Herrenberg, vom Englischen Haus und von der Kirchenruine im Bergpark in den Hauptpark werden freigelegt.

1937 Muskau hat 4852 Einwohner.

1939 Es bestehen insgesamt 37,80 km Fahrwege und 7,5 km Fußwege.

1945 Muskau wird in die Hauptkampflinie einbezogen. Parallel der Neiße befindet sich an der höchsten Stelle des Ostufers ein kleiner Brückenkopf, dessen Schützengräben noch heute sichtbar sind.
Teile der russischen Armee überqueren die Neiße zwischen Pusack und Köbeln. Die Neißebrücken sind gesprengt worden. Am 8. Mai kapituliert die deutsche Wehrmacht.
Im Juli wird die gesamte Standesherrschaft entschädigungslos zwangsenteignet. Hermann Graf von Arnim verläßt Muskau. Kurz darauf wird das Neue Schloß durch Brandstiftung stark beschädigt. Einige Einrichtungsgegenstände, die den Brand überstanden haben, werden im Verlauf dieser Wochen aus dem Schloß geholt. Die Löwenplastiken links und rechts der Freitreppe werden zerschlagen.
Aufgrund des Potsdamer Abkommens wird die Neiße ein Teil der Westgrenze Polens. Der Park zerfällt in zwei Hälften. Die Stadt Muskau ist zu 75 Prozent zerstört. Von der Gesamtfläche des Parks (570 ha) liegen seitdem ca. 370 ha auf polnischem Staatsgebiet.
In den Nachkriegswochen werden auch das Englische Haus und das Mausoleum derart zerstört bzw. abgebaut, daß heute nur noch mit Mühe die Grundmauern zu finden sind.

1949 Am 23. Mai erfolgt mit der Verkündung des Grundgesetzes die Gründung der Bundesrepublik Deutschland (BRD).
Am 7. Oktober tritt die Verfassung der Deutschen Demokratischen Republik (DDR) in kraft.
Die folgenden Daten über die Entwicklung des Muskauer Parks beziehen sich nur noch, wo nicht besonders vermerkt, auf den westlichen, in der DDR gelegenen Parkteil.

1950 Wiedereröffnung des Moorbades im ehemaligen Cavalierhaus.

1953 Beim Rat der Stadt Muskau wird eine Parkverwaltung eingerichtet. Beginn der Arbeiten an der Parkbühne im Badepark (bis 1956).

1955 Der Park wird unter Denkmalschutz gestellt.
Arbeiten an den Wegen im Schloßpark. Die Ruine im Bergpark wird konserviert.

1956 Großes Hochwasser in Muskau.
Die Pfeiler des Parktores am Kirchplatz werden erneuert und das schmiedeeiserne Tor wieder eingehängt. Eine Ulme an der Eichsee-Brücke wird gefällt und durch eine Hainbuche ersetzt. Eine Lindengruppe auf der Seewiese im Schloßpark, die stark beschädigt ist, wird durch Pflanzungen von zehnjährigen Linden ergänzt. Der Hang oberhalb des Eichsees wird freigeschlagen.
Die Böschung an der Parkbühne im Badepark wird nach Entwürfen von Schüttauf gestaltet und mit großen Rhododendren aus dem Kromlauer Park bepflanzt. Ebenfalls neu gestaltet wird die Umgebung des Logierhauses im Badepark (auch »Villa Bellevue« genannt).

1957 Instandsetzungsarbeiten an den Wegen im Schloß- und Bergpark. Pflanzung von zehnjährigen Linden unterhalb der Parkbühne und des Logierhauses.

1958 Großes Hochwasser in Muskau.

1959 Eröffnung des Tropenhauses in der Parkgärtnerei.

1960 Erstmals seit 1930 wird die Blumenanlage vor dem Neuen Schloß wieder hergestellt. (Ab 1964 als Daueranlage, in den folgenden Jahren aber vernachlässigt.)
Die Brücke an der Sporthalle (Reithalle) über die Hermannsneiße wird gebaut. Durchforstungsarbeiten im Schloß- und Badepark.

1961 wird die Gloriette als Aussichtsplattform nachgebaut. Genauere Pläne oder Ansichten der ursprünglichen Konstruktion liegen nicht vor. Die Trinkquelle im Badepark wird wieder als Heilquelle genutzt.
In diesem und in den darauffolgenden Jahren, entstehen an der TU Dresden mehrere Entwürfe für die Umgestaltung des Parks und der Stadt Muskau (Diplomarbeiten).

1962 Entschlammung der Hermannsneiße.

1963 Die Trinkquelle wird als Heilquelle staatlich anerkannt. Eine Arbeitsgemeinschaft für die generelle Stadtplanung in Muskau wird gegründet. Die Mitarbeiter kommen aus den örtlichen staatlichen Organen der Denkmalpflege und der TU Dresden.

1964 Beginn des Wiederaufbaus des Alten Schlosses (Rentamt). Die Rote Brücke im Bergpark wird neu gebaut. Dabei gelingt es nicht, die etwa 40 cm hohen, pilzförmigen, nach unten spitz zulaufenden, aus rotem Ton bestehenden Teile des Geländers nachzubilden. Die Brücke erhält zwar die seitlichen Öffnungen, jedoch aus rechteckigen Steinen.

1965 150 Jahre Muskauer Park.
Enthüllung einer Gedenktafel am Alten Schloß für Rehder und Petzold. Pücklers Name kam später hinzu.

1966 Im Schloßpark werden vierzehn ca. zwanzig Jahre alte Linden gepflanzt. Das Logierhaus (Villa Bellevue) wird renoviert.

1967 Ein großer Sturm vernichtet viele Bäume, darunter auch die letzte der drei Pappeln auf der Schloßwiese.
Gartendirektor Schüttauf verunglückt bei einem Verkehrsunfall tödlich. Ihm zu Ehren wird oberhalb des Badeparks ein Aussichtspunkt errichtet (Schüttauf-Höhe).
Es wird der Plan besprochen, das Neue Schloß als Interhotel wieder aufzubauen.
Erste Bemühungen der Parkverwaltung zur Zusammenarbeit mit den polnischen Denkmalpflegern in der Wojwodschaftshauptstadt Zielona Góra (Grünberg).

1968 Der Innenausbau des Alten Schlosses ist teilweise fertiggestellt. Das Renaissance-Relief über dem Eingang erhält durch den Neubau einen anderen Charakter. Die Figuren in den Nischen, die einst die Besitzer der Standesherrschaft zeigten, werden gegen symbolische ausgetauscht.

1969 Die Holzbrücke im Blauen Garten wird neu errichtet und erhält den Namen Rehder-Brücke.

1970 Neugestaltung der Umgebung der Kirchenruine im Bergpark.

1971 Die Fassade der Orangerie wird restauriert und der Wildwuchs im Neuen Schloß entfernt.
Erstmals erscheint in Polen ein Aufsatz über den Park (in der Zeitschrift ›Ogrodnictwo‹).
100. Todestag Pücklers.

1972 Eröffnung des kleinen Grenzverkehrs über die Postbrücke. An der

Hochschule Warschau wird eine Magisterarbeit über den Park angefertigt.

Nachpflanzung von Baumgruppen auf der Schloßwiese.

1974 Pflanzung von Baumgruppen auf der Tränenwiese. Ausholzungen auf der polnischen Seite am Neißeufer, gegenüber der Schloßwiese.

1981 Starke Hochwasserschäden an der Eichsee-Brücke. Der kleine Grenzverkehr über die Postbrücke wird eingeschränkt.

1982 An der Stelle des ehemaligen Sanatoriums (Dr. Halter) im Bergpark wird damit begonnen, ein Kinderkurheim aufzubauen. Die Schleuse zur Regulierung der Hermannsneiße wird erneuert. Eichsee und Schloßsee (Lucie-See) werden entschlammt. Die Schäferbrücke wird neu aufgebaut, und im Gebiet der genannten Seen werden im größeren Umfang störende Sträucher und Bäume beseitigt.

1983 Die Fuchsienbrücke wird in der Keulaer Hütte originalgetreu nachgebaut und in neu gesetzte Fundamente gelegt. Die letzte Feldulme auf der ›Liebeshöhe‹, in der Nähe der Fuchsienbrücke, fällt dem ›Ulmensterben‹ zum Opfer (Pilz und Schädlingsbefall). Fortsetzung der Arbeiten zur Entschlammung der Hermannsneiße. Die Einwohnerzahl Muskaus sinkt unter 5000.

1984 Erste Vorbereitungen zum Neubau der Eichsee-Brücke. Die alte Eiche neben der Steinbank am Eichsee (Georgs-Eiche) wird durch einen Sturm stark beschädigt. Ebenfalls eine alte Blutbuche am Weg vom Moorbad zum Herrengarten.

Beendigung des Innenausbaus des Alten Schlosses mit der Einweihung des Konzertsaales.

1985 200. Geburtstag von Pückler.

Auf der Schloßwiese werden die drei markanten Pappeln nachgepflanzt. Die Eichsee-Brücke erhält ein Fundament aus Stahlbeton, wird mit roten Lehmklinkern verkleidet, Brückenbogen und Brückengeländer mit hellen Natursteinen akzentuiert und am 29. 10. eingeweiht.

Neben der Steinbank am Eichsee wird eine neue Georgs-Eiche angepflanzt. Als Pückler-Gedenkstein wird ein Findling aus dem Tagebau Nochten zwischen Amtshaus und Lucie-See aufgestellt. An ihm befindet sich eine gußeiserne Platte (70 × 50 cm) mit dem Kopfbild und den Lebensdaten Pücklers. Auf polnischer Seite wird der Pücklerstein, dessen Gedenkplatte in den sechziger Jahren entfernt wurde, auf einem kleinen Platz vor der Postbrücke aufgestellt. Er erhält eine neue Tafel mit der Inschrift:

»CHWAŁA I CZEŚĆ BOHATERSKIM ŻOŁNIERZOM
ARMII RADZIECKIEJ I WOJSKA POLSKIEGO
POLEGŁYM W WALKACH O WYZWOLENIE
MIASTA ŁEKNICY
SPOŁECZEŃSTWO
WMUROWANO W 40. ROCZNICE W. P. 12.10.1983 r.«

(Das Datum entspricht nicht dem Jahr der Aufstellung).
Das Kinderkurheim im Bergpark ist im Rohbau fertiggestellt.
Während eines dreitägigen Colloquiums in Branitz und Cottbus werden zum erstenmal theoretische und praktische Fragen zur Erhaltung des gartenkünstlerischen und literarischen Werks Pücklers offiziell und ausgiebig diskutiert. Von staatlicher Seite wird den Gästen anempfohlen, sich mit dem Geisteserbe Pücklers intensiver zu beschäftigen (Kurt Löffler).

1986 Eröffnung des Kinderkurheims im Bergpark.

1987 Das Neue Schloß wird von wildem Baumwuchs befreit.
Am 5.6. erhält die Muskauer Apotheke den Namen: »Leske-Apotheke« (s. Chronik: 1782).
Weitere Ziele: Erschließung des Krauschwitzer Parkteils (19 ha), Erschließung des Bergparks mit Sichtverbindung zum Neißetal, Fragen des Umweltschutzes (Umgebungsschutz) in der Nähe der Parkanlagen.

1988 Erweiterung des Konzertangebotes im Alten Schloß.
Konzentrierte Zusammenarbeit unter der Leitung der örtlichen Räte von Muskau und Kromlau auf dem Gebiet der Parkpflege und Parkerhaltung.
Rekonstruktion des Hermannsbades; Abschluß der Arbeiten am Alten Schloß und weitere Rekonstruktionsarbeiten am Cavalierhaus.
Abschluß einer neuen Vereinbarung zum Kulturaustausch mit der Stadt Żary.
Denkmalpfleger aus Dresden und Zielona Góra arbeiten gemeinsam an einer Lösung, den Muskauer Park als Ganzes wiederherzustellen.
In Warschau und Lublin (KUL) werden zwei wissenschaftliche Arbeiten geschrieben, die sich u. a. mit dem in polnischen Archiven befindlichen Quellenmaterial zum Muskauer Park beschäftigen.

BIBLIOGRAPHISCHE HINWEISE

Pückler-Muskau, Hermann Fürst von:

Briefe eines Verstorbenen. Ein fragmentarisches Tagebuch aus England, Wales, Irland und Frankreich, geschrieben in den Jahren 1828 und 1829. Theil 1 und 2: München, 1830, Theil 3 und 4: Stuttgart, 1832.

– Andeutungen über Landschaftsgärtnerei, verbunden mit der Beschreibung ihrer praktischen Anwendung in Muskau. Stuttgart, 1834.

– Tutti Frutti. Aus den Papieren des Verstorbenen, 5 Bde., Stuttgart, 1834.

– Vorletzter Weltgang von Semilasso. Traum und Wachen. Aus den Papieren des Verstorbenen, 3 Bde., Stuttgart 1835.
Erster Theil: In Europa. Erste Abtheilung (Bd. 1),
dito.: In Europa. Zweite Abtheilung (Bd. 2),
dito.: In Europa. Dritte Abtheilung (Bd. 3).
Stuttgart, 1835.

– Jugendwanderungen. Aus meinen Tagebüchern; Für mich und Andere. Vom Verfasser der Briefe eines Verstorbenen. Stuttgart, 1835.

– Semilasso in Afrika. Aus den Papieren eines Verstorbenen. (Semilassos vorletzter Weltgang, II. Th., 1te Abth.)
Erster Theil: Algier.
Zweiter Theil: Algier, Bougie, Bone.
Dritter Theil: Biserta, Tunis.
Vierter Theil: Reise in's Innere des Königreichs Tunis.
Fünfter Theil: Land der Beduinen.
5 Bde., Stuttgart, 1836.

– Der Vorläufer. Vom Verfasser der Briefe eines Verstorbenen, Stuttgart 1838.

– Südöstlicher Bildersaal. Herausgegeben vom Verfasser der Briefe eines Verstorbenen, 3 Bde., Stuttgart 1840-41.
Bd. 1: Der Vergnügling.
Bd. 2: Griechische Leiden, Th. 1.
Bd. 3: Griechische Leiden, Th. 2.

– Aus Mehemed Ali's Reich. Vom Verfasser der Briefe eines Verstorbenen. 3 Bde., Stuttgart, 1844.
1. Th.: Unter-Aegypten.

2. Th.: Ober-Aegypten.
3. Th.: Nubien und Sudan.
– Die Rückkehr. Vom Verfasser der Briefe eines Verstorbenen. 3 Bde., Berlin 1846-48.
1. Th.: Aegypten.
2. Th.: Syrien.
3. Th.: Syrien und Kleinasien.

Assing, Ludmilla (Hrsg.):
Briefwechsel und Tagebücher des Fürsten Hermann von Pückler-Muskau. 9 Bde., Hamburg 1873-76.

NACHWORT

Mit den *Andeutungen über Landschaftsgärtnerei* schuf Hermann von Pückler-Muskau ein Lehrbuch, das sowohl den gestalterischen Umgang mit der Natur als auch philosophische Betrachtungen zum Hintergrund seiner in Muskau verwirklichten Parkgestaltung beinhaltet. Separiert man die historischen Tendenzen unter den Bedingungen der Veränderung, werden Gestaltungsgrundsätze deutlich, die über das 19. Jahrhundert hinausreichen.

Die Gestaltungsweise Pücklers beruht auf einer komplexen Grundidee, die Relationen zwischen dem Menschen und der Natur aufzeigen möchte. Die Voraussetzungen zur Durchführung der Idee waren zum Teil durch den Besitz der Standesherrschaft gegeben, mußten aber andererseits erst noch geschaffen werden. Um seine Grundidee in einer Komposition verwirklichen zu können, war Pückler gezwungen, Gebiete anzukaufen. Gleichzeitig begann er mit den Gestaltungsarbeiten. Da Text und Anhang darüber genügend Auskunft erteilen, soll das Nachwort als Ergänzung die heutige Situation zum Verständnis des Parks schildern – wie man ihn teils noch sehen kann, teils, aufgrund einschneidender Veränderungen, wieder neu entdecken muß.

Oft wird der Titel *Andeutungen* über Landschaftsgärtnerei als vermeintliche Bescheidenheit Pücklers gesehen. Es ist aber eher anzunehmen, daß sich Pückler dessen bewußt war, wie schwierig eine literarische Darstellung seiner Park-Komposition unter der Prämisse des noch nicht Vollendeten werden würde. Darüber hinaus erkennt man in Pücklers eigenen Schriften eine sorgfältig durchdachte, auf das jeweilige Werk gezielt gerichtete Titelauswahl, die immer einen starken Bezug zur Person Pücklers aufweist. Man kann aus diesem Grund das Wort *Andeutungen* als einen Hinweis auf die Erkenntnis verstehen, daß ein Landschaftspark in seiner ständigen Veränderung nur andeutungsweise mit literarischen Mitteln beschrieben werden kann. Insofern ist es unumgänglich, den Muskauer Park vor Ort kennenzulernen. Eine literarische Vorlage reicht nicht aus und führt zu Fehleinschätzungen. Dies heißt auch, daß nicht nur die Komposition des Parks zu verschiedenen Jahreszeiten erfaßt werden muß, sondern daß, ausgehend vom historischen Gerüst über die einzelnen Erweiterungsphasen hinweg, der heutige Zustand bewußt erlebt und beurteilt werden will. Aufgeteilt in einzelne Fachgebiete, enthält der Muskauer Park geographische, geologische, geschichtliche, botanische, literarische, politische, philosophische und künstlerische Elemente, die man, zusammengefügt und mit den Mitteln der Landschaftskunst sichtbar gemacht, in der Komposition wiederfindet.

Das Schloß und die Stadt Muskau bilden das Zentrum des Parks. Hier überwiegt die Präsenz des Menschen deutlich. Die weitere gestaltete Umgebung weist vielfältige Beziehungen zum Zentrum auf. Die Randgebiete des Parks gehen langsam über in die natürlich gewachsene Landschaft.

Die durch Naturkräfte entstandenen Formen des

Muskauer Faltenbogens und das durch die Endmoräne aufgebrachte Naturmaterial wurden von Pückler in ihrem urgeschichtlichen Wert erkannt und entsprechend behandelt. Lokalkenntnisse dieser und anderer Art bestimmen die Inhalte seiner Grundidee. Baumaterialien aus der Umgebung von Muskau, Heilwasser und Moor bestätigen die konsequente Durchführung der Grundidee. Gesteinsarten, die typisch sind für die Landschaft der Oberlausitz, findet man überall dort im Park, wo der Gesamteindruck diese Herausstellung zuläßt. Von einer romantischen Denkart kann keine Rede sein. Der große Findling in der Mitte des Eichsee-Wehres ist, wie alle anderen Steine dieser Qualität im Park, unbearbeitet geblieben. Durch Auswahl und Plazierung vollzog Pückler die erfahrbare Wandlung vom Naturmaterial zum künstlerischen Material Natur. Der Stein bleibt Stein, wird aber durch die geschaffenen Relationen, in die er gestellt ist, aufgewertet. Ein achtloses Vorübergehen, wie es in der natürlich gewachsenen Natur wahrscheinlicher wäre, ist nun nicht mehr möglich. Der Unterschied des Muskauer Parks zum englischen Landschaftsgarten, dem man zu Recht einen Stil im kunsthistorischen Sinn zuerkennt, besteht hauptsächlich in der Verwendung von Gestaltungselementen, die einen eindeutigen und sinnvollen Bezug zur lokalen Geschichte belegen. Pücklers Versuch, englische Gärtner mit der Umgestaltung der Umgebung des Neuen Schlosses zu beauftragen, schlug fehl, weil sich diese Gartengestalter nicht oder nur wenig mit den lokalhistorischen Bedingungen beschäftigt hatten. Der so hoch geschätzte englische Stil ließ sich nicht übertragen.

Die Diskrepanz zum historisch Gewachsenen zeigte sich so stark, daß dieser Teil des Parks Jahre später völlig überarbeitet werden mußte.

Die Steine des Eichsee-Wehres sind, neben ihrem praktischen Nutzen für den Verlauf der Hermannsneiße und den rein gestalterischen Gesichtspunkten, weniger transitorisches Phänomen als vielmehr eine bewußt gegebene Möglichkeit, die in den Steinen materialisierte Konzeption für den Benutzer des Parks nachvollziehbar zu machen. Ästhetische und ethische Sensibilisierung, untrennbar miteinander verbunden, spiegeln in der praktischen Ausführung die Grundidee. Die Kraft des fließenden Wassers, verstärkt durch das Gestaltungselement Wehr, und die Gegenkraft der Steine, deren Erscheinung sich durch die besondere Position erhebt, aktivieren die Selbsterfahrung. Das faktisch Vorhandene gibt zwar die Möglichkeit der Erkenntnis, drängt sie aber dem Benutzer nicht auf. Diese offengehaltenen Benutzungshinweise sind überall im Park zu finden, wenn auch immer wieder in abgewandelter Form.

Das Zentrum des Parks ist dort, wo der Mensch dominiert. Von der Stadt Muskau und dem Schloß aus fordern mehrere Sichtachsen, die jeweils einen bestimmten Zielpunkt anbieten, zunächst eine individuelle Entscheidung in bezug auf die grobe Richtung, die der Parkbenutzer einschlagen möchte. Diese erste Entscheidung führt bereits in den gesamten Komplex der Komposition.

Nimmt man einmal an, das Interesse am Park beschränkt sich auf die Architekturteile in Verbindung mit der örtlichen Geschichte. Dann sind, neben der Stadt

Muskau, das Amtshaus und das Neue Schloß die Ausgangspunkte für eine erste Orientierung. Aufgrund des speziellen Interesses wandert der Blick, geleitet durch einen offengehaltenen Raum, nach Westen an den Schlössern vorbei, über die Stadt Muskau hinweg, zum Bergpark. Dort entdeckt man eine Kirchenruine, die sichtbar gemacht wurde durch einen breiten Rasenvorhof, der sich deutlich abhebt von den ihn umgebenden Bäumen. Diese Kirchenruine mit dem inzwischen eingeebneten Friedhof gehörte zu Pücklers Zeiten nicht zum Parkgebiet. Trotzdem markierte Pückler diesen Ort. Vom Standpunkt der Blutbuche an der Schloßrampe aus gesehen, kann man die Kirchenruine optisch nur teilweise erfassen – ein Gestaltungsgrundsatz Pücklers, der den Reiz der Annäherung erhöhen soll; die Annäherung ist also gestalterisch motiviert. Es fällt auf, daß es in der Wegeführung im Park keinen überschaubaren Weg gibt. Durch zahlreiche herausgestellte Orientierungspunkte wird dem Parkbenutzer zwangsläufig eine Lokalkenntnis vermittelt. Auf dem Weg vom Neuen Schloß zur Kirchenruine ergeben sich neue Perspektiven, die wiederum den Reiz der Annäherung erhöhen und so, Schritt für Schritt, durch die gesamte Parkkomposition führen. Die Möglichkeiten, die Pückler im zweiten, im literarischen Teil der Andeutungen über Landschaftsgärtnerei dem Parkbenutzer anbietet, sind je nach Interessenlage variabel. Aufgrund der zahlreichen Veränderungen der Parkgestalt bis in unsere Zeit müssen diese Parkführungen neu gesehen und verstanden werden. Hierbei stellen sich auch Fragen bezüglich der jüngsten Geschichte des Parks. So wie die

Kirchenruine im Bergpark auf eine historische Dimension verweist, geben unpassende Neubauten im Bereich des Muskauer Zentrums darüber Auskunft, welche Bedeutung dem Park in den 60er und 70er Jahren beigemessen wurde.

Die Zeugen der älteren und der jungen Geschichte stehen in Muskau eng nebeneinander. Die Wirkung eines barocken Parks beispielsweise würde durch solche Veränderungen zerstört – er ist lediglich als Denkmal konservierbar. Der Landschaftspark Pücklers hingegen setzt in der Grundidee Veränderungen voraus. Der Mensch kann in ihm leben und sich entwickeln. Der Park verträgt ein gewisses Maß an ›Stilbruch‹, weil er kontinuierlich und selbständig seine Anwesenheit präsentiert und der ›Stil‹ so umfassende Relationen beinhaltet, daß lediglich eine gänzliche Zerstörung sein Ende bedeuten würde. Hierin liegt auch die Aussage begründet, Pückler habe die Landschaftsgestaltung zu einem Höhepunkt geführt, der bis heute nicht übertroffen werden konnte. Die größte Gefahr, die heute den Park bedroht, ist die Umweltverschmutzung, denn sie betrifft die beiden Ausgangspunkte der Grundidee: den Menschen und die Natur.

Stellen wir einmal die Grundidee Pücklers den Konzeptionen heutiger Kunstausstellungen gegenüber. Pücklers Bestrebung war es, eine Vielzahl von verschiedenen Einzelelementen derart in einer Komposition zu vereinigen, daß dadurch ein sinnvoller Anreiz und eine größtmögliche Freiheit in der Auswahl des Weges vorgegeben ist. Störende Partien oder solche, die die Aufmerksamkeit gegenüber dem Ganzen unterbrechen, sind von ihm immer wieder überarbeitet worden. Es gibt keinen festgelegten Weg von A nach B. Die Inhalte der Komposition sind vielfältig und bieten Vergangenes und Gegenwärtiges an. Das Maß, mit dem sich die Proportionen des Parks messen lassen, ist der Mensch. Der Mensch ist auch Maßstab für Konzeptionen von Kunstausstellungen, deren Ziel es ist, die einzelnen Kunstwerke dem Betrachter zugänglich zu machen. Handelt es sich um Exponate aus verschiedenen Epochen oder sollen Bilder, Skulpturen und andere Kunstwerke gemeinsam ausgestellt werden, taucht die Frage nach einer sinnvollen Ordnung auf. Bereits die Behandlung des vorhandenen Interieurs kann entscheidend auf die Wirkung der Exponate Einfluß nehmen. Durch leichte Trennwände oder verschlossene Türen wird dem Ausstellungsbesucher die Richtung angegeben, in die er gehen soll. Dabei kann der Effekt vermieden werden, zu schnell durch die Räume geleitet zu werden. Leider geschieht dies aber in herkömmlichen Museen und auch auf Gartenschauen dort, wo nichtkünstlerische Planungen den Maßstab setzen. Heutige Kunstausstellungen streben nach einer kompositionsähnlichen Konzeption, die eine historische Entwicklung aufzeigen und gleichzeitig Wege bereitstellen möchte, die es ermöglichen sollen, daß der Betrachter sich frei an den Inhalten von Kunstwerken aus verschiedenen Epochen orientieren kann. Die Führung der Wege im Muskauer Park weist eine didaktische Komponente auf, die den Vergleich mit solchen Konzeptionen nahelegt. Im Park begegnet man dem Benutzer, der über gestalterisch angelegte Wege zu den einzelnen Parkelementen geführt wird. In der Ausstellung läßt sich der Betrachter ebenfalls durch vorgegebene Wege zu den Exponaten führen. Diese bewußte Hinführung zum Detail findet man weder in französischen noch in englischen Parkanlagen. Darüber hinaus ist dieser Aspekt der Grundidee Pücklers unter Berücksichtigung der jeweiligen Lokalität heute noch anwendbar.

Die Anlage des Parks von Muskau macht bereits in ihrer frühen Entstehungsphase deutlich, daß die Maßnahmen zur Erhaltung, Pflege und Erweiterung keinen starren Regeln unterworfen werden können. Pückler sah nach dem Verkauf der Standesherrschaft das Notwendigste getan und vertraute auf die Stabilität seiner bis dahin umgesetzten Grundidee. Es ist deshalb ein weiterer wichtiger Aspekt seiner Gestaltungsweise zu nennen.

Das was Pückler vorgegeben hatte, widersetzte sich fast selbstverständlich solchen Neuerungen, mit denen die Grundidee auf ein Resümee bzw. auf ein Minimum reduziert werden sollte. Jedoch ließ die Gesamtanlage den nachfolgenden Besitzern der Standesherrschaft genügend Gelegenheit für eine sinnvolle Erweiterung. Da mehrere Partien 1845 noch nicht vollendet waren und die liberale Grundidee Pücklers für eine gewisse Austauschbarkeit der Gestaltungselemente Raum bot, muß bei der Beurteilung der Parkanlage davon ausgegangen werden, daß das Erscheinungsbild des Parks nicht allein auf Pückler zurückzuführen ist. Zu einem gewichtigen Teil lag diese Ausführung in den Händen der verschiedenen Parkinspektoren, deren Würdigung sich in dem hier vorliegenden Band lediglich auf tabellarische Hinweise beschränken muß.

Unter dem Prinzen der Niederlande, dem die Standesherrschaft Muskau von 1846 bis 1881 gehörte, wurden links und rechts der Freitreppe vor dem Neuen Schloß Löwenplastiken aufgestellt, und zwar an den Stellen, an denen Pückler einst Pferdeplastiken aufstellen wollte. Diese 1945 zerstörten Löwenplastiken fügten sich in das Gesamtbild ein. Die Vorgabe Pücklers ist aber noch nicht einmal auf Plastiken begrenzt, sondern so zu verstehen, daß dieser Teil der Freitreppe besonders hervorgehoben werden muß. Ausschlaggebend für die Auswahl der Hervorhebung bleibt eine sinnvolle Beziehung, die in diesem Fall das Wappentier des Prinzen der Niederlande, nämlich die Löwenplastiken, erfüllt. Bei einer Rekonstruktion der Freitreppe würde sich nicht nur die Frage stellen, ob die projektierten Pferdeplastiken aufgestellt werden sollen, sondern in welcher Beziehung sie heute noch zur Ruine des Neuen Schlosses stehen würden. Die veränderten Relationen sind Teil der Parkgeschichte geworden, und die Ruine des Neuen Schlosses gibt dies zu erkennen.

Ein anderes Beispiel für die Austauschbarkeit von Gestaltungselementen ist das 1888 errichtete Mausoleum östlich der Neiße. Es entsprach nicht der Vorlage Schinkels, war aber dennoch ein wichtiger Bestandteil des Parks. Die Aufstellung des Pückler-Steins an der Stelle des projektierten Tempels der Beharrlichkeit ist ein Beleg dafür, daß eine völlig unterschiedliche Markierung sinnvoll sein kann, solange sie einen bestimmten Zweck erfüllt und im Betrachter keine Disharmonie in bezug auf die Gesamtanlage erzeugt. Architektur oder architekturähnliche Gestaltungselemente sind im

Park also nicht einem bestimmten Stil unterworfen. Anders dagegen verhält es sich mit der Baum-Architektur. Ein Ersatz durch von der Form wesentlich abweichende Arten verfälscht das Bild der jeweiligen Parkteile. Baum-Architektur ist zeitlich anders zu definieren.

Die Entwicklung des Muskauer Parks seit 1945 wird ein Teil der Parkgeschichte werden, die bislang eingeteilt ist in ihre Entstehungsphase (1815-1845) und in die Zeit der Pflege und Erweiterung (1845-1945). Die großen Veränderungen durch die Folgen des Zweiten Weltkrieges blieben bis heute sichtbar.

Daß sich der Muskauer Park parteipolitischen Einflüssen widersetzt, versteht sich von selbst. Kunst und Politik stehen und standen sich schon immer in einem Machtkampf gegenüber. Da sich jedoch die Kunst in ihrem Werden auch an der Politik orientiert, dies aber im umgekehrten Fall selten geschieht, liegt ein gewisser Vorteil der ersteren auf der Hand.

Die Not der Nachkriegsjahre erzeugte in Muskau zunächst ein verständliches Desinteresse am Zustand des Parks. Parkwiesen wurden zum Gemüse- und Kartoffelanbau benutzt, und Holz war ein begehrtes Brennmaterial geworden. Aber schon in den fünfziger Jahren drängte man wieder auf die Erhaltung des Parks, zunächst in lokaler Eigenständigkeit, bald aber unter der Leitung übergeordneter staatlicher Stellen. Der Park wurde zum Volkspark erklärt. Dieser Terminus bezog sich nicht auf den Gattungsnamen, sondern umschrieb die neuen Besitzverhältnisse. In den sechziger und siebziger Jahren dominierten anhaltende Meinungsverschiedenheiten darüber, wie die Inhalte des Parks mit der Gesellschaftsordnung der DDR in Übereinstimmung gebracht werden könnten. Schließlich brachten die achtziger Jahre, mit den Festlichkeiten zum 200. Geburtstag Pücklers, eine Hinwendung zur bis dahin selten offiziell diskutierten Grundidee. Pflege und Erhaltung des in der DDR liegenden Parkteils orientieren sich seitdem wieder stärker an den parkgestalterischen Aussagen Pücklers und den Schriften der verschiedenen Parkdirektoren. Ziel dieser Bemühungen ist es, Versäumtes nachzuholen, Unrichtiges zu verändern und Probleme der Gegenwart zugunsten des Parks zu lösen. Eine Entwicklung also, die sich in die lange Geschichte der Stadt Muskau und ihres Parks einfügt. Zerstörung, Wiederaufbau und Veränderung bleiben gebunden an das Kunstwerk Park. Die Grundidee der Anlage erweist sich als Anker des Denkens.

Leider sind bis heute alle Bemühungen gescheitert, den polnischen Teil des Parks zu erhalten. Die Brücken über die Neiße sind, bis auf die Postbrücke, die nur mit Sondergenehmigung passierbar ist, zerstört. Reste der Fundamente, die 1945 gesprengt wurden, liegen im seichten Wasser der etwa 25 Meter breiten Parkneiße. Ansätze gestalteter Partien können ebenfalls noch auf der ersten Terrasse des Ostufers nachvollzogen werden. Besondere Grenzanlagen gibt es, abgesehen vom Bereich der Postbrücke, nicht. Der Parkbenutzer kann sich am Westufer der Neiße frei bewegen.

Das theoretische Wissen um rudimentäre Gestaltungselemente im polnischen Teil des Parks erzeugt den Wunsch, ihn als Ganzes kennenzulernen. Um sich diesen Wunsch zu erfüllen, ist man gezwungen, Muskau zu verlassen und über Forst oder Görlitz nach Polen einzureisen. Die Wegstrecke beträgt über Forst ca. 100 Kilometer und über Görlitz mehr als das Doppelte. Kaum ein Umstand sorgt mehr für eine bewußte Erkenntnis der Teilung des Parks, als diese grenzüberschreitende Reise. Dennoch ist nicht zu leugnen, daß Motiv und Ziel an die Gesamtanlage gebunden sind. So strahlt der Muskauer Park auch noch über politische Grenzen hinweg einen deutlichen Reiz aus, der eine Annäherung über Wege herbeiführt, die nicht mehr im gestalteten Parkgebiet liegen.

Diese Gedanken zur Verdeutlichung der heutigen Situation des Muskauer Parks sind lediglich Anregungen zum Verständnis der umfangreichen Beziehungen, die der Park im Verlauf seiner Geschichte aufgenommen hat. Die *Andeutungen über Landschaftsgärtnerei* geben dem Leser und dem Parkbenutzer grundlegende Informationen zur Hand, die er individuell erweitern kann. Der lehrbuchartige Charakter vermittelt eine erste Orientierung auf dem Gebiet der Landschaftsgestaltung und verweist darüber hinaus auch auf die notwendige interdisziplinäre Betrachtungsweise der Thematik.

INHALT

Zu dieser Ausgabe

insel taschenbuch 1819: Pückler-Muskau, Andeutungen über Landschaftsgärtnerei, erstmals 1988 erschienen als insel taschenbuch 1024. Der Text folgt der Ausgabe: Andeutungen über Landschaftsgärtnerei, verbunden mit der Beschreibung ihrer praktischen Anwendung in Muskau. Vom Fürsten von Pückler-Muskau. Mit 44 Ansichten und 4 Grundplänen. Hallberger'sche Verlagshandlung, Stuttgart 1834.

Der Textband der *Andeutungen über Landschaftsgärtnerei* ist erstmals in Leipzig 1834 bei J. B. Hirschfeld gedruckt und in Stuttgart bei der Hallberger'schen Verlagsbuchhandlung herausgegeben worden. Von dieser Erstausgabe in 8° gibt es eine Paperback-Ausgabe mit 276 Seiten Text, 6 Seiten Register und einer Seite mit 13 Textberichtigungen. Mit gleichem Text erschien im selben Jahr in 8° eine fest gebundene Ausgabe, in der die Textberichtigungen realisiert wurden. Diese zweite Erstausgabe ist jedoch mit etwas kleineren Typen neu gesetzt, so daß der Text lediglich 266 Seiten umfaßt. Das Register blieb unverändert. Im Titel der Urausgabe ist der Name *Pückler-Muskau* mit vollen Typen gedruckt; in der zweiten Erstausgabe findet man den Namen in schattierten Umrißtypen. Beide Ausgaben enthalten offensichtliche Druckfehler und Unstimmigkeiten in bezug auf die Numerierungen der Abbildungen. Diese Unstimmigkeiten werden in der vorliegenden Ausgabe im kommentierten Abbildungsverzeichnis aufgeführt und korrigiert.

Der Neudruck dieser Ausgabe ist im Text und im Register vollständig. Hierzu wurden die beiden ersten Ausgaben miteinander verglichen und die Textberichtigungen der Urausgabe ausgeführt. Der Text wurde unter Wahrung des Lautstands behutsam modernisiert, Eigennamen entsprechen in der Schreibweise der Vorlage. In die Interpunktion wurde grundsätzlich nicht eingegriffen; so wurden auch Elisionen und Apostrophe beibehalten. Die Sperrungen der Vorlage erscheinen kursiv, die Kursivierungen der Vorlage gerade. Ziel dieser Edition ist es, eine lesbare und zugleich unverfälschte und erweiterte Ausgabe vorzulegen.

Die Abbildungsvorlagen stellte der Herausgeber dem Verlag zur Verfügung. Umschlagfoto: Hans Wiesenhofer

Städte und Landschaften
Reiselesebücher
im insel taschenbuch

Bodensee. Reisebuch. Herausgegeben von Dominik Jost. Mit zahlreichen Abbildungen. it 1490

Bonn. Ein Städte-Lesebuch. Herausgegeben von Doris Maurer und Arnold E. Maurer. Mit zahlreichen Abbildungen. it 1224

Dresden. Ein Reisebuch. Herausgegeben von Katrin Nitzschke. Unter Mitarbeit von Reinhard Eigenwill. Mit zahlreichen Abbildungen. it 1365

Florenz. Lesarten einer Stadt. Herausgegeben von Andreas Beyer. Mit zahlreichen Illustrationen. it 633

Florida. Reisebuch. Herausgegeben von Katharina Frühe und Franz Josef Görtz. Mit zahlreichen Abbildungen. it 1492

Walter Haubrich / Eva Karnofsky: Die großen Städte Lateinamerikas. Sechzehn Städtebilder. Von Walter Haubrich und Eva Karnofsky. Mit farbigen Fotografien. it 1601

Hamburg. Ein Städte-Lesebuch. Herausgegeben von Eckart Kleßmann. it 1312

Heidelberg-Lesebuch. Stadt-Bilder von 1800 bis heute. Herausgegeben von Michael Buselmeier. it 913

Hermann Hesse: Tessin. Betrachtungen, Gedichte und Aquarelle des Autors. Herausgegeben von Volker Michels. it 1494

London. Eine europäische Metropole in Texten und Bildern. Herausgegeben von Norbert Kohl. it 322

Mit Rilke durch das alte Prag. Herausgegeben von Hartmut Binder. Mit zahlreichen Abbildungen. it 1489

Moskau. Ein literarischer Führer. Von Sigrun Bielfeldt. Mit zahlreichen Abbildungen. it 1382

München. Ein Lesebuch. Herausgegeben von Reinhard Bauer und Ernst Piper. Mit zahlreichen Abbildungen. it 827

Paris. Deutsche Republikaner reisen. Herausgegeben von Karsten Witte. it 389

Potsdam. Ein Reisebuch. Herausgegeben von Doris Maurer und Arnold E. Maurer. Mit farbigen Abbildungen. it 1432

Prag. Ein Lesebuch. Herausgegeben von Jana Halamičková. Mit zahlreichen Abbildungen. it 994

Rom. Ein Städte-Lesebuch. Herausgegeben von Michael Worbs. it 921

Salzburg. Ein Städte-Lesebuch. Herausgegeben von Adolf Haslinger. Mit zahlreichen Abbildungen. it 1326

Schwarzwald und Oberrhein. Literarischer Führer. Herausgegeben von Hans Bender und Fred Oberhauser. Mit zahlreichen Abbildungen. it 1330

169/1/3.95

Städte und Landschaften
Reiselesebücher
im insel taschenbuch

Trier. Deutschlands älteste Stadt. Reisebuch. Herausgegeben von Michael Schroeder. Mit zahlreichen Fotografien. it 1574

Tübingen. Ein Städte-Lesebuch. Herausgegeben von Gert Ueding. Mit zahlreichen Abbildungen. it 1246

Umbrien. Reisebuch. Herausgegeben von Isolde Renner. Mit zahlreichen Abbildungen. it 1491

Venedig. Herausgegeben von Doris Maurer und Arnold E. Maurer. Mit zahlreichen Abbildungen. it 626

Venedig. Literarischer Führer. Herausgegeben von Doris Maurer und Arnold E. Maurer. Mit farbigen Abbildungen. it 1413

Wien. Reisebuch. Herausgegeben von Joseph Peter Strelka. Mit farbigen Fotografien. it 1573

Wien im Gedicht. Herausgegeben von Gerhard C. Krischker. it 1488

169/2/3.95

Biographien, Leben und Werk
im insel taschenbuch

Lou Andreas-Salomé: Lebensrückblick. Grundriß einiger Lebenserinnerungen. Aus dem Nachlaß herausgegeben von Ernst Pfeiffer. Neu durchgesehene Ausgabe mit einem Nachwort des Herausgebers. it 54

– Rainer Maria Rilke. Mit acht Bildtafeln im Text. Herausgegeben von Ernst Pfeiffer. it 1044

Angelika Beck: Jane Austen. Leben und Werk in Texten und Bildern. it 1620

Bertolt Brecht. Sein Leben in Bildern und Texten. Mit einem Vorwort von Max Frisch. Herausgegeben von Werner Hecht. it 1122

Die Schwestern Brontë. Leben und Werk in Texten und Bildern. Herausgegeben von Elsemarie Maletzke und Christel Schütz. it 814

Robert de Traz: Die Familie Brontë. Eine Biographie. Aus dem Französischen von Maria Arnold. Mit einem Beitrag von Mario Praz. Mit zahlreichen Abbildungen. it 1548

Georg Büchner. Leben und Werk in Texten und Bildern. Von Reinhold Pabst. it 1626

Hans Carossa: Ungleiche Welten. Lebensbericht. it 1471

Cézanne. Leben und Werk in Texten und Bildern. Von Margret Boehm-Hunold. it 1140

George Clémenceau: Claude Monet. Betrachtungen und Erinnerungen eines Freundes. Mit farbigen Abbildungen und einem Nachwort von Gottfried Boehm. it 1152

Sigrid Damm: Cornelia Goethe. it 1452

– »Vögel, die verkünden Land.« Das Leben des Jakob Michael Reinhold Lenz. it 1399

Joseph von Eichendorff. Leben und Werk in Texten und Bildern. Herausgegeben von Wolfgang Frühwald und Franz Heiduk. it 1064

Elisabeth von Österreich. Tagebuchblätter von Constantin Christomanos. Herausgegeben von Verena von der Heyden-Rynsch. Mit Beiträgen von E. M. Cioran, Paul Morand, Maurice Barrès und Ludwig Klages. Mit zeitgenössischen Abbildungen. it 1536

Die Familie Mendelssohn. 1729 bis 1847. Nach Briefen und Tagebüchern herausgegeben von Sebastian Hensel. it 1671

Theodor Fontane: Kriegsgefangen. Erlebnisse 1870. Herausgegeben von Otto Drude. Mit zahlreichen Abbildungen. it 1437

– Meine Kinderjahre. Autobiographischer Roman. Mit einem Nachwort von Otto Drude. it 705

Theodor Fontane. Leben und Werk in Texten und Bildern. Von Otto Drude. it 1660

162/1/3.95

Biographien, Leben und Werk im insel taschenbuch

Sigmund Freud. Sein Leben in Bildern und Texten. Herausgegeben von Ernst Freud, Lucie Freud und Ilse Grubrich-Simitis. Mit einer biographischen Skizze von K. R. Eissler. Gestaltet von Willy Fleckhaus. it 1133

Klaus Goch: Franziska Nietzsche. Eine Biographie. Mit zahlreichen Abbildungen. it 1623

Goethe. Sein Leben in Bildern und Texten. Vorwort von Adolf Muschg. Herausgegeben von Christoph Michel. Gestaltet von Willy Fleckhaus. it 1000

Manfred Wenzel: Goethe und die Medizin. Selbstzeugnisse und Dokumente. Mit zahlreichen Abbildungen. it 1350

Hermann Grimm: Das Leben Michelangelos. it 1758

Gernot Gruber: Mozart. Leben und Werk in Texten und Bildern. it 1695

Otto Hahn. Leben und Werk in Texten und Bildern. Mit einem Vorwort von Carl Friedrich von Weizsäcker. Herausgegeben von Dietrich Hahn. it 1089

Heinrich Heine. Leben und Werk in Daten und Bildern. Von Joseph A. Kruse. Mit farbigen Abbildungen. it 615

Hermann Hesse. Sein Leben in Bildern und Texten. Mit einem Vorwort von Hans Mayer. Herausgegeben von Volker Michels. it 1111

Volker Michels: Hermann Hesse. Leben und Werk im Bild. Mit dem ›kurzgefaßten Lebenslauf‹ von Hermann Hesse. it 36

Marie Hesse: Ein Lebensbild in Briefen und Tagebüchern. Mit einem Essay von Siegfried Greiner. Mit frühen Lithographien von Gunter Böhmer. it 261

Hölderlin. Chronik seines Lebens mit ausgewählten Bildnissen. Herausgegeben von Adolf Beck. it 83

Eckart Kleßmann: E.T.A. Hoffmann oder Die Tiefe zwischen Stern und Erde. Eine Biographie. Mit zahlreichen Abbildungen. it 1732

Erhart Kästner. Leben und Werk in Daten und Bildern. Herausgegeben von Anita Kästner und Reingart Kästner. it 386

Marie Luise Kaschnitz: Tage, Tage, Jahre. Aufzeichnungen. it 1453

Gisela Kleine: Gabriele Münter und Wassily Kandinsky. Biographie eines Paares. Mit farbigen Abbildungen. it 1611

Eckart Kleßmann: Die Familie Mendelssohn. Mit zahlreichen Abbildungen. it 1523

Werner Koch: Lawrence von Arabien. Leben und Werk in Texten und Bildern. it 1704

Cordula Koepcke: Lou Andreas-Salomé. Leben. Persönlichkeit. Werk. Eine Biographie. it 905

162/2/3.95

Biographien, Leben und Werk im insel taschenbuch

Oskar Kokoschka. Leben und Werk in Daten und Bildern. Herausgegeben von Norbert Werner. it 909

Dieter Kühn: Ich Wolkenstein. Eine Biographie. Neue, erweiterte Ausgabe. it 497

– Neidhart aus dem Reuental. it 1389

– Parzival. Der Parzival des Wolfram von Eschenbach. it 1328

Monique Lange: Edith Piaf. Die Geschichte der Piaf. Ihr Leben in Texten und Bildern. Aus dem Französischen von Hugo Beyer. Mit einer Discographie. it 516

Gertrud von le Fort. Leben und Werk in Daten, Bildern und Zeugnissen. it 195

Mütter berühmter Männer. Zwölf biographische Portraits. Herausgegeben von Luise F. Pusch. it 1356

Jean Orieux: Das Leben des Voltaire. Aus dem Französischen von Julia Kirchner. Mit einer Zeittafel und einem kommentierten Personenregister. it 1651

Ernst Penzoldt. Leben und Werk in Texten und Bildern. Herausgegeben von Ulla Penzoldt und Volker Michels. it 547

Marthe Princesse Bibesco: Begegnung mit Marcel Proust. Aus dem Französischen von Eva Rechel-Mertens. it 1349

Renate Wiggershaus: Marcel Proust. Leben und Werk in Texten und Bildern. it 1348

Gwen Raverat: Eine Kindheit in Cambridge. Roman. Aus dem Englischen übertragen von Leonore Schwartz. it 1592

Rainer Maria Rilke. Leben und Werk im Bild. Von Ingeborg Schnack. Mit einer biographischen Einführung und einer Zeittafel. it 35

George Sand. Leben und Werk in Texten und Bildern. Von Gisela Schlientz. it 565

Arthur Schopenhauer. Leben und Werk in Texten und Bildern. Herausgegeben von Angelika Hübscher. it 1059

Misia Sert: Pariser Erinnerungen. Aus dem Französischen von Hedwig Andertann. Mit einem Bildteil. it 1180

Töchter berühmter Männer. Neun biographische Portraits. Herausgegeben von Luise E. Pusch. it 979

Siegfried Unseld: Hermann Hesse. Werk und Wirkungsgeschichte. Revidierte und erweiterte Fassung der Ausgabe von 1973. Mit zahlreichen Abbildungen. it 1112

Voltaire. Leben und Werk in Texten und Bildern. Von Horst Günther. it 1652

162/3/3.95